外研社·供高等学校日语专业使用

新经典日本语

听力教程 第二册 第三版 精解与同步练习册

总主编／于 飞

主 审／修 刚 陈 岩 大工原勇人〔日〕

主 编／罗米良 刘晓华 苏君业

副主编／刘 艳 李冠男 宋 岩

外语教学与研究出版社

北京

图书在版编目（CIP）数据

新经典日本语听力教程第二册（第三版）精解与同步练习册 / 罗米良，刘晓华，苏君业主编；刘艳，李冠男，宋岩副主编 . -- 北京：外语教学与研究出版社，2024.3
（新经典日本语 / 于飞总主编）
ISBN 978-7-5213-5128-6

I. ①新… II. ①罗… ②刘… ③苏… ④刘… ⑤李… ⑥宋… III. ①日语－听说教学－高等学校－习题集 IV. ①H369.6

中国国家版本馆 CIP 数据核字 (2024) 第 052355 号

出 版 人　王　芳
项目策划　杜红坡
责任编辑　杜梦佳
责任校对　杨靖茜
装帧设计　彩奇风
出版发行　外语教学与研究出版社
社　　址　北京市西三环北路 19 号（100089）
网　　址　https://www.fltrp.com
印　　刷　三河市北燕印装有限公司
开　　本　889×1194　1/16
印　　张　19
版　　次　2024 年 3 月第 1 版　2024 年 3 月第 1 次印刷
书　　号　ISBN 978-7-5213-5128-6
定　　价　55.00 元

如有图书采购需求，图书内容或印刷装订等问题，侵权、盗版书籍等线索，请拨打以下电话或关注官方服务号：
客服电话：400 898 7008
官方服务号：微信搜索并关注公众号"外研社官方服务号"
外研社购书网址：https://fltrp.tmall.com

物料号：351280001

第三版序

近年来，随着我国现代化进程的持续深入与高等教育水平的不断提高，我国高等院校外语专业在人才培养模式、课程设置、教学内容、教学理念与教学方法等方面发生了很大变化。为了适应新时代的教学需求，在对全国不同类型院校日语专业教学现状进行调研的基础上，大连外国语大学和外语教学与研究出版社共同组织中日两国专家和一线教师，编写了"新经典日本语"系列教材。

本系列教材自出版以来，得到我国高等院校日语专业教师的广泛认可，受到使用院校的普遍好评。为了紧跟新时代日语教育发展的步伐，将党的二十大精神有机融入教材，落实立德树人根本任务，更好地服务于中国高等院校日语专业教学，全体编写人员一致认为有必要对本系列教材再次进行修订。为此，大连外国语大学组织60余名专业教师和9名日籍日语教育专家，在收集整理使用院校意见后，由主编统筹修订方案，专家审订修订内容，编写团队多轮反复修改，历时两年完成了本次修订。本次修订，我们重点对教材中解释说明部分的科学性、会话内容与现实生活的结合度、例句的典型性、练习的针对性、录音及情境图示的生动性等进行了深入的研讨，修改了学习目标、句型、注解、解析、导入、练习等板块中的部分内容，替换了非典型例句、与知识点不同步的练习题及不明确的提示图片等。

"新经典日本语"系列教材包括基础教程、听力教程、会话教程、阅读教程、写作教程、高级教程、口译教程、笔译教程，具有以下特色。

一、第三版的设计和编写兼顾两个标准。

依据《普通高等学校本科专业类教学质量国家标准（外国语言文学类）》《普通高等学校本科日语专业教学指南》的培养目标、培养规格（素质要求、知识要求、能力要求）以及课程体系的要求编写，将立德树人作为教育、教学的首要任务，专业课程与课程思政同向同行。同时，在日语能力培养方面参照《JF日语教育标准》（日本国际交流基金会），采用进阶式日语能力设计模式。此外，本系列教材还强调同一阶段不同课程间的横向衔接，重视不同课程在教学上的相互配合和知识互补，旨在解决不同课程在教学目标、教学内容、课时分配等方面因相对独立所形成的矛盾和冲突。本系列教材将日语专业学习分为基础阶段和高年级阶段。基础阶段"学习日语"，培养学生的日语学习能力与语言运用能力；高年级阶段"用日语学"，培养学生的跨文化交际能力、思辨能力与研究能力。

二、突显现代教育认知理论在教学中的指导性。

为使教材在教学中发挥更积极的作用，在编写和修订过程中，我们吸收和借鉴了现代外语教育中的先进理念。虽然日语听、说、读、写、译能力的培养目标和培养模式有所不同，但理论和实践证明：外语习得的过程必须符合学习者的认知规律才能取得良好的效果。因此，本系列教材是在认知理论的指导下，贯彻相应的教学理念，结合了不同课程的特点设计编写而成的。

三、强调"任务型教学法"在教学中的运用。

外语学习不仅是语言知识积累的过程，更是学习者根据学习体验进行归纳、假设、推论、演绎的过程。因此，本系列教材既重视学生在课堂教学中的参与度，也强调学生课下自主学习的重要性。教师不再仅仅是语言知识的传授者、解释者，也是学习环境的创建者、学习任务的设计者。

四、构建内容充实、形式多样的立体化教学服务体系。

本系列教材除纸质版教材、配套音频外，还依托"U校园智慧教学云平台"，提供了标准化、规范化的课件、教案、微课视频、示范课、题库等，助力打造智慧课堂。

最后，感谢外研社领导和各位编辑多年来的陪伴和支持，正是这种精益求精的匠人态度、力争上游的进取精神，才成就了"新经典日本语"系列教材。同时，感谢使用院校的各位老师和同学对"新经典日本语"系列教材的关注和支持，更感谢在教材修订过程中提出宝贵意见的各位同仁。我们希望通过本次修订，使"新经典日本语"系列教材能更好地为中国高等院校日语专业教学提供服务。

"新经典日本语"系列教材编委会

2024年3月

前 言

　　《新经典日本语听力教程（第三版）》是以高等院校零起点的日语专业学生为对象，以培养学生听解能力为目标的日语专业听力教材，由中日两国长期从事日语教育的一线教师共同努力编写而成。《新经典日本语听力教程（第三版）》共八册（主教材第一至第四册、精解与同步练习第一至第四册），分别对应日语专业一、二年级的四个学期。第一、二册以任务型专项训练模式为主，重点培养学生基础听解能力；第三、四册以话题型专项训练模式为主，让学生了解日本社会诸多领域知识，重点培养学生综合听解能力。

　　在现实生活中，"听"的主要目的是获取有用信息，而非听出全部信息。如果听力训练要求学生听懂全部内容，就会给学生一种错误的引导，也会给训练的过程增加额外的负担。本教材在编写过程中遵循听解过程中"自上而下"和"自下而上"的信息处理原理，充分吸收了认知科学、第二语言习得等领域有关听力教学研究的先进理念和最新成果，结合了日语专业听力教材的编写经验以及听力课程的授课经验，科学地选取听力材料，合理地设计教材结构，全方位整合了各项资源。

　　本套教材以《外国语言文学类教学质量国家标准》和《普通高等学校本科日语专业教学指南》为依据，参照《JF 日语教育标准 2010》编写而成。在编写设计上，主要体现以下几个特点：

1. 选材真实生动，文化内涵丰富，有利于激发学生学习的积极性。

　　　　本套教材注重选材的广泛性、实用性、知识性、趣味性，也强调时尚性和前卫性。所选素材真实、生动，大量使用实景图片、图表和插画。内容涵盖社会、文化、经济、自然、科学、娱乐等诸多领域。同时结合中国日语教育的特点，注重日语教材的本土化，把课程思政建设充分体现在教材中。比如把中国的传统节假日说法、中国的城市介绍、中国的自然风光和人文景色等诸多中国元素植入教材，在话题中自然融入中日两国不同的文化元素，有助于培养学生的家国情怀和跨文化交际能力。

2. 训练模式得当，符合听力训练规律，有利于培养学生获取有效信息的能力。

　　　　本套教材每课都围绕主题设定了清晰的教学目标、听力训练任务以及话题，通过任务型和话题型的听力训练，让学生掌握从繁多的干扰信息中获取有效信息的技巧。

3. 听解任务设计循序渐进，符合听力教学规律，有利于培养学生逐步掌握听力技巧。

本套教材围绕"听解"这一主线，设计了"听力要点"及"单词和语句"等诸多环节，引导学生从复杂的对话或叙述中听取与任务相关的关键信息，使学生能够在日常学习过程中自然地掌握听力技巧。在听解能力培养上，从对语音、词汇、短句、对话、文章的理解，到听写、归纳、复述、中日文互译等训练，都充分体现了循序渐进的学习规律，符合第二语言习得原理。

4. 以产出为导向，重视语言输入与输出衔接，有利于培养学生语言综合运用能力。

本套教材分别设计了"听辨""听选""听写""跟读""试说""听译"等环节，强化语言输入与输出的衔接，以"写、说、译"来促进对学生听解能力的培养，最终实现提高语言综合运用能力的教学目标。

5. 板块设置辅助自主学习，内容更新融入中国元素。

本次修订是在前两版基础上的全新升级，一方面重新设计了教学板块与自主学习板块，并更新了素材，使教材更方便使用，内容更符合当下社会发展需要，更贴近实际生活。另一方面进一步提升了教材中中国元素的比重，使教材课程思政特色更加鲜明。

6. 专业录音，语音优美自然，教辅资源配套齐全。

本套教材由日本专业播音员录制音频，语音地道纯正。配套的《新经典日语听力教程精解与同步练习册》，除了提供听力原文及答案以外，还重点为师生提供了理解内容、拓展知识的"解析"模块，并针对每课内容精心编写了综合练习题。另外，教材配套的课件、题库等教辅资源为教学提供有力的支持。

在编写过程中，我们借鉴和吸收了众家之长，形成了自己的创新理念，但囿于学识和经验，在教材设计编写中尚存在不足之处。我们诚挚地希望业界专家和兄弟院校不吝赐教，提出批评和建议，敦促我们不断改进，以使本套教材日臻完善。

《新经典日本语听力教程》编写组

2024年3月

使用说明 💡

本书是《新经典日本语听力教程第二册（第三版）》的配套教辅。本书的结构与主教材基本一致，内容包括与主教材各模块音频对应的文字资料、答案、解题技巧说明、重点单词和语句的解释，并补充了相关的日本文化、历史、社会知识，为学生预习和复习提供了有力的支持和保障。此外，还精心编写了与每课内容相关的综合练习题。

本书共有15课基础训练和1课综合训练，其中每课基础训练包含活动1和活动2，每个活动由课前预习、基础篇、应用篇三个部分组成。通过听选、听写、跟读、试说等训练模块帮助学生巩固已学的语言知识点，同时提高学生日语听辨、听写、听记和概括能力，为中高级阶段的日语听力学习打下坚实的基础。为方便学生课前自主预习、课上确认录音内容以及课后复习，下面以第6课的活动1内容为例，按照每课中的题目顺序，简要说明本书的使用方法。

「聞く前に」可供学生预习、了解本课主题、学习相关单词及常用表达方式。配有答案范例，有利于学生掌握基本词汇、把握相关背景知识。

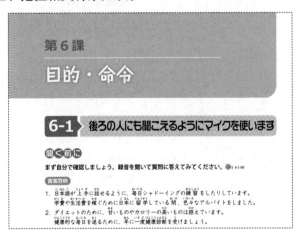

第一大题为看图听录音判断正误题。学生需仔细看图，并预测录音中可能会出现的词汇和表达方式等，通过这一过程，激活相关背景知识，帮助学生形成良好的听解习惯。【解析】部分主要针对题目中的重点及难点词汇、背景知识、解题思路进行说明。

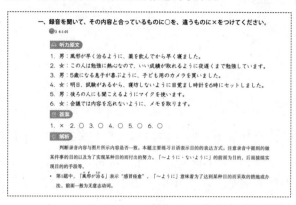

第二大题为听录音选择图片题。学生先仔细观察两张图片的异同，然后结合图片的内容，听录音选择答案。在听选环节结束后，学生可以归纳主要内容，进行日语问答练习，培养从输入到输出的转换能力。

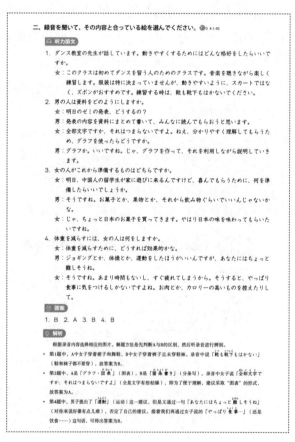

第三大题为文字信息听选题。该部分的选项由图片转换为文字，学习方法与第二大题基本相同。该部分素材更多地涉及日本文化、社会常识、日常生活等内容，有利于学生深入了解日本社会及文化。

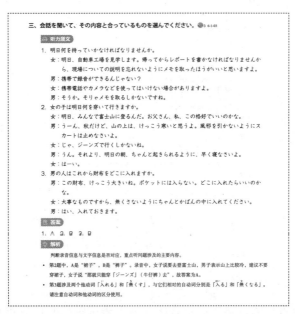

第四大题为记录关键信息题，学生需仔细阅读题目要求，填写关键信息，做听写训练。

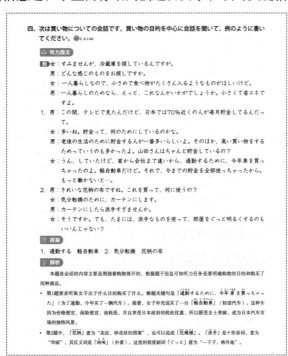

第五大题为归纳关键信息题，学生需仔细阅读题目要求，归纳关键信息，做听写训练。

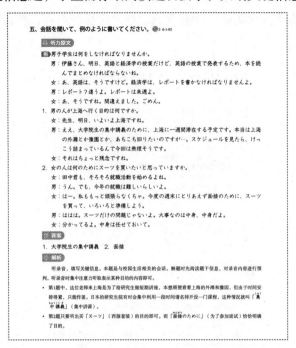

第六大题为图表内容听写题，学生需结合图片或图表中的已知信息进行预测，需仔细看图片或图表，填写关键信息，做听写训练。

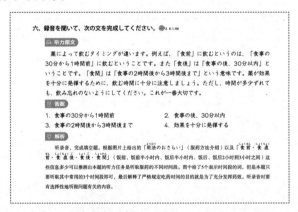

第七大题为原文听写题，学生需仔细阅读题目要求，做听写训练。该部分的短文融合了该阶段语法学习的重点及难点，在练习时学生需理解并运用这些重点语法。

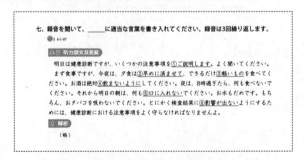

第八大题的跟读题和第九大题的试说题的使用方法已经在《新经典日本语听力教程第二册（第三版）》中有详细说明，故本书不再重复。

综合练习题部分的目的是检测课堂教学效果，帮助学生课后进行自测、自评。如果课堂时间充裕，教师也可以适当选取练习题讲授。该部分练习题根据每课活动1和活动2的内容设计而成，练习题的难度对标日本语能力测试（JLPT）N5～N4水平。「問題一」为看图判断题，共2道小题。要求学生在听完录音后，选择出与录音内容一致的图片。此题型对应实用日本语鉴定考试（J.TEST）的题型。「問題二」为四选一的看图选择题，共2道小题。要求学生在听录音之前要看懂四个选项的意思，再根据录音内容选择出正确的答案。「問題三」是文字判断题，共2道小题。要求学生先明确四个选项的意思，再根据录音内容选择出正确的选项。「問題四」是无图判断题，共4道小题。要求学生记录题目相关的内容，再根据听到的四个选项选择出正确的答案。4道小题中有2道小题参照日本语能力测试四选一的形式，对教材内容进行改编而成，以帮助学生适应日本语能力测试。「問題五」为短文填空题，要求学生根据听到的录音内容，正确填写横线部分的内容。每课综合练习题后附有文字材料和参考答案。

"新经典日本语"系列教材编写委员会

编委会顾问

刘利国

编委会主任

于　飞

编委会副主任

王　猛　刘晓华

编委（以汉语拼音为序）

安　月	白春阳	邴　胜	陈　丽	杜红坡（外研社）宫　伟	黄一峰
韩晓萍	何志勇	贺静彬	贺耀明	胡小春　李冠男	李妍妍　李　燕
刘　娜	刘晓华	刘　艳	罗米良	吕　萍　祁福鼎	时　代　宋　岩
苏君业	孙　妍	孙　昊	王　云	王　猛　王　昱	夏丽莉　肖　辉
徐二红	徐文智	颜晓冬	尹贞姬	于　飞　于永梅	赵　宏　张建伟
张　瑾	张士杰	张秀莹	张洪梅	张英春	

本册执笔分工

第1课、第2课　　　　　　　　　　　　刘 艳

第3课、第5课　　　　　　　　　　　　罗米良

第4课、第10课、第11课、第12课　　　刘晓华

第6课、第13课、第15课　　　　　　　苏君业

第7课、第14课　　　　　　　　　　　宋 岩

第8课、第9课　　　　　　　　　　　李冠男

第16课　　　　　　　　　　　　　　全 体

日语审订　　　　　　　　　　　　大工原勇人

目录 🔍

第1課

願望・決定

どんな仕事をしたいんですか

聞く前に

まず自分で確認しましょう。録音を聞いて質問に答えてみてください。 MP3 1-1-00

答案范例

1. 会社員になりたいです。
   教師になりたいです。
2. 専業主婦になりたいです。子育てに専念したいからです。
   専業主婦になりたくないです。自分の仕事を持ちたいからです。

一、録音を聞いて、その内容と合っているものに○を、違うものに×をつけてください。

MP3 1-1-01

听力原文

1. 女：私は将来、教師になりたいです。
2. 男：この箱は重いですから、配達員に運んでもらいたいです。
3. 女：私は将来ヘルパーになりたいです。体の不自由な人の世話をしたいです。
4. 女：私は将来サラリーマンになりたいです。貿易会社で働きたいです。
5. 男：友達の誕生日のプレゼントは花束にしたいです。
6. 女：私は料理が大好きです。いつか両親に得意な料理を作りたいです。

答案

1. ○ 2. ○ 3. ○ 4. × 5. ○ 6. ○

解析

　　判断录音内容与图片所示内容是否一致。重点听录音中动词短语表达的状态是否与图片内容一致。

- 第1题图片所示内容是「先生が授業をしている」（老师在上课），与录音内容一致。
- 第2题图片所示内容是「配達員が箱を手に持っている」（快递员手捧着箱子），与录音内容一致。
- 第3题图片所示内容是「女の人が寝ている人の世話をしている」（女子在照顾卧床的人），与录音内容一致。

- 第4题图片所示内容是「医者」（医生），与录音内容不一致。
- 第5题图片所示内容是「花束を持っている女の人」（手捧花束的女子），与录音内容一致。
- 第6题图片所示内容是「キッチンにいるエプロンをつけている女の人」（在厨房里穿着围裙的女子），
  与录音内容一致。

二、会話を聞いて、その内容と合っている絵を選んでください。 MP3 1-1-02

🎧 听力原文

1. 女の人はどんな仕事をしたいと言っていますか。
    男：美恵さんは将来どんな仕事をしたいですか。
    女：仕事ですか。母は卒業したら事務職員になりなさいと言っているんですが…。
    男：事務職員ですか。事務職員は毎日机の前に座って働きますね。
    女：そうですね。私はそれより外を回る仕事をしたいんですけどね。

2. 男の人は卒業したらまずどんな仕事をしたいですか。
    女：高橋さんは卒業したらどんな仕事をしたいですか。
    男：僕の専攻が経済学なので、ビジネスマンになりたいです。そして東京で就職したい
       です。
    女：ビジネスマンですか。いいですね。
    男：でも、僕は長男なので、しばらく東京で働いたあとは田舎に帰って農家の仕事をす
       るつもりです。

3. 小林さんが専業主婦になりたい理由は何ですか。
    女：佐藤さんは大学を出たらどんな仕事をしたいですか。
    男：そうですね。新聞記者になりたいですね。小林さんは？
    女：そうですね。私は仕事をするより専業主婦になりたいです。
    男：専業主婦ですか。毎日料理を作ったり家を片付けたりしなければなりませんね。
    女：料理をするのは確かに大変だと思います。でも、子育てにも専念できますし、趣味
       など自分の時間を持つこともできます。
    男：なるほど。

4. 次の会話はどんな場面での会話ですか。
    女：鈴木一郎さんですね。まず自己紹介をお願いします。
    男：はじめまして、鈴木一郎です。大阪の出身ですが、小学校の時に東京に引っ越して
       きました。専攻は経営学です。この会社で営業マンとして働きたいと思っていま
       す。
    女：来年の3月に大学を卒業しますね。
    男：はい、そうです。

✍ 答案

1. B　2. A　3. B　4. B

解析

根据录音选择相应的图片。解题方法是先判断A与B的区别，然后听录音进行辨别。

- 第1题中，A是「女の人が電話をしている」（女子在打电话），B是「女の人が外で何かの作業をしている」（女子在户外工作）。本题要求判断「女の人はどんな仕事をしたいと言っていますか」（女子说她想从事什么工作），录音中女子说「外を回る仕事をしたい」（想从事出外勤的工作），故答案为B。

- 第2题中，A是「通勤しているサラリーマン」（正在上下班路上的上班族），B是「農作業をしている農家」（干农活的农民）。本题要求判断「男の人は卒業したらまずどんな仕事をしたいですか」（男子毕业后想先从事什么工作），录音中男子说「ビジネスマンになりたい」（想成为商务人士），故答案为A。

- 第3题中，A是「料理をしている」（做菜），B是「子育て」（育儿）。本题要求判断「小林さんが専業主婦になりたい理由は何ですか」（小林想成为家庭主妇的理由是什么），录音中女子说「子育てにも専念できますし、趣味など自分の時間を持つこともできます」（既可以专注于育儿，又可以有自由的时间发展爱好），故答案为B。

- 第4题中，A是「飲み会」（聚餐），B是「面接」（面试）。本题要求判断「次の会話はどんな場面での会話ですか」（下面的会话发生在哪种场合），需要从语气来判断场景。聚会喝酒时通常气氛自由放松，说话用词不太郑重；而面试时气氛凝重，说话时要讲究礼貌得体，故答案为B。

三、録音を聞いて、その内容と合っているものを選んでください。MP3 1-1-03

听力原文

1. 田中さんの夢はなんですか。

   男：皆さん、こんにちは。日本から来た田中です。中国で中国語を1年間勉強しましたが、まだ上手に話すことができません。これから一生懸命勉強したいと思います。そして、中国の料理が大好きですから、将来は日本に帰ったら、中華料理の店を作りたいです。中国の味を持ち帰りたいので、ぜひこの店で働いて勉強したいんです。どうぞよろしくお願いします。

2. 女の人の話と合っているのはどれですか。

   女：皆さん、こんにちは。中国からの王一です。今日からここで1年研修します。中国の大学で2年間日本語を習ったことがあります。専攻は観光学ですが、特にホテルの管理に興味を持っています。ホテルにとってもレストランにとってもサービスがすべてだと言われていますね。1年間は短いですが、しっかりとサービスの心を身につけたいです。皆さん、どうぞよろしくお願いします。

3. 男の人は何について話していますか。

   男：皆さん、こんにちは。ABC大学柔道クラブの田中です。私たちのクラブは新入生から大学院生まで、男性でも女性でも入ることができます。柔道が上手な人でも、

初めて柔道をする人でも大歓迎です。ぜひ私たちのクラブに入って、柔道を楽しみましょう。お待ちしております。

答案

1. B　2. A　3. B

解析

判断录音信息与文字信息是否对应，重点听问题涉及的主要内容。

- 第1题中，男子说「日本に帰ったら、中華料理の店を作りたい」（回日本后想开一家中餐馆），故答案为B。

- 第2题中，女子说「特にホテルの管理に興味を持っています」（尤其是对酒店管理感兴趣），故答案为A。

- 第3题中，男子说「ぜひ私たちのクラブに入って、柔道を楽しみましょう」（欢迎大家加入我们的俱乐部，一起愉快地练柔道吧），故答案为B。

四、会話を聞いて、例のように書いてください。 MP3 1-1-04

听力原文

例 男：渡辺さんは将来、どんな仕事がしたいですか。

女：私は旅行会社のガイドになりたいんです。

男：どうして？

女：ツアーであちこち旅行に出かけることができて、楽しいからです。

男：ああ、なるほど。確かにいろんなところに行けるのはいいですね。

1. 男：ヘルパーの仕事は大変だと聞いていますが、吉田さんはどうしてヘルパーになりたいんですか。

女：大げさかもしれませんが、体の不自由なお年寄りの力になりたいからです。

男：えらいですね。尊敬します。

女：うちの祖母はヘルパーのおかげで、毎日楽しく生活を送ることができました。私もそのヘルパーのような人になりたいんです。

2. 女：橋本さんはなぜ営業マンになりたいんですか。

男：将来自分の会社を作りたいからです。

女：へえ、すごい夢を持っていますね。

男：ですから、貿易会社に入って営業の経験をしたいんです。

答案

1. 力になり　2. 自分の会社

解析

听录音内容中的关键信息，然后填空。听之前要快速浏览题干，把握要听哪些关键信息。

- 第1题要听的关键信息是"想为许多老人做什么"，可从录音内容中得知「<ruby>体<rt>からだ</rt></ruby>の<ruby>不自由<rt>ふじゆう</rt></ruby>なお<ruby>年寄<rt>としよ</rt></ruby>りの<ruby>力<rt>ちから</rt></ruby>になりたいからです」（想为行动不便的老人出一份力）。
- 第2题要听的关键信息是"为什么想当业务员"，可从录音内容中得知「<ruby>将来<rt>しょうらい</rt></ruby><ruby>自分<rt>じぶん</rt></ruby>の<ruby>会社<rt>かいしゃ</rt></ruby>を<ruby>作<rt>つく</rt></ruby>りたいからです」（因为将来想开自己的公司）。

五、録音を聞いて、例のように書いてください。 MP3 1-1-05

🎧 听力原文

例 男の人はこれから日本の大学で何を勉強したいですか。

　　男：皆さん、こんにちは。中国から来ました。楊です。中国では4年間日本語を習っていました。コンピューターにかかわる仕事をしたいので、これから日本の大学でコンピューターを勉強したいです。将来はソフトウェア開発会社で働きたいです。どうぞよろしくお願いします。

1. 男の人は将来どんな仕事をしたいと言っていますか。

　　男：皆さん、こんにちは。韓国から来たキムです。韓国の大学で日本語を2年間習いました。今年の4月から2年間日本の大学で勉強します。専攻は日本文化です。今は大学に通いながら日本人に韓国語を教えています。日本が好きですから、将来は日本語関係の仕事をしたいと思っています。

2. 女の人は将来どんな仕事をしたいと言っていますか。

　　女：私は大学3年生です。両親とも公務員ですので、私も公務員になりたいです。でも、公務員になるには、公務員試験を受けなければなりません。今講座を受講しています。今年の公務員試験に合格したいです。

📝 答案

1. 日本語関係の　2. 公務員

💡 解析

　　听录音，填写关键信息。听录音时，集中注意力听取需要填空的内容即可。
- 第1题要听的关键信息是"男子将来想从事什么工作"。录音里男子说「<ruby>将来<rt>しょうらい</rt></ruby>は<ruby>日本語関係<rt>にほんごかんけい</rt></ruby>の<ruby>仕事<rt>しごと</rt></ruby>をしたい」（将来想从事用得上日语的工作）。
- 第2题要听的关键信息是"女子将来想从事什么工作"。录音里女子说「<ruby>私<rt>わたし</rt></ruby>も<ruby>公務員<rt>こうむいん</rt></ruby>になりたい」（我也想成为公务员）。

六、録音を聞いて、絵の内容を完成してください。 MP3 1-1-06

🎧 听力原文

　　皆さん、「お仕事ナビ」にようこそいらっしゃいました。ここでは毎日たくさんの求人情報を紹介しています。今日は仕事の内容についてご紹介します。コックの仕事はおいし

い料理を作ることです。レストランとホテルで働きます。配達員の仕事はお客さんの荷物を届けることです。配達員になるには運転免許が必要です。ヘルパーの仕事は体の不自由な人の世話をすることです。それも資格が必要です。大学を卒業している方は会社員になってみませんか。仕事の内容はだいたいパソコンで書類を作ることなどです。

答案

1. 料理を作る　2. 荷物を届ける　3. 世話をする　4. パソコンで書類を作る

解析

　　听录音，填写图片中需要填空的内容。解题前要观察图片，明确听力任务，把握关键信息。本题要求听取四种职业的工作内容。

七、録音を聞いて、＿＿＿＿に適当な言葉を書き入れてください。録音は3回繰り返します。

MP3 1-1-07

听力原文及答案

　　50代の人に「年をとって仕事をやめたら何をしたいですか」と聞きました。田中さんは「趣味が写真を撮ることですから、いろいろなところへ出かけて、きれいな写真をたくさん①撮りたい」と答えました。鈴木さんは「都会の生活は疲れるから、田舎に②引っ越したい」と言っています。そして、自分で米や野菜を作ってゆっくり③生活してみたいそうです。木村さんはアルバイトでもいいから、何か④仕事を続けたいと話しています。前田さんは「今まで忙しくて夫婦で海外旅行をしたことがないので、妻と二人で世界中を⑤回りたい」と言っています。

解析

　　（略）

1-2 昼ご飯は何にしますか

聞く前に

まず自分で確認しましょう。録音を聞いて質問に答えてみてください。 MP3 1-2-00

答案范例

1. 居酒屋とラーメン屋があります。
   すし屋があります。
2. 私はよくステーキセットを食べます。
   夏はよくうな重を食べますが、冬はよくカレーライスを食べます。
3. 私はよくコーヒーを注文します。
   私はよく紅茶を注文します。ミルクを入れて飲みます。

一、録音を聞いて、その内容と合っているものに○を、違うものに×をつけてください。

MP3 1-2-01

听力原文

1. 男：お昼は肉が食べたいので、トンカツ定食にします。
2. 女：この天ぷら定食はおいしそうなので、これにします。
3. 男：駅の改札口はすぐ分かりますから、待ち合わせの場所はここにします。
4. 女：今日は寒いから、晩ご飯は鍋料理にします。
5. 男：この喫茶店はペットを連れて入ることができます。ここにします。
6. 女：柔道着は格好いいから、部活は柔道にします。

答案

1. ○ 2. × 3. ○ 4. × 5. ○ 6. ○

解析

　　判断录音内容与图片所示内容是否一致。重点听录音中动词短语表达的状态是否与图片内容一致。

- 第1题图片所示内容是「トンカツ定食」（炸猪排套餐），与录音内容一致。
- 第2题图片所示内容是「刺身定食」（生鱼片套餐），与录音内容不一致。
- 第3题图片所示内容是「改札口」（检票口），与录音内容一致。
- 第4题图片所示内容是「うな重」（烤鳗鱼盒饭），与录音内容不一致。
- 第5题图片所示内容是「カフェ」（咖啡馆），与录音内容一致。
- 第6题图片所示内容是「柔道着」（柔道服），与录音内容一致。

二、会話を聞いて、その内容と合っている絵を選んでください。 MP3 1-2-02

🎧 听力原文

1. 女の人はどの定食にしましたか。

男：佐々木さんはどれにしますか。すき焼き定食とステーキ定食がこの店のおすすめですが…。

女：すき焼きとステーキですか。どちらもおいしそうですが、ステーキはちょっと油っこいかもしれませんね。

男：じゃ、こっちでいいですね。僕は昨日すき焼き定食を食べたので、今日はステーキにします。

2. 二人はどの店にしましたか。

男：お昼はどの店にする？

女：そうね。うどんかラーメンを食べたいわね。この近くにおいしい店ある？

男：うん、うどん屋もラーメン屋もあるよ。

女：田中さんは何が食べたいの？

男：俺はうどん屋のカツ丼が食べたいな。

女：へえ、うどん屋でカツ丼を食べるんだ。じゃ、私はうどんにするから、この店にしよう。

3. 今年の社員旅行はどこに決まりましたか。

男：今年の社員旅行はどこにしましょうか。

女：うーん、去年は沖縄に行きましたよね。青い海が気持ちよかったですね。

男：今年は北海道はどうですか。7月中旬にはラベンダーが咲くと思いますが…。

女：富良野のラベンダーですか。お花の世界もいいですね。

男：じゃ、決まりですね。計画を作ってみます。

4. 松本さんはどのクラブに入りますか。

男：前田さんはどのクラブに入りますか。

女：私は中学校から剣道クラブでしたので、剣道クラブに入りますが、松本さんは？

男：私はまだ迷っています。剣道も柔道もしたことがないんですけど、かっこいいなと思って…。

女：じゃ、一緒に入りましょうよ。教えますから。

男：いいんですか。ぜひ教えてください。

✍ 答案

1. A　2. A　3. B　4. B

💡 解析

　　根据录音选择相应的图片。解题方法是先判断A与B的区别，然后听录音进行辨别。

• 第1题中，A是「すき焼きセット」（日式牛肉锅套餐），B是「ステーキセット」（牛排套餐）。本题要

求判断「女の人はどの定食にしましたか」（女子选了哪种套餐）。录音中女子说「ステーキはちょっと油っこいかもしれませんね」（牛排有些油腻），由此可推测出女子不想吃牛排套餐，故答案为A。

- 第2题中，A是「うどん屋」（乌冬面馆），B是「ラーメン屋」（拉面馆）。本题要求判断「二人はどの店にしましたか」（两人选了哪家饭店）。录音中女子说「じゃ、私はうどんにする」（那我就吃乌冬面），故答案为A。
- 第3题中，A是「海」（大海），B是「花」（花）。本题要求判断「今年の社員旅行はどこに決まりましたか」（今年员工旅行决定去哪里）。录音中女子说「お花の世界もいい」（花海也不错），故答案为B。除此之外，也可以通过「富良野のラベンダー」（富良野的薰衣草）这一信息来推测出答案。
- 第4题中，A是「柔道」（柔道），B是「剣道」（剑道）。本题要求判断「松本さんはどのクラブに入りますか」（松本要加入哪个俱乐部）。录音中前田说了「剣道クラブに入ります」（我要加入剑道俱乐部）和「教えますから」（我来教你），可推测出她建议松本也加入剑道俱乐部，故答案为B。

三、会話を聞いて、その内容と合っているものを選んでください。🎧 MP3 1-2-03

🎧 听力原文

1. 男の人はどれにしますか。

    女：李さんはどれにしますか。

    男：寿司の盛り合わせ、刺身の盛り合わせ…。田中さん、「盛り合わせ」って何ですか。

    女：「盛り合わせ」というのは一つの器に異なるものをいくつか盛ったものです。つまり、一皿注文したらいろいろなものを食べることができるんですよ。

    男：じゃあ、寿司の盛り合わせは何種類かの寿司が食べられるということですか。

    女：そうです。

    男：じゃ、僕は寿司の盛り合わせにします。

2. 留学はどんな大学に決めましたか。

    女：王さんは、留学先は決まりましたか。

    男：まだです。山田大学は有名な大学ですし、私が行きたい東京にあるし。

    女：じゃ、決まりじゃないですか。

    男：でも、山田大学は私立大学なので、学費が高いんです。

    女：そうですね。費用の面では、国立大学の山本大学のほうがいいですね。

    男：やはりお金を考えないといけませんから、山本大学にします。

3. 男の人はどこで働きたいのですか。

    女：高橋さんはどんな会社で働きたいんですか。

    男：最初は貿易会社がいいと思って、面接にも行ったんです。

    女：で、決まったんですか。

    男：いえ、実は先輩に不景気だから仕事がなかなかできないぞと注意されて…。

    女：で、どうしたんですか。

男：考えた結果、ホテルに就職することにしました。

答案

1．A　2．A　3．B

解析

判断录音信息与文字信息是否对应，重点听问题涉及的主要内容。

- 第1题中，男子说「じゃ、僕は寿司の盛り合わせにします」（那么，我就要寿司拼盘），故答案为A。
- 第2题中，男子说「やはりお金を考えないといけませんから、山本大学にします」（还是必须考虑费用，所以我选山本大学），故答案为A。
- 第3题中，男子说「考えた結果、ホテルに就職することにしました」（考虑后，我决定去酒店工作），故答案为B。

四、会話を聞いて、例のように書いてください。 MP3 1-2-04

听力原文

例 男：真田さん、何にする？

女：私はいつものカツ丼。田中さんは？

男：夏は鰻の季節だから、僕はうな重。

女：じゃ、私もそうするわ。

1．男：明日は第2外国語を決めなければなりませんね。

女：ええ。でも、日本語学部の学生は英語しか履修できないことになっていますよ。

男：えっ？僕はフランス語を勉強したかったのに。

女：へえ、フランス語の勉強をしたいんですか。どうして？

男：今年の夏休みにパリへ旅行に行きたいと思っていて…。

2．男：今度の修学旅行、行き先はもう決まったんですか。

女：有馬温泉らしいですよ。

男：え、温泉に行くんですか。

女：ええ。有馬は温泉も有名ですし、この時期は六甲山の紅葉も楽しむことができますよ。

答案

1．英語　2．温泉に行く

解析

听录音内容中的关键信息，然后填空。听之前要快速浏览题干，把握要听哪些关键信息。

- 第1题要听的关键信息是"第二外语选什么"，女子说「日本語学部の学生は英語しか履修できない」（日语系的学生只能选修英语），说明两人只能选择英语。
- 第2题要听的关键信息是"修学旅行是怎么定的"。男子问「温泉に行くんですか」（是去温泉吗），女

子回答「ええ」（是的），因此关键信息就是「温泉に行く」（去温泉）。「有馬温泉」（有马温泉）位于兵库县六甲山山麓。

五、会話を聞いて、例のように書いてください。 📀 MP3 1-2-05

🎧 **听力原文**

例 昼ご飯は何にしますか。

　　女：いらっしゃいませ。お一人様ですか。

　　男：はい。

　　女：お好きな席にどうぞ。こちらはメニューになります。

　　男：日替わり定食をください。

　　女：日替わり定食、今日はカレーライスですが、よろしいですか。

　　男：ええ、一つお願いします。

　　女：かしこまりました。少々お待ちください。

1. 女の人はどの飲み物を注文しましたか。

　　女：飲み物はどうする？

　　男：俺はいつものアイスコーヒー。早苗さんは？

　　女：私はミルクティーにする。あと、何かお菓子も注文しようよ。

　　男：この店のロールケーキがおいしいんだよ。

　　女：じゃ、ロールケーキにします。

2. 結婚式に参加する時に、男の人はどんなかっこうをしますか。

　　男：小林さん、来週初めて日本の結婚式に参加するんですが、どんなかっこうをすれば
　　　　いいんでしょう。

　　女：結婚式なら、まずスーツですね。

　　男：スーツでいいですね。じゃ、この間買った紺色のスーツにします。

　　女：それに、ネクタイは明るい色がいいですよ。

　　男：明るい色ですか。私はピンクのを持っていますが、それでいいですか。

　　女：ええ。いいと思いますよ。

　　男：そうですか。どうもありがとうございました。

✏️ **答案**

1. ミルクティー　2. ピンクのネクタイ

💡 **解析**

　　听录音，填写关键信息。听录音时，集中注意力听取需要填空的内容即可。

- 第1题要求听的关键信息是"女子点了什么饮料"。录音中女子说「私はミルクティーにする」（我要奶茶），因此应填写「ミルクティー」。要注意本题中我们要听的是女子要了什么饮料，而不是男子要了什么饮料。

- 第2题要求听的关键信息是"男子去参加婚礼时如何着装"。录音中男子说「<ruby>私<rt>わたし</rt></ruby>はピンクのを<ruby>持<rt>も</rt></ruby>っています」（我有一条粉色的〈领带〉），因此男子的着装是「スーツにピンクのネクタイ」（西服配粉色领带）。

六、会話を聞いて、絵の内容を完成してください。 MP3 1-2-06

听力原文

女：お客さん、こちらは今日のカツ定食のメニューです。

男：どれもおいしそうですね。それぞれ何が違いますか。

女：ええと、どれもキャベツ、ごはん、みそ汁、漬物がついていますが、メインの料理がそれぞれ違います。「レディース御膳」定食はさらにデザートもつきます。ただし、デザートは日によって違いますので、指定することができません。上のほうに書いてあるのは定食のお値段で、下のほうに書いてあるのは単品のお値段です。

男：「レディース御膳」は女性しか注文できないんですか。

女：いいえ、男性の方でも大丈夫ですよ。

男：じゃ、これにします。

女：かしこまりました。少々お待ちください。

答案

1. キャベツ　2. デザート　3. 単品　4. 男性

解析

听录音，填写图片中需要填空的内容。解题前要观察图片，明确听力任务，把握关键信息。「カツ<ruby>定食<rt>てい</rt></ruby><ruby>食<rt>しょく</rt></ruby>」即"油炸食品套餐"。「カツ」是一种在肉、虾等食材外裹上面粉后油炸的食品，如「トンカツ」（炸猪排）、「エビカツ」（炸大虾）等。「<ruby>御膳<rt>ごぜん</rt></ruby>」是日语中对饭菜的一种表达方式。

七、録音を聞いて、＿＿＿＿に適当な言葉を書き入れてください。録音は3回繰り返します。
MP3 1-2-07

听力原文及答案

皆さんは「消費税」という言葉を聞いたことがありますか。日本では①<u>商品を買うと</u>、その②<u>定価</u>のほかに、消費税を支払わなければならないことになっています。例えば、店で100円の物を買う時③<u>レジ</u>に行くと、110円を支払うことになります。多く払ったその10円が消費税です。たった10円はたいした④<u>金額</u>ではないと思うかもしれません。しかし、⑤<u>家を買う</u>時のように大きな買い物をする場合、たくさんの消費税を支払わなければなりません。

解析

（略）

練習問題

問題一、絵を見て、正しい答えをA、B、Cの中から一つ選んでください。 MP3 1-3-01

1.

（　　）

2.

（　　）

問題二、絵を見て、正しい答えをA、B、C、Dの中から一つ選んでください。 MP3 1-3-02

1. 京都

A

東京

B

神戸

C

北海道

D

（　　）

2.

A

B

C

D

（　　）

問題三、会話を聞いて、正しい答えをA、B、C、Dの中から一つ選んでください。 MP3 1-3-03

1.（　　）
A　教師になりたいです。　　　　　　　B　IT企業に入りたいです。
C　故郷に帰りたいです。　　　　　　　D　公務員になりたいです。

2.（　　）
A　熱い温泉に入ったほうが体にいい。
B　ぬるい温泉に入ったほうが体にいい。
C　たくさん温泉に入ると体にいい。
D　温泉に入りすぎると体によくない。

問題四、次の問題には絵はありません。録音を聞いて、正しい答えを一つ選んでください。

MP3 1-3-04

1.（　　）　　　　　2.（　　）　　　　　3.（　　）　　　　　4.（　　）

問題五、録音を聞いて、次の文を完成してください。録音は3回繰り返します。 MP3 1-3-05

　　今年のゴールデンウィークに母と二人で海外旅行を①＿＿＿＿＿＿ています。②＿＿＿＿＿＿でインドネシアのバリ島に行くことにしました。インターネットで調べたり、旅行会社に③＿＿＿＿＿＿たりしました。かなり時間がかかりましたが、航空券もホテルも何とか④＿＿＿＿＿＿できました。旅行の費用は⑤＿＿＿＿＿＿10万円ぐらいですが、母の分も私が出すことにしました。

14

スクリプトと解答

問題一、絵を見て、正しい答えをA、B、Cの中から一つ選んでください。 MP3 1-3-01

🎧 **听力原文**

1. 二人はどんなかっこうをしていますか。
   A　二人はおしゃれなズボンを穿いています。
   B　二人はスカートを穿いています。
   C　二人はおしゃれな服を着ています。
2. この人は何をしていますか。
   A　配達員が車で郵便物を配達しています。
   B　配達員が自転車で郵便物を配達しています。
   C　配達員がバイクに乗っています。

✍ **答案**

1. C　2. A

問題二、絵を見て、正しい答えをA、B、C、Dの中から一つ選んでください。 MP3 1-3-02

🎧 **听力原文**

1. 男の人と女の人が話しています。三連休はどこに行きますか。
   男：明日から三連休ですね。どこか旅行に行きませんか。
   女：私は北海道に行きたいんですが、三日間じゃちょっと時間が足りないですね。
   男：なら、関西はどうですか。近いですし。
   女：そうですね。関西なら神戸にしましょうか。神戸の夜景は美しいそうですし。
   男：僕は夜景より神戸牛を食べたいな。
   女：じゃ、神戸牛を食べながら夜景を楽しむことができるお店を調べておきましょうよ。
2. 男の人はどれを注文しますか。
   男：田中さん、ランチに行きましょうか。
   女：ええ。そうしましょう。李さんは何か食べたいものがありますか。
   男：そうですね。昨日食べたオムライスがおいしかったので、今日もオムライスを食べたいです。
   女：二日連続オムライスでいいんですか。
   男：ええ、おいしいものはいくら食べても飽きないですからね。

1．C　2．B

問題三、会話を聞いて、正しい答えをA、B、C、Dの中から一つ選んでください。 MP3 1-3-03

听力原文

1．李さんは卒業後何をしたいですか。

女：李さん、卒業後は何をしたいですか？

男：しばらくは北京で仕事をしてみたいんですが…。

女：北京で就職するのは難しいけど、やる気があれば可能性はありますよ。

男：そうですか…。IT企業で仕事をしたいんですけど。

女：そうですか。チャンスがあれば、紹介しますね。

男：はい、ぜひお願いします。

李さんは卒業後何をしたいですか。

2．二人が話しています。話の内容と合っているのはどれですか。

男：来週は箱根ですね。箱根に行ったら、温泉たくさん入りたいですね。

女：ええ。少なくとも5回は入りましょうね。

男：でも、あんまり入りすぎると湯あたりして体に良くないって言いますよ。

女：あー、そうなんですか。てっきり体にいいと思ってました。

男：そうでもないみたいですよ。

女：何でもやりすぎると良くないんでしょうね。

話の内容と合っているのはどれですか。

答案

1．B　2．D

問題四、次の問題には絵はありません。録音を聞いて、正しい答えを一つ選んでください。

MP3 1-3-04

听力原文

1．男の人にとって、ゲームはどういうものですか。

男：最近ネットなんかでゲームをしている人の中には、ゲームの世界で生きているような人がいますよね。そこで知り合った人と本当に結婚したりして…。ゲームの世界と現実の世界の区別がつかなくなっているようで、なんか怖いですね。僕も、ひまな時はテレビゲームをしますが、ただゲームを楽しみたいだけです。おもしろいからする。楽しむんです。そういうもんじゃないですか、ゲームって…。ただの遊びですよね。

男の人にとって、ゲームはどういうものですか。

A　人と知り合うためのもの

B　仕事に役立てるもの

C　現実と区別できないもの

D　遊びとして楽しむもの

2.　女の人がスマホを買いたい友達に話しています。友達は今すぐ何をすればいいですか。

　　女：このスマホは来月の1日発売なんだけど、きっとすぐに売りきれてしまうわよ。お店でも買えるかもしれないけど、絶対にほしかったら、今すぐ、インターネットで申し込んだほうがいいわよ。申し込みを受け付けましたっていうメールが来たら、コンビニでお金を払うの。そうすれば来月1日にスマホが届くわよ。

　　友達は今すぐ何をすればいいですか。

A　店で買います。

B　インターネットで注文します。

C　店に電話します。

D　コンビニでお金を払います。

3.　李さんの夢はなんですか。

　　男：皆さん、こんにちは。中国から来た李です。中国で日本語を一年間勉強しましたが、まだ上手に話すことができません。これから一生懸命勉強したいと思います。私は料理に興味を持っているので、中国に帰ったら日本料理の店を作りたいです。日本の味を持ち帰りたいので、ぜひこの店で働いて勉強したいです。どうぞよろしくお願いします。

　　李さんの夢はなんですか。

A　日本料理を食べること

B　日本料理の店で働くこと

C　日本料理の店を作ること

D　日本料理を持って帰ること

4.　次の会話はどんな場面での会話ですか。

　　女：鈴木一郎さんですね。まず自己紹介をお願いします。

　　男：はじめまして、鈴木一郎です。大阪出身ですが、小学校の時に東京に引っ越してきました。専攻は経営学です。この会社で営業マンとして働きたいと思っています。

　　女：来年の3月に大学を卒業しますね。

　　男：はい、そうです。

　　この会話はどんな場面での会話ですか。

A　入社式　　　　　　　　　　B　食事会

C　就職面接　　　　　　　　　D　パーティー

答案

1. D　2. B　3. C　4. C

問題五、録音を聞いて、次の文を完成してください。録音は3回繰り返します。 MP3 1-3-05

听力原文及答案

　　今年のゴールデンウィークに母と二人で海外旅行を①計画しています。②3泊4日でインドネシアのバリ島に行くことにしました。インターネットで調べたり、旅行会社に③問い合わせたりしました。かなり時間がかかりましたが、航空券もホテルも何とか④確保できました。旅行の費用は⑤一人あたり10万円ぐらいですが、母の分も私が出すことにしました。

第2課

能力・可能性

2-1 パソコンでいろんなことができます

聞く前に

まず自分で確認しましょう。録音を聞いて質問に答えてみてください。 MP3 2-1-00

答案范例

1. 飲み物を買うことができます。
   資料をコピーすることができます。
2. 写真を撮ることができます。
   メールのやりとりをすることができます。
3. パソコンでインターネットをすることができます。
   パソコンで仕事をすることができます。

一、録音を聞いて、その内容と合っているものに○を、違うものに×をつけてください。

MP3 2-1-01

🎧 听力原文

1. 男：ここは泳ぐことができるところです。
2. 女：ここから海が見えます。
3. 男：ここでは本を借りることはできますが、買うことはできません。
4. 女：このコピー機ではカラーコピーができません。
5. 男：1月17日は千円で映画が見られます。
6. 女：ここではスキーを楽しむことができます。

📝 答案

1. ○ 2. ○ 3. × 4. × 5. ○ 6. ○

💡 解析

　　判断录音内容与图片所示内容是否一致。重点听录音中动词短语表达的状态是否与图片内容一致。

- 第1题图片所示内容是「プール」（游泳池）。「泳ぐことができる」意为"能游泳"，图片与录音内容一致。「动词基本形＋ことができる」表示可能或能力。

- 第2题图片所示内容是平台远方有一片大海。「海が見えます」意为"能看到大海"，图片与录音内容一致。本题的解题关键词是「見える」（看得到）。
- 第3题的图片中写有「本屋」（书店）二字。「買うことはできません」意为"不能购买"，图片与录音内容不一致。
- 第4题图片所示的彩色复印与录音内容中的「カラーコピー」（彩色复印）这一信息一致，但录音中出现了「できません」（不能），表示否定，故图片与录音内容不一致。
- 第5题图片所示的「1000円均一」（一律1000日元）表示电影票的价格都是1000日元。录音中的「千円で映画が見られます」意为"花1000日元就可以观看电影"，图片与录音内容一致。
- 第6题图片所示内容是滑雪场。「スキーを楽しむことができます」意为"可以尽情滑雪"，图片与录音内容一致。

二、会話を聞いて、その内容と合っている絵を選んでください。 MP3 2-1-02

🎧 听力原文

1. 男の人と女の人が文房具屋で手帳を見ながら話しています。女の人はどれを選びますか。

    女：うわあ、手帳ってずいぶん種類がありますね。どれがいいかなあ。

    男：僕のおすすめは、これですね。毎日、細かく予定を書くことができますし、右側にはメモを書くこともできます。

    女：ふうん。でも私、そんなにたくさん書くことがないよ。それより、一目で一か月の予定が分かるものがほしいなあ。

    男：なるほど。

2. 男の人は携帯のカメラでよくどんな写真を撮りますか。

    男：携帯で写真が撮れるのはすごく便利ですよね。

    女：そうですね。それに、撮った写真はすぐに友達に送ることができますもんね。

    男：うん、写真は撮りたい時にすぐ撮れますね。

    女：鈴木さんはよくどんな写真を撮るんですか。

    男：僕は料理が好きなので、外食をする時はよく撮りますよ。山田さんは？

    女：私はペットの写真を毎日撮っています。

3. お弁当はどこで食べることができますか。

    女：午前中の会議はここで終了させていただきます。それでは、今からお昼休みになります。この建物の地下1階に学生食堂がありますので、お食事をされる方はご利用ください。

    男：あのう、弁当を持ってきたんですが、同じ食堂で食べることができますか。

    女：すみません、お弁当の方は、このまま会議室でお召し上がりください。

4. 男の人はどちらがいいと思っていますか。

    女：この車とオートバイ、どちらもよさそうね。

男：そうだね。車もいいし、オートバイもかっこいいね。

女：伊藤さんならどっちにする？

男：僕ならオートバイにするけど。

女：どうして？

男：オートバイなら狭い道でも通ることができるし。

女：なるほど。

答案

1．B　2．B　3．A　4．B

解析

　　根据录音选择相应的图片。解题方法是先判断A与B的区别，然后听录音进行辨别。

- 第1题中，A和B都是「手帳」（记事本）的内页。A能记录一周的内容，左侧记事，右侧记笔记；B能记录一个月的内容。本题要求判断「女の人はどれを選びますか」（女子选哪种）。录音中女子说「一目で一か月の予定が分かるものがほしい」（每个月的安排能够一目了然的这种比较好），故答案为B。

- 第2题中，A是一只狗的照片，B是美食照片。本题要求判断「男の人は携帯のカメラでよくどんな写真を撮りますか」（男子常用手机拍摄什么照片）。本题的解题关键句是男子说的「僕は料理が好きなので、外食をする時はよく撮りますよ」（我喜欢美食，所以在外就餐时经常拍照），由此可推测出男子常拍的照片是美食照片，故答案为B。

- 第3题中，A是会议室，B是食堂。本题的解题关键句是女子最后说的「お弁当の方は、このまま会議室でお召し上がりください」（带盒饭的诸位请留在会议室就餐），故答案为A。「お召し上がりください」是敬语表达方式，意为“请您就餐”。

- 第4题中，A是「車」（汽车），B是「オートバイ」（摩托车）。本题的解题关键句是男子说的「僕ならオートバイにするけど」（要是我的话，我选摩托车），故答案为B。「狭い道でも通ることができる」意为“也能通过狭窄的道路”。

三、会話を聞いて、その内容と合っているものを選んでください。 MP3 2-1-03

听力原文

1．女の人は、日本語がどのぐらいできますか。

　　男：李さんは日本語がどのぐらいできますか。

　　女：大学で1年間勉強していますから、まだたどたどしいですが、簡単な会話ならできます。

　　男：そうですか。

2．女の人は、1週間に何日働くことができますか。

　　男：1週間に何日働くことができますか。

　　女：週5日ですね。月曜日から金曜日までは午後6時までできます。

　　男：土曜日はどうですか。

　　女：土曜日は午後5時までなら空いていますが…。

　　男：では、月曜日は忙しくありませんから、火曜日から土曜日までお願いします。土曜日は午後だけでけっこうです。

3. 日本では女性が何曜日に映画を安く見ることができますか。

　　男：田中さんは映画をよく見ますか。

　　女：ええ。日本にいた時は毎月2回ぐらい見ていましたよ。

　　男：そうですか。日本で映画が安く見られる日があるんですか。

　　女：そうですね。いろいろ安く見られる方法はありますが、女性の場合はだいたい毎週の水曜日に割引があって、安く見られます。

　　男：へえ、それはいいですね。

答案

1. A　2. B　3. B

解析

　　判断录音信息与文字信息是否对应，重点听问题涉及的主要内容。

- 第1题中，女子说「簡単な会話ならできます」（简单会话的话没问题），故答案为A。「たどたどしい」意为"说话结结巴巴，不熟练"。

- 第2题的解题关键句是「月曜日から金曜日までは午後6時までできます」（周一到周五可以工作到下午6点）和「土曜日は午後5時までなら空いていますが」（周六下午5点前都有空），由此可算出女子一周可以工作的时间为6天，故答案为B。

- 第3题的解题关键句是「女性の場合はだいたい毎週の水曜日に割引があって、安く見られます」（女性的话，每周三都有折扣，看电影比较便宜），故答案为B。

四、会話を聞いて、例のように書いてください。 MP3 2-1-04

听力原文

例 男：私は車の運転が好きです。

　　女：そうですか、私は運転することができません。運転は楽しいですか。

　　男：ええ、楽しいですよ。

1. 女：金さんは英語ができますか。

　　男：英語はできませんが、朝鮮語ならしゃべれますよ。

　　女：そうですか。英語を習ったことはないんですか。

　　男：ええ、ずっと日本語を外国語として習っていました。私は朝鮮族で、朝鮮語と中国語のバイリンガルです。

　　女：バイリンガルですか。すごいですね。

2. 女：王さん、日本の生活にはもう慣れましたか。

　　男：一応慣れましたが、やっぱりいろいろ理解できないところがありますね。

女：例えば？

男：例えば、電車に乗る時、車内放送でいつも「通話はご遠慮ください」と言っていますね。

女：ええ、電車の中では電話をしてはいけないんですよ。

男：電車の中でわいわいしゃべっている人がいるのに、どうして電話だけはだめなんですか。

女：うん、人に迷惑をかけるからでしょうね。まあ、車内でわいわいおしゃべりをするのもよくないですね。

答案

1．英語　2．迷惑をかけます　電話

解析

　　听录音中表示可能形的相关表述，完成填空题。解题时首先要迅速浏览题干信息，判断听力任务，然后再有针对性地听录音。如例题中的题干信息是"女子不会驾驶……"，说明要求判断"驾驶的对象"，录音中的话题是「車の運転」（驾驶汽车），故空格处可填写「自動車」或「車」。

- 第1题的听力任务是要求判断"男子不会……，会……"。解题关键句是「英語はできませんが、朝鮮語ならしゃべれますよ」（我不会英语，但会讲朝鲜语）。「しゃべれる」是「しゃべる」（说）的可能形。

- 第2题的题干信息是"因为会给人……，所以在电车里不能……"，即要求判断在电车里不能做什么以及其原因。通过会话中的「電車の中では電話をしてはいけないんですよ」（电车里不能打电话），我们可得知不能做的事是"打电话"。最后一句中的「人に迷惑をかけるからでしょうね」（大概是因为会影响别人吧），则说明了不能打电话的原因是会「人に迷惑をかける」（影响别人）。

五、会話を聞いて、例のように書いてください。 MP3 2-1-05

听力原文

女：田中さんはパソコンを持っていますか。

男：ええ、持っていますよ。

女：いいなあ、私も買いたいんですけど、ソフトが高いと聞いて悩んでいるんです。

男：そんなことはないですよ。ソフトはほとんど無料でダウンロードすることができますので、わざわざ買う必要はありませんよ。

女：えっ？そうなんですか。

男：ええ。普段よく使うワープロソフトや表計算ソフトも無料で使うことができるのもあります。

女：へえ、そうなんですか。知りませんでした。じゃ、今度買ったらまたいろいろ教えてくださいね。

答案

1．ソフトが高い　2．ダウンロードする　ない

> 🔆 **解析**

　　听录音，填写关键信息。解题时先阅读题干信息，对录音内容进行预判。听录音时，集中注意力听取需要填空的内容即可。本题只有一组较长的会话，要求根据会话内容来解答各小题。第1题要求回答女子"想买电脑但因听说……而犯愁"中缺失的部分。第2题要求听懂男子对于女子所担心的事的看法。「～たがる」接在动词连用形 I 后表示他人的愿望，「買いたがる」意为"（他）想买……"。

六、録音を聞いて、絵の内容を完成してください。📢 MP3 2-1-06

> 🎧 **听力原文**

　　皆さんは、よくコンビニを利用しますか。コンビニでは、弁当や雑誌などを買うことができるほかにも、いろいろなサービスを利用することができます。例えば、このマルチコピー機一台だけでたくさんのことができます。まず、書類をコピーすることができます。そして、プリンターとして使うことも可能です。このコピー機はインターネットにもつながっていますので、営業マンはこのコピー機で会社から書類を送ってもらうことができます。書類だけではなく、携帯などで撮った写真を印刷することもできます。また、映画、コンサート、スポーツなどのチケットを買うこともできますので、仕事のほかに日常生活でも役に立ちますね。

> ✍ **答案**

1. コピーする　2. 送ってもらう　3. 印刷する　4. 買う

> 🔆 **解析**

　　听录音，填写图片中需要填空的内容。解题前要观察图片，明确听力任务，把握关键信息。本题图片介绍的是日本便利店里多功能复印机的功能。多功能复印机除了复印功能外，还具备打印功能，可以打印U盘里的资料。多功能复印机通常都联网，业务员在出差时可以利用它接收公司里发来的电子文档。另外，多功能复印机也可以打印手机等设备里的照片，以及购买电影、音乐会、体育赛事等的门票。

七、録音を聞いて、＿＿＿＿に適当な言葉を書き入れてください。録音は3回繰り返します。

📢 MP3 2-1-07

> 🎧✍ **听力原文及答案**

　　皆さんは太極拳を知っていますか。太極拳は中国の①<u>武術</u>の一種で、もともと身を守るために誕生したそうですが、今では健康法として誰でも②<u>習得</u>できる運動の一つになりました。太極拳の動きは、全身の③<u>ツボ</u>や経絡（気の通り道）を刺激することができるといわれています。体全体の機能を高め、体内の④<u>バランス</u>を整えるなど、さまざまな健康・⑤<u>美容</u>効果が期待されています。

> 🔆 **解析**

　　（略）

2-2 日本語は読めますが、書けません

聞く前に

まず自分で確認しましょう。録音を聞いて質問に答えてみてください。 MP3 2-2-00

答案范例

1. 読めますが、まだ書けません。
   読むことができますが、書くことと話すことはまだできません。
2. 水泳が好きです。
   テニスは好きですが、上手ではありません。

一、録音を聞いて、その内容と合っているものに○を、違うものに×をつけてください。

MP3 2-2-01

听力原文

1. 男：この店のカキなべは700円で食べられます。
2. 女：この携帯電話はカメラがついているので写真が撮れます。
3. 男：このソフトでラジオニュースが聴けます。
4. 女：この人はピアノが弾けます。
5. 男：この人は長い時間走れます。
6. 女：二人は自転車に乗れます。

答案

1. × 2. ○ 3. ○ 4. ○ 5. × 6. ○

解析

　　判断录音内容与图片所示内容是否一致。

- 第1题的图片中写有「カキそば」（牡蛎荞麦面）700日元、「カキなべ」（牡蛎锅）1000日元，而录音内容是"牡蛎锅700日元"，图片与录音内容不一致。
- 第2题的图片中有「カメラ」（照相机）的图标，这与录音中的「この携帯電話はカメラがついているので写真が撮れます」（该款手机带有照相功能，所以可以拍照）这一内容一致。
- 第3题的图片是「ラジオニュース」（电台新闻节目）的页面。这与录音中的「このソフトでラジオニュースが聴けます」（利用该软件可以收听电台新闻节目）这一内容一致。
- 第4题的图片中一个男子在弹钢琴，这与录音中的「この人はピアノが弾けます」（此人会弹钢琴）这一内容一致。
- 第5题图片所示内容是「泳ぐ」（游泳），而录音中说的是「走れます」（能跑），图片与录音内容不一致。

25

- 第6题的图片中两人在骑自行车，这表示两人都「自転車に乗れる」（会骑自行车），图片与录音内容一致。

二、会話を聞いて、その内容と合っている絵を選んでください。 MP3 2-2-02

🎧 **听力原文**

1. 二人は花子さんに何を送りますか。
    男：そろそろ花子さんのお誕生日だね。
    女：そうね。プレゼントは何にしようかな。バースデーケーキなんかどう？
    男：ケーキか。花子さんはたまごアレルギーらしいから、ケーキは食べられないと思うけど。
    女：そうか、知らなかった。じゃ、パンダのぬいぐるみは？
    男：いいね、そうしよう。

2. 田中さんの子どもさんが習っているのはどちらですか。
    女：今の子どもって、みんな何か習い事をしているようですね。
    男：そうですね。鈴木さんのお子さんも何か習っているんですか。
    女：うちの子はバイオリンを習っています。まだうまく弾けませんが…。田中さんのお子さんは？
    男：うちの子は歌が好きで、歌を歌いながら弾けるものがいいと言って、この楽器を自分で選んだんです。
    女：まあ、えらいですね。

3. 女の人は今回、どのように帰りますか。
    男：いよいよゴールデンウィークですね。
    女：そうですね。一週間のお休み、楽しみですね。
    男：李さんはどこかへ旅行に行きますか。
    女：いいえ、故郷に帰りますよ。海外で働いている父が久しぶりに帰国しますからね。
    男：そうですか。李さんの故郷は確か上海ですね。どうやって帰りますか。早くチケットを予約しておいたほうがいいですよ。
    女：いつもは高鉄で帰りますが、今回は飛行機のチケットを予約しておきました。早く父に会いたいですから。

4. 王さんが読んでいるのはどちらですか。
    女：王さんはすごいですね。日本の新聞も読めるんですか。日本語をまだ半年しか習っていないのに。
    男：ははははは。新聞を読んでいるように見えますか。実は漢字を見ているだけなんですよ。
    女：なんだ、びっくりしました。
    男：でも、漢字だけでも内容を想像できますよ。漢字があってよかったです。
    女：そうですね。

答案

1. A 2. B 3. B 4. A

解析

　　根据录音内容选择相应的图片。解题方法是先判断A与B的区别，然后听录音进行辨别。

- 第1题中，A是「パンダのぬいぐるみ」（熊猫玩偶），B是「バースデーケーキ」（生日蛋糕）。解题关键在于要听懂「ケーキは食べられない」（吃不了蛋糕）。此外，听懂女子建议的「じゃ、パンダのぬいぐるみは」（玩具熊猫怎么样）以及男子回答的「いいね、そうしよう」（好啊，那就送熊猫玩偶吧），也可以解题。

- 第2题中，A是「バイオリン」（小提琴），B是「ギター」（吉他）。本题要求判断「田中さんの子どもさん」（田中的孩子）的情况，而非「鈴木」（铃木）的孩子的情况。解题关键句是「歌を歌いながら弾けるもの」（能边唱边弹的乐器），能边唱边弹的乐器应该是吉他。"弹吉他"的日语说法是「ギターを弾く」，"拉小提琴"的日语说法是「バイオリンを弾く」，两者使用的动词都是「弾く」。「弾ける」是「弾く」的可能形。

- 第3题的解题关键句是「いつもは高鉄で帰りますが、今回は飛行機のチケットを予約しておきました」（平时我都是坐高铁回去，这次提前预约了飞机票），故答案为B。

- 第4题中，A和B分别是日文报纸和英文报纸。解题关键在于要理解女子的惊讶之处是「日本の新聞も読めるんですか。日本語をまだ半年しか習っていないのに」（日本报纸你也能看懂啊？你才学了半年日语）。「しか～ない」意为"只……"，「半年しか習っていない」意为"只学了半年"。「新聞を読んでいるように見えますか」意为"我看上去像是在看报纸吗"，「～ように見える」意为"看上去像是……"。

三、会話を聞いて、その内容と合っているものを選んでください。 ◎MP3 2-2-03

听力原文

1. 男の人はどうして今日元気がないのですか。
　　女：佐藤さん、どうしたの？今日元気ないね。
　　男：夕べなかなか眠れなかったんだ。
　　女：どうして？夜遅くまで勉強したの？
　　男：ううん。全然勉強できなかった。
　　女：じゃ、深夜まで遊んでたの？
　　男：違うよ。隣の赤ちゃんが一晩中泣いててさ。赤ちゃんだから、文句も言えないし。

2. 女の人がこの町に住む一番の理由は何ですか。
　　男：趙さん、趙さんは南の出身ですね。どうしてこの町に住むことにしたんですか。
　　女：ここはいいところですからね。何より夏が暑くないのがいいですね。
　　男：そうですね。春はきれいな桜が見られるし、夏は青い海で泳げるし、秋のりんごもおいしいし、冬はスキーもできますし。
　　女：青い海で泳ぐのは楽しいですよね。私はやっぱり暑さが苦手なので、この町がぴっ

たりです。

3. 夫婦が特急の切符について話しています。どうして子どもの切符も予約しましたか。

男：じゃ、大人2枚と子ども1枚予約しておくよ。

女：えっ?子どもの切符は要らないでしょう。まだ小さいからただで乗れるんじゃない?

男：そうだけど、切符を買わないと、座るところがないよ。

女：あー、そうね。4時間も乗るから、やはり席がないと大変ね。

答案

1. B　2. B　3. B

解析

判断录音信息与文字信息是否对应，重点听问题涉及的主要内容。

- 第1题录音中的多个信息点可作为判断依据。可以通过男子说的「全然勉強できなかった」（一点儿也没学），推测出答案不是A；也可以通过男子最后说的「隣の赤ちゃんが一晩中泣いててさ」（隔壁的婴儿哭了一整晚啊），推测出答案是B。

- 第2题的解题关键句是「何より夏が暑くないのがいい」（最重要的是夏天不热，这点很好）。「何より」后接的内容通常是说话人认为最重要的内容。

- 第3题的解题关键句是「切符を買わないと、座るところがない」（不买票的话，就没有座位）和「席がないと大変」（没有座位的话太辛苦）。

四、会話を聞いて、例のように書いてください。 MP3 2-2-04

听力原文

例 男：すみません、この本、まだ使いたいんですが、もう一週間、借りられますか。

女：貸し出し期間の延長ですね。少々お待ちください。今すぐ調べてみます。

男：はい、お願いします。

女：すみません、すでにほかの予約が入っていますので、延長することができません。

男：そうですか。困ったなあ。では、必要な部分をコピーしてから返してもいいですか。

女：はい、どうぞ。

1. 男：すみません。

女：はい。

男：『ABCビジネス成功法』という本を探しているんですが、本棚になくて…。

女：『ABCビジネス成功法』ですね。今すぐ確認します。

女：すみません、この本は今貸し出し中のようです。

男：えっ?「貸し出し中」ってどういう意味ですか。

女：つまり、今ほかの人に借りられているということです。よかったら予約しておきま

　　　しょうか。

　　男：はい、お願いします。

2. 男：この雑誌にDVDがついていますが、借りることができますか。

　　女：すみません、DVDは持ち出し禁止になっています。

　　男：そうですか。借りられませんか。

　　女：ええ、外へ持っていくことはできません。でも、あそこの視聴覚室で見ることなら
　　　　できますよ。

　　男：あ、分かりました。ありがとうございます。

答案

1. 借り　予約　2. 外へ持っていく／借りる　見る

解析

　　听录音中表示事情可能性的相关内容，完成填空题。

- 第1题的题干信息是"这本书现在无法……，所以（做）……"。录音中说「ほかの人に借りられてい
る」（被人借走了），由于题干中已经有了表示可能的助动词「られ（る）」，所以第一个空格中填「借
り」。通过「よかったら予約しておきましょうか」（要不要先预约呢）这句话，可以推测出第二个空格
中应填写「予約」。

- 第2题的题干信息是"DVD不可以……，可以在视听室里（做）……"。「持ち出し禁止」表示"禁止带
出"。根据录音中说的「借りられません」（不能外借）以及「外へ持っていくことはできません」（不
能带出）这两句话，且第一个空格的题干信息中出现了可能表达方式的否定形式「ことができません」，
因此第一个空格中应填「外へ持っていく」或者「借りる」。

**五、先生と学生が英語の勉強について話し合っています。会話を聞いて、例のように書いて
ください。** MP3 2-2-05

听力原文

　　男：先生、私は中学・高校の6年間も英語を勉強したのに、ほとんど英語が話せないん
　　　　です。どうしたらいいでしょうか。

　　女：そうですね。勉強方法の問題だと思います。王さんはどのように勉強してきました
　　　　か。

　　男：ええと、私は単語集を覚えたり、英語の文章を、辞書を引きながら一生懸命読んだ
　　　　りしてきました。

　　女：じゃ、英語は読めますね。

　　男：はい、読むのは大丈夫です。そして英語の問題集を、特に文法問題などをたくさん
　　　　練習してきました。

　　女：つまり、受験勉強を一生懸命してきたんですね。

　　男：はい。大学受験で英語の成績はよかったんです。でも、英語で自由にしゃべれない

んです。

女：英語が話せるようになるには、「聴く」練習と「話す」練習をたくさんしなければいけません。

男：「聴く」練習と「話す」練習ですね。

女：ええ、英語を聞き取れないと話すこともできません。

男：「話す」練習は一人ででもできますか。

女：できますよ。例えば、写真を見ながら英語で質問したりその質問に答えてみたりする方法があります。それなら一人でも英会話の練習ができますね。

答案

1. 聴く　話す　2. 写真

解析

听录音，填写关键信息。解题时先阅读题干信息，对录音内容进行预判。听录音时，集中注意力听取需要填空的内容即可。本题只有一组较长的会话，要求根据会话内容来解答各小题。第1题要求听懂"要学会说英语需要做些什么"，第2题要求回答"一个人如何进行会话练习"。

六、録音を聞いて、次の文を完成してください。 MP3 2-2-06

听力原文

今日は皆さんに日本のネットカフェを紹介します。ネットカフェではいろんなことができます。まずはインターネットを利用することができます。そしてプリンターもありますので、調べた資料などをそのまま印刷することもできます。ネットカフェはまた漫画喫茶とも言います。コミック・雑誌コーナーでは最新のコミックからなつかしいものまで、たくさんの漫画が読めます。ドリンクバーでは、暖かいものから冷たいものまですべての飲み物が自由に楽しめます。おなかがすいた時は、パスタ、カレー、スナック、デザートなどの食べ物を注文することもできます。シャワールームもありますので、シャワーを浴びることもできます。

答案

1. 利用する　2. 読め　3. 楽しめ　4. 注文する

解析

听录音，完成填空题。解题前要观察图片，明确听力任务，把握关键信息。本题图片是日本的「ネットカフェ」（网吧）的布局示意图。在日本的网吧里，人们可以用网吧的电脑上网，可以用网吧的打印机打印网上查到的资料。在日本，网吧也被称为「漫画喫茶」，通常都设有「コミック・雑誌コーナー」（漫画、杂志区）。网吧里还供应冷饮、热饮，也为顾客提供简单的餐饮服务。大多数网吧还配有「シャワールーム」（淋浴房），一般都备有「タオル」（毛巾）、「シャンプー」（洗发水）、「ボディーソープ」（沐浴液）等，供人们使用。

七、録音を聞いて、＿＿＿＿に適当な言葉を書き入れてください。録音は3回繰り返します。

MP3 2-2-07

🎧📝 听力原文及答案

　　皆さんはお台場に行ったことがありますか。お台場には温泉や①ショッピングモールなどがあります。温泉の名前は桜温泉です。桜温泉では好きな浴衣を選んで②着ることができます。また、観覧車にも③乗れます。観覧車からレインボーブリッジや東京タワーが④見えます。また、夏頃には、花火大会があるので、きれいな花火が⑤見られます。チャンスがあれば、ぜひ行ってみてください。

💡 解析

　　（略）

練習問題

問題一、絵を見て、正しい答えをA、B、Cの中から一つ選んでください。 MP3 2-3-01

1.　　　　　　　　　　　　　　　2.

（　　）　　　　　　　　　　　（　　）

問題二、絵を見て、正しい答えをA、B、C、Dの中から一つ選んでください。 MP3 2-3-02

1.

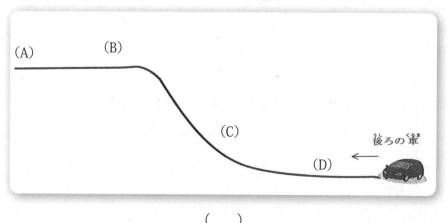

（A）　　　　（B）

（C）

（D）　　後ろの車 ←

（　　）

2.

A

B

C

D

(　　)

問題三、会話を聞いて、正しい答えをA、B、C、Dの中から一つ選んでください。 MP3 2-3-03

1.(　　)

A　ストレスになる

B　運動量が少ない

C　簡単ではない

D　誰でも習える

2.(　　)

A　学校でよく勉強すればいい

B　勉強より仕事の現場で覚えたほうがいい

C　覚えなくても自然に身につける

D　積極的に敬語知識を覚えればいい

問題四、次の問題には絵はありません。会話を聞いて、正しい答えを一つ選んでください。

MP3 2-3-04

1.(　　)　　　　　2.(　　)　　　　　3.(　　)　　　　　4.(　　)

問題五、録音を聞いて、次の文を完成してください。録音は3回繰り返します。 MP3 2-3-05

　　大連の町は四季を通して①＿＿＿＿＿＿＿＿ことができます。春は4月の桜と5月のアカシアが美しくて、友達と②＿＿＿＿＿＿＿＿ことができます。夏は青い海で③＿＿＿＿＿＿＿＿ます。秋は地元のおいしいりんごが④＿＿＿＿＿＿＿＿ます。冬になると、スキーも楽しめます。この町には日本人がたくさんいますので、デパートの食品売り場で日本の食品が⑤＿＿＿＿＿＿＿＿ます。

スクリプトと解答

問題一、絵を見て、正しい答えをA、B、Cの中から一つ選んでください。 MP3 2-3-01

🎧 **听力原文**

1. この人は何をしていますか。
   A スケートをしています。
   B スキーをしています。
   C スノーボードに乗っています。
2. このマークは何を意味していますか。
   A ここ以外のところでは携帯電話を使うことができません。
   B この車両では通話はできませんが、メールなどのやりとりはできます。
   C この車両では携帯電話を使うことができません。

✍ **答案**

1. B　2. C

問題二、絵を見て、正しい答えをA、B、C、Dの中から一つ選んでください。 MP3 2-3-02

🎧 **听力原文**

1. 男の人が話しています。絶対に車を止めてはいけない場所はどこですか。
   男：車を止める場所で特に気をつけなければならないのは、後ろの車から見えやすいかどうかです。この図を見てください。坂の途中なら後ろから見えますが、坂を一番上まで上ってすぐのところは見えにくいです。こういう場所には絶対に車を止めてはいけません。
2. 王さんは何を注文しますか。
   男：じゃ、飲み物を注文しましょう。僕は生ビールにしますけど、王さんは？
   女：私も生ビールを飲みたいし、梅ジュースも飲みたいね。うーん、明日は早いから、今日はやっぱりソフトドリンクにしよう。
   男：はい、分かった。すみません、生を1つ、梅ジュースを1つください。

✍ **答案**

1. B　2. C

問題三、会話を聞いて、正しい答えをA、B、C、Dの中から一つ選んでください。 MP3 2-3-03

🎧 **听力原文**

1. 男の人と女の人は太極拳について話しています。話の内容と合っているのはどれですか。

   男：理香さん、太極拳習ってるんだって？

   女：うん、先月始めたばっかりなんだけどね。

   男：私もちょっと興味あるんだ。ねー、どんな感じ？

   女：えー、おもしろいよ。すごくストレス解消にもなるし。美容効果もあるそうよ。

   男：へー。でも難しいんだろう？

   女：まー、簡単じゃないけど、練習を重ねていけば何とかなるね。

   話の内容と合っているのはどれですか。

2. 男の人は、どうすれば敬語がうまく使えると言っていますか。

   女：どうすれば敬語がうまく使えるようになるんでしょうか。

   男：うーん、習うより慣れろって言いますからね。

   女：ということは学校で習うより、仕事の現場で覚えるってことですか。

   男：ええ、そうですね。学校での勉強も大事ですけど、実践がなければ、覚えられない
   と思いますよ。

   男の人は、どうすれば敬語がうまく使えると言っていますか。

✍ **答案**

1. C　2. B

問題四、次の問題には絵はありません。会話を聞いて、正しい答えを一つ選んでください。

MP3 2-3-04

🎧 **听力原文**

1. 男の人と女の人が話しています。女の人は、どこに電話をしますか。

   男：あ、昼間、荷物の配達があったようだね。もう一度、届けてもらうように、頼まな
   くちゃ。

   女：ええと、運転手さんの携帯電話は090の…。

   男：ちょっと待って。運転手さんにお願いできるのは、夜は8時までだよ。

   女：ほんとだ。じゃ、こっちのフリーダイヤルで頼まないといけないのか。コンビニで
   荷物を受けとる時はこっちだね。…あれ、でもまだ7時半だよ。

   男：あ、時間、間違えてた。じゃ、こっちで大丈夫か。

   女の人は、どこに電話をしますか。

   A　サービスセンター

   B　運転手さんの家

   C　運転手さんの携帯電話

　　　D　コンビニ

2.　ピアノができるのは誰ですか。

　　　女：田中さんは何か楽器が弾けますか。

　　　男：ええっ、楽器？全くダメですよ。

　　　女：ピアノは弾けませんか。

　　　男：家内はピアノの教師ですが、僕は全然できません。

　　　女：じゃ、奥さんに頼んでもらえませんか。今度の集まりに音楽がいりますから。

　　　男：はい、分かりました。家に帰ったら、聞いてみます。

　　　ピアノができるのは誰ですか。

　　　A　女の人

　　　B　男の人

　　　C　男の人の奥さん

　　　D　男の人のお姉さん

3.　男の人は日本での生活で理解できないことは何だと言っていますか。

　　　女：王さん、日本の生活には慣れましたか。

　　　男：一応慣れましたが、やっぱりいろいろ理解できないところがありますね。

　　　女：例えば？

　　　男：例えば、電車に乗る時、車内放送でいつも「通話はご遠慮ください」と言っていますね。

　　　女：ええ、電車の中では電話をしてはいけないんですよ。

　　　男：電車の中でわいわいしゃべっている人がいるのに、どうして電話だけはだめなんですか。

　　　女：人に迷惑をかけるからでしょうね。まあ、車内でわいわいおしゃべりをするのもあまりよくないですけどね。

　　　男の人は日本での生活で理解できないことは何だと言っていますか。

　　　A　電車の中で人に迷惑をかけること

　　　B　電車の中で大声で電話をすること

　　　C　電車の中で電話をしてはいけないこと

　　　D　電車の中でわいわいおしゃべりをすること

4.　男の人はどうして今日元気がないのですか。

　　　女：佐藤さん、どうしたの？今日元気ないね。

　　　男：夕べなかなか眠れなかったんだ。

　　　女：どうして？夜遅くまで勉強したの？

　　　男：ううん。全然勉強できなかった。

　　　女：じゃ、深夜まで遊んでたの？

　　　男：違うよ。隣の赤ちゃんが一晩中泣いててさ。赤ちゃんだから、文句も言えないし。

男の人はどうして今日元気がないのですか。

A 夜遅くまで勉強していたからです。

B 夜遅くまで遊んでいたからです。

C 夜遅くまで友達と電話していたからです。

D 一晩中隣の赤ちゃんに泣かれたからです。

📝 **答案**

1. C　2. C　3. C　4. D

問題五、録音を聞いて、次の文を完成してください。録音は3回繰り返します。 📻 2-3-05

🎧📝 **听力原文及答案**

　　大連の町は四季を通して①楽しむことができます。春は4月の桜と5月のアカシアが美しくて、友達と②お花見をすることができます。夏は青い海で③泳げます。秋は地元のおいしいりんごが④食べられます。冬になると、スキーも楽しめます。この町には日本人がたくさんいますので、デパートの食品売り場で日本の食品が⑤買えます。

第3課

変化

ピアノが好きになりました

聞く前に

まず自分で確認しましょう。録音を聞いて質問に答えてみてください。 MP3 3-1-00

答案范例

1. 最近また太ったような気がします。
2. 通訳になりたいです。
3. 性格は明るいほうだと思います。

一、録音を聞いて、その内容と合っているものに○を、違うものに×をつけてください。

MP3 3-1-01

听力原文

1. 男：これは自分が太っているかどうかについてのグラフです。40代の中で、自分が太ったと思った人数が一番多いです。

2. 女：これは酒を飲むかどうかについてのアンケート調査の結果です。酒を飲まない人の中で、男性の割合は女性よりかなり高いです。

3. 男：これはスマートフォンでしていることについての調査です。歩きながらメールのやりとりをする人は6割ぐらいも占めています。

4. 女：これは日本人の寝る時間についての調査結果です。8時間がベストとよく言われていますが、実際は8時間寝る人は多くないです。

5. 男：これは体型が崩れてきたかどうかについての調査です。自分の体型が崩れてきたと思う人の中で30代の割合が一番高いです。

6. 女：これは40歳から75歳までの男女のウエストについての調査です。女性はほぼみんな同じで、85センチぐらいです。

答案

1. ○　2. ×　3. ○　4. ○　5. ×　6. ×

💡 **解析**

判断录音内容与图表所示内容是否一致。

- 第1题的图表是关于体型变化的调查结果。文字从左到右分别是「痩せた」（痩了）、「変わらない」（没变化）、「太った」（胖了）。录音中提到「40代」（40岁至49岁的年龄段），所以只需关注相应的条形图进行判断即可。
- 第2题的图表是关于饮酒情况的调查结果。文字从左到右分别是「飲まない」（不喝）、「たまに飲む」（偶尔喝）、「毎日飲む」（每天喝）。本题要求比较男女中「飲まない」（不喝）群体的比例。
- 第3题的图表中的「スマホ」即「スマートフォン」（智能手机）。「歩きながらスマホでしていること」意为"边走边用智能手机做的事"。
- 第4题要求判断"睡眠时间为8小时"的人数多少。
- 第5题要求判断觉得自己体型「崩れてきた」（走样了）的各年龄段的人数比例。
- 第6题的图表显示女性年龄越大腰围越大，而男性各年龄段的腰围基本持平。

二、会話を聞いて、その内容と合っている絵を選んでください。 MP3 3-1-02

🎧 **听力原文**

1. 女の人のお兄さんはどの人ですか。
   女：ねえ、こちらの写真を見てください。うちの兄はどの人か分かりますか。
   男：お兄さんか、もう10年も会ってないから、よく分からないなあ。この眼鏡をかけている人か。
   女：いや、違うよ、こちらの金髪の人だよ。
   男：へえ、昔とはずいぶん変ったね。
   女：そうでしょう、なんかイメチェンがしたくて、金髪にしたそうよ。
2. 親友の和夫はどの人ですか。
   女：私の子どもの時の親友和夫君、覚えてるでしょう。
   男：和夫ってあの丸顔で、眼鏡をかけてて太ってる子ですか。
   女：ええ。相変わらず眼鏡をかけていますけど、今は痩せててすごくハンサムな青年になりました。ほら、この人。
   男：本当だ。かっこいいですね。黒い眼鏡もよく似合いますね。子どもの時と別人みたいですね。
3. 女の人は今どんな服装をしていますか。
   男：あれ、山田さんじゃないですか。久しぶりですね。
   女：王さん、久しぶりです。大学卒業以来ですね。
   男：そういえば、もう5年ぶりですね。大学時代の山田さんはいつもカジュアルな服装でしたが、スーツの正装で雰囲気が変わっていますね。
   女：ははは、そうですか。商社で働いてて営業の仕事をしていますからね。

男：営業担当の仕事ですか。すごいですね。じゃ、もしかしたら今も営業を回っている
　　ところですか。

女：ええ、一軒終わったところです。

4. 女の人は、どんな髪型にしましたか。

女：まず髪を後ろに結って、それから、髪を三本に分けて…。

男：へえ、今日は面接だろう。この髪型はどうかなと思うよ。

女：えっ、そうかな。せっかく、新しい髪型に挑戦したいのに。

男：面接はやっぱりまっすぐのほうがいいと思うよ。

女：はい、分かりました。

📝 **答案**

1. B　2. B　3. B　4. A

💡 **解析**

　　根据录音内容选择相应的图片。解题方法是先判断A与B的区别，然后听录音进行辨别。

- 第1题的解题关键句是「いや、違うよ、こちらの金髪の人だよ」（不，是这个金色头发的人）。
- 第2题的解题关键句是「今は痩せててすごくハンサムな青年になりました」（现在瘦了，变得很帅气）。
- 第3题的解题关键句是「大学時代の山田さんはいつもカジュアルな服装でしたが、スーツの正装で雰囲気が変わっていますね」（你上大学的时候总是穿着休闲装，现在穿着正装感觉完全不一样了）。
- 第4题中，男子建议「面接はやっぱりまっすぐのほうがいいと思うよ」（面试时还是直发比较好），女子接受建议说「はい、分かりました」（好的，我知道了）。

三、録音を聞いて、その内容と合っているものを選んでください。 🎧 MP3 3-1-03

🎧 **听力原文**

1. 男の人が話しています。いつからピアノが好きになりましたか。

　男：僕は子どもの時からピアノを習い始めました。一生懸命練習しましたが、あまり上手になりませんでした。たぶんピアノが嫌いだったからだと思います。大学では音楽ではなくて、経営学を学びました。今は貿易会社で働いています。先週、久しぶりにピアノを弾きました。すると、とても楽しい気分になりました。僕は大人になって、やっとピアノが好きになったんです。

2. 女の人が話しています。「けんたろう」はなぜおもしろいニックネームですか。

　女：ニックネームというのは、友達を呼ぶ時に使う、短くて呼びやすいもう一つの名前のことです。例えば、「はなこ」のことを「はな」と呼んでいたりします。でも、本当の名前より長いものや、本当の名前と全然関係ないものもあります。例えば、本当の名前は「けん」なのに、ニックネームは「けんたろう」だったり、本当の名前は「ゆうこ」なのに、ニックネームは「りんご」だったり。「えー？！なぜそん

な呼び方なの?」と聞きたくなりますね。
3. 男の人の国ではどのようにして水を飲みますか。

男:私が日本に来てびっくりしたことは、水道の水がそのまま飲めることです。初めて日本人の友達の家へ遊びに行った時、友達がコップに氷を入れたあと、水道の水を入れて出してくれました。大変のどが渇いていましたが、私は怖くてその水を飲むことができませんでした。私の国では水は必ず一度沸かしてから飲みます。でも、今では日本の生活に慣れて、私も水道の水がそのまま飲めるようになりました。

答案

1. B 2. B 3. A

解析

判断录音信息与文字信息是否对应，重点听问题涉及的主要内容。

- 第1题的解题关键句是「僕は大人になって、やっとピアノが好きになったんです」（我长大后才喜欢上弹钢琴）。
- 第2题的录音中描述了几种绰号的取名方式，分别是「短くて呼びやすい」（比本名短、容易叫的）、「本当の名前より長いもの」（比本名长的）、「本当の名前と全然関係ないもの」（与本名完全无关的）。
- 第3题的解题关键句是「私の国では水は必ず一度沸かしてから飲みます」（在我们国家，水必须烧开后才能喝）。

四、会話を聞いて、例のように書いてください。 MP3 3-1-04

听力原文

例 女:もうすぐ夏ですね。
　　男:そうですね。実は、僕、夏が大好きなんですよ。
　　女:そうですか、どうしてですか。
　　男:夏になると、海へ泳ぎに行きたくなるから。
1. 女:読書が好きですか。
　　男:ええ、好きですよ。毎日電車の中で本を読んでいます。
　　女:電車の時間は退屈ですものね。
　　男:ええ。でも難しい本を読むと眠くなります。ははは。
2. 女:李さん、中国人はお正月をどう過ごしますか。
　　男:お正月?あ、中国では春節と言いますが、だいたい故郷に帰って、家族と一緒に過ごすことが多いです。
　　女:へえ、いいですね。何か特別な春節料理がありますか。
　　男:各地ではちょっと違いますが、餃子を食べるところが多いですね。そういえば、ちょっと餃子を食べたくなりました。

📝 **答案**

1. 難しい本を読む　眠く
2. 餃子を言う／春節の話をする　（餃子を）食べたく

💡 **解析**

　　本題要求听表示变化的表述，注意只需要填写关键信息。

- 第1题中的解题关键句是「難しい本を読むと眠くなります」（一读有点难的书，我就犯困）。
- 第2题中的解题关键句是「そういえば、ちょっと餃子を食べたくなりました」（说起来，我想吃饺子了）。

五、会話を聞いて、例のように書いてください。 🎧 MP3 3-1-05

🎧 **听力原文**

例 男の人の子どもの頃の夢は何ですか。

　　女：鈴木さん、子どもの頃の夢は何でしたか。

　　男：小さい時はお母さんとよく花を買いに行ったので、お花屋さんになりたかったんですよ。

　　女：へえ、花屋さんですか。花が好きだったんですね。

　　男：そうです。でも、子どもはやはり気持ちが変わりやすいですから、小学校に入ってからは人の命を助ける医者になりたくなったんです。

1. 女の人は疲れすぎるとどうなると言っていますか。

　　男：田中さん、最近顔色が悪いですよ。仕事が忙しいんですか。

　　女：ええ、最近は残業が多くて、帰りはほとんど10時になります。

　　男：10時ですか。それは大変ですね。

　　女：この2、3週間ずっと遅くまで仕事をしていました。おとといは11時でしたし。

　　男：ずっと夜遅くまで働くと体に悪いですよね。

　　女：そうですね。それに疲れすぎるとミスも多くなります。

2. 元気になるには何が必要ですか。

　　女：あーあ、疲れた。最近毎日へとへと。安田さんはいつも生き生きして、羨ましいなあ。何か元気になる秘訣を教えてよ。

　　男：はは、別に秘訣なんかないよ。強いて言えば、毎日前向きに物事を考えることぐらいかな。

　　女：前向きに物事を考えるか。

　　男：ええ、そうすれば、辛いことでも難しいことでも、平気で受け入れることができる。

📝 **答案**

1. ミスが多く　2. 前向きに

听录音，填写关键信息。解题时先阅读题干信息，对录音内容进行预判。听录音时，集中注意力听取需要填空的内容即可。

- 第1题要求听的关键信息是"女子说疲劳过度会怎么样"。解题关键句是「疲れすぎるとミスも多くなります」（疲劳过度的话，错误就会变多）。

- 第2题要求听的关键信息是「元気になる秘訣」（变得精神的秘诀）。解题关键句是「前向きに物事を考える」（以积极的态度思考问题）。

六、録音を聞いて、次の文を完成してください。 ⅯＰ3 3-1-06

🎧 **听力原文**

あなたにとって素敵な女性はどんな女性だと思っていますか。このグラフはこの問題についてのアンケート調査の結果です。まず、「自分の個性を知っている女性」と答えたのが38.3％でした。個性が大事だと思われていますね。また、それより多くの人が「自分の個性を生かしておしゃれを楽しんでいる女性」と答えました。これは42.1％になっています。表面より中身が大切だと思って「内面を磨くことを一生懸命頑張っている女性」と答えたのは35.6％でした。「いつも前向きな気持ちでいる女性」と思っているのは半分以上で、57.9％も占めています。仕事でも家庭でも前向きな気持ちで人生を送る女性が期待されますね。

📝 **答案**

1．38.3　2．42.1　3．35.6　4．57.9

☀ **解析**

听录音，完成填空题。解题前要观察图片，明确听力任务，把握关键信息。解题关键是要对照着图片分别去听与各小题对应的信息点。

七、録音を聞いて、＿＿＿＿＿に適当な言葉を書き入れてください。録音は3回繰り返します。

ⅯＰ3 3-1-07

🎧📝 **听力原文及答案**

日本人の名前は、名字、名前の①順番になっています。日本では、結婚したら夫婦は同じ名字にする②ことになっています。つまり片方の名字だけを使うのです。特に女の人が男の人の名字になる場合が多いです。例えば、女性の「鈴木陽子」が、男性の「高橋一郎」と結婚したら、「高橋陽子」になります。しかし、結婚しても名字を③変えたくないと思う人もいます。夫婦が④別々の名字を持つことを「夫婦別姓」と言います。最近、この「夫婦別姓」にしたいと考える夫婦が⑤増えてきたようです。

☀ **解析**

（略）

3-2 水が氷になります

聞く前に

まず自分で確認しましょう。録音を聞いて質問に答えてみてください。 MP3 3-2-00

答案范例

1. ご飯を食べる量が少なくなりました。
   肉類や油がたくさん使われるようになりました。
2. 桜前線とは日本国内各地の桜の開花日をつないだ線です。桜の開花する日は場所によって異なりますが、同時に開花する場所は線状に分布し、南から北に向かって進行することから、これを桜前線と言います。

一、録音を聞いて、その内容と合っているものに〇を、違うものに×をつけてください。

MP3 3-2-01

🎧 听力原文

1. 男：この図を見ると、大連の天気は今日は晴れですが、土曜日になると、雨になります。
2. 女：大阪市は今日一日中晴れですが、明日の土曜日は曇りに変わります。
3. 男：このグラフによると、2015年から2022年まで人口の出生率は7年連続で減っています。
4. 女：このグラフによると、エコライフをしている人は半分ぐらいになっています。
5. 男：このグラフによると、ガスの量はどの年でもまだ少ないです。
6. 女：このグラフによると、日本人が食べる米の量が少なくなりました。

✍ 答案

1. × 2. 〇 3. 〇 4. × 5. 〇 6. 〇

💡 解析

　　判断录音内容与图表所示内容是否一致。

- 第1题图表所示内容是大连市的天气情况。录音中说「土曜日になると、雨になります」（周六会降雨），而图表显示周日、周一有雨，故图表与录音内容不一致。
- 第2题图表所示内容是大阪市的天气情况。录音内容为"大阪市今天全天晴天，明天周六转多云"，与图表内容一致。
- 第3题图表所示内容是出生率的变化。图中2015年到2022年出生率连续降低，与录音中「7年連続で減っています」信息一致。

- 第4题录音中说「エコライフ」（节能生活）的人数比例是「半分ぐらい」（约一半），与图表所示的"38%"不符。

- 第5题图表所示内容是「石炭」（煤炭）、「石油」（石油）、「ガス」（天然气）的占比。录音中说天然气的量「どの年でもまだ少ない」（每年都少），故图表与录音内容一致。

- 第6题图表所示内容是日本人饮食的变化情况。录音内容与图表中"大米的食用量呈减少趋势"这一信息一致。

二、録音を聞いて、その内容と合っている絵を選んでください。 MP3 3-2-02

听力原文

1. 男の人が紹介している商品は何ですか。

   男：皆さん、こんにちは。テレビショッピングの時間です。今日ご紹介する商品はこの折り畳み自転車です。ハンドルと前のタイヤをたたむと、こんなに小さくなります。この大きさなら車のトランクにも乗せられます。また、軽いので、専用のバッグに入れて持ち運ぶこともできて便利です。これで価格は2万円。いかがでしょうか。

2. 日本ではスイカによく何をかけて食べますか。

   男：暑い夏はやっぱり甘いスイカが一番ですね。

   女：ええ、それに塩を少しかけるともっと甘くなりますよ。

   男：えっ？塩を？中国ではそのまま食べるのは普通ですが…。

   女：へえ、そうですか。日本では、スイカもトマトも塩をかけて食べることがありますよ。

3. 男の人と女の人が話しています。男の人はいつもどこに座っていますか。

   女：いつも、教室の一番前に座ってるわね。一生懸命ね。

   男：うん、まあね。でもはじめは一番後ろだったんだ。

   女：へえ、そうだったんだ。

   男：ええ、僕、目が悪いから、一番前にかえてもらったんだ。

   女：そうなの。でもどうしてドアの近くなの？

   男：休み時間になったら、すぐ教室から出られるからね。

4. 水は今どうなっていますか。

   男：花ちゃん、水は温度によって形が変わるんだよ。

   女：本当？

   男：ほら、この図を見て。温度が低くなると、氷になって、逆に高くなると、水蒸気になるんだ。じゃ、実験してみようか。

   女：うん。

   男：今温度を変えるから、よく見ててね。

   女：あ、泡が出た。それ、水蒸気でしょう。

📝 **答案**

1. A 2. B 3. A 4. B

💡 **解析**

　　根据录音内容选择相应的图片。解题方法是先判断A与B的区别，然后听录音进行辨别。

- 第1题中，A是「折り畳み自転車」（折叠自行车），B是「車椅子」（轮椅）。本题要求判断「男の人が紹介している商品は何ですか」（男子介绍的商品是什么）。解题关键句是「今日ご紹介する商品はこの折り畳み自転車です」（今天给大家介绍的商品是这款折叠自行车）。

- 第2题中，A是「砂糖」（白糖），B是「塩」（食盐）。本题要求判断「日本ではスイカによく何をかけて食べますか」（在日本吃西瓜时常放什么）。解题关键句是「日本では、スイカもトマトも塩をかけて食べることがありますよ」（在日本，吃西瓜和西红柿时有时候会放盐）。

- 第3题中，A是「教室の前」（教室前面），B是「教室の後ろ」（教室后面）。本题要求判断「男の人はいつもどこに座っていますか」（男子总是坐在何处）。解题关键句是「いつも、教室の一番前に座ってるわね」（你总是坐在教室最前面啊）。

- 第4题中，A是「氷」（冰），B是「水蒸気」（水蒸气）。本题要求判断「水は今どうなっていますか」（水现在变成了什么）。解题关键句是录音中的最后一句「あ、泡が出た。それ、水蒸気でしょう」（啊，冒泡了。那是水蒸气吧）。

三、会話を聞いて、その内容と合っているものを選んでください。 MP3 3-2-03

🎧 **听力原文**

1. 今年のお花見はいつ頃からできますか。

　　女：花見をしたいですね。この近くにどこかいい場所がありますか。

　　男：この近くだったら、王子動物園がいいですね。お花見をしたあとにパンダを見ることもできますよ。

　　女：桜はいつ頃見られますか。

　　男：そうですね。昔は4月の初め頃でしたが、近年気温が暖かくなっていますので、今年は3月下旬からお花見ができるそうです。でも、行く前に調べておいたほうがいいよ。

　　女：じゃ、さっそくインターネットで調べてみます。

2. 小学生が好きな食べ物はどれですか。

　　男：日本の食べ物といったら、刺身と寿司のイメージが強いですね。

　　女：そうですね。でも、実は今の日本人は食生活が大きく変っていますよ。

　　男：そうですか。

　　女：ええ、子どもたちの食べ物の好みも変わってきていますし。

　　男：へえ。子どもたちはどんな食べ物が好きなんですか。

　　女：最近の調査結果では、小学生も中学生も、1、2位は寿司とカレーライスだったそうです。

男：へえ、寿司の次はカレーですか。

女：ええ、第3位ですが、中学生はオムライスで、小学生はステーキです。

男：ははは。子どもはやっぱり肉ですね。私の国でも同じですよ。

3. 女の人は今日どんな服を着ていますか。

　　男：李さん、今日は何かイベントがありますか。特別な服を着ていますね。

　　女：ええ、今日は成人式なので、中国の伝統的な服を着て参加したいです。

　　男：へえ、これがチャイナドレスですか。

　　女：いいえ、これは「漢服」といいます。チャイナドレスよりも歴史が長いです。そして、最近、普段着として漢服を着る人が多くなっていますよ。

　　男：へえ、そうですか、知りませんでした。

答案

1. A　2. B　3. B

解析

　　判断录音信息与文字信息是否对应，重点听问题涉及的主要内容。

• 第1题的问题是"今年何时可以开始赏花"，要求判断是"三月下旬"还是"四月初"。解题关键句是「今年は3月下旬からお花見ができるそうです」（听说今年三月下旬开始就可以赏花了）。

• 第2题的问题是"小学生喜欢的食物是哪个"，要注意A和B的区别只在于排在第三位的是"蛋包饭"还是"牛排"。解题关键句是「中学生はオムライスで、小学生はステーキです」（中学生〈喜欢的〉是蛋包饭，小学生〈喜欢的〉是牛排）。

• 第3题的问题是"女子今天穿的是哪种服装"。解题关键句是「いいえ、これは『漢服』といいます」（不，这是"汉服"）。

四、会話を聞いて、例のように書いてください。 🎧 MP3 3-2-04

听力原文

例 女：あれは何ですか。

　　男：こたつです。

　　女：こたつ？

　　男：はい。こたつは冬に使うものです。こたつに足を入れると、暖かくなりますよ。

　　女：へえ、いいですね。

1. 女：あれ？ドアが開きませんね。

　　男：あ、横に「押す」ボタンがありますよね。

　　女：ええ。

　　男：そのボタンを押すと、開きますよ。

　　女：そうですか。近づくと自動的に開くかと思いました。

2. 男：李さん、ロボット掃除機を知っていますか。

女：ロボット掃除機？何ですか、それは。

男：自分で動いて部屋の掃除をしてくれる掃除機のことですよ。

女：へえ、それがあれば、家事が楽になりそうですね。

男：ええ、タイマーをかけておくだけで、時間になると自動的に掃除をするそうですよ。

答案

1. ボタン　開き　2. 時間　掃除

解析

听录音中的关键信息，然后填空。听之前要快速浏览题干，把握要听哪些关键信息。

- 第1题的题干信息为"一按「押す」……，门就……"。解题关键句是「そのボタンを押すと、開きますよ」（一按那个按钮就开了）。

- 第2题的题干信息为"扫地机器人每天一到……就自动……"。解题关键句是「時間になると自動的に掃除をする」（一到时间就自动打扫卫生）。「タイマーをかけておく」意为"预先定时"。

五、録音を聞いて、例のように書いてください。 MP3 3-2-05

听力原文

例 生活費用はどうなりましたか。

男：この5年間で生活費用がずいぶん高くなりましたね。

女：そうですね。びっくりするほどですね。

男：ええ、たまごと肉なんて5年前の倍になりましたよね。

女：ええ。生活のコストが高くなりましたね。

男：変わらないのは新聞代とバス代ぐらいですね。

1. 交通はどうなりましたか。

男：前より交通が便利になりましたね。

女：そうですね。高鉄が通ると、やっぱり便利ですね。

男：前は特急で4時間ぐらいかかったのに、今は高鉄でたった1時間半ですもんね。

女：なんか距離が短くなったようですね。

男：本当にそうですね。

2. 東京の今日と明日の天気はどうなりますか。

男：天気予報の時間です。午前は熊本では雨、京都は曇り、そして東京は晴れです。午後から、熊本に続いて京都でも雨になります。東京は曇りに変わります。明日の朝は熊本と京都は晴れ、東京は雨になります。繰り返します。今日の東京は、午前は晴れで、午後から曇りになります。明日の朝は雨が降ります。

答案

1. 特急　高鉄　2. 晴れ　曇り　雨

💡 **解析**

　　听录音，填写关键信息。解题时先阅读题干信息，对录音内容进行预判。听录音时，集中注意力听取需要填空的内容即可。本题在解题时要注意答案不一定都在某个特定的关键句中，而是需要对听到的录音内容进行概括理解后，提取出关键信息。比如例题中的关键信息就分别在「この5年間で生活費用がずいぶん高くなりましたね」（这5年时间里生活开销增加了很多啊）和「ええ、たまごと肉なんて5年前の倍になりましたよね」（对啊，蛋和肉〈的价钱〉都比5年前高1倍了）这两句话中。

- 第2题的录音中介绍了东京、熊本、京都三地的天气情况，要注意听东京的天气变化情况。

六、会話を聞いて、次の文を完成してください。 MP3 3-2-06

🎧 **听力原文**

子：お母さん、今日学校で、授業の内容は食生活の話でした。

母：昔はみんなほとんどご飯を食べていたよ。ほら、このグラフを御覧なさい。

子：へえ、本当だ。半分ぐらいは米だった。

母：ええ、平成16年は2割ぐらいしかないけど。

子：でも、小麦はあまり変わらないんだね。

母：うん、みんなよくラーメンやうどんなどを食べるからね。

子：肉と油の量が多くなっているね。

母：そうね。ご飯のかわりに、肉や油が増えているの。だから、外国からの輸入が多くなっているのよ。

子：どうして？日本には肉がないの？

母：ふふふ。もちろん、あるわよ。でも、国産の肉は高いのよ。

📝 **答案**

1. ご飯　2. 少なく　3. 肉や油　4. 多く

💡 **解析**

　　听录音，完成填空题。解题前要观察图片，明确听力任务，把握关键信息。本题是母子二人看着图表来讲解日本人的饮食变化情况。题干信息是「昔に比べて、＿＿＿＿の量が＿＿＿＿なっている」（与以往相比，……的量变……）和「かわりに＿＿＿＿が増えているね。だから外国からの輸入が＿＿＿＿なっているよ」（取而代之的是……增多了。所以，国外进口也变……了）。

七、録音を聞いて、＿＿＿＿に適当な言葉を書き入れてください。録音は3回繰り返します。

MP3 3-2-07

🎧 **听力原文及答案**

　　この町は、古い住宅が①並んでいて、消防車が入れない路地も多かったのですが、町の再開発が②進んで、すっかり変わりました。「東京スカイツリー」もできて、日ごと開発

が進み、このエリアでは一番住みやすい町に③変わってきています。どこへ行くのも便利で、通勤も④楽になりました。近所の人との良いコミュニケーションがとれる点も魅力です。この町で⑤暮らすことができて、とても幸せですね。

💡 **解析**

（略）

練習問題

問題一、絵を見て、正しい答えをA、B、Cの中から一つ選んでください。 🎧 3-3-01

1.
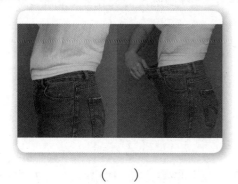
（　　）

2.
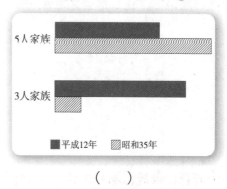
（　　）

問題二、絵を見て、正しい答えをA、B、C、Dの中から一つ選んでください。 🎧 3-3-02

1.

A

B

C

D

（　　）

2.

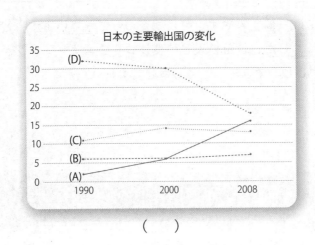

（　　）

問題三、会話を聞いて、正しい答えをA、B、C、Dの中から一つ選んでください。 MP3 3-3-03

1.（　　）
  A 折り畳み傘を持って出かける　　　　B 長い傘を持って出かける
  C 傘を持たないで出かける　　　　　　D どこにも行かない
2.（　　）
  A 春　　　　　　B 夏　　　　　　C 秋　　　　　　D 冬

問題四、次の問題には絵はありません。録音を聞いて、正しい答えを一つ選んでください。

　　　　MP3 3-3-04

1.（　　）　　　　2.（　　）　　　　3.（　　）　　　　4.（　　）

問題五、録音を聞いて、次の文を完成してください。録音は3回繰り返します。 MP3 3-3-05

　　え一、本をたくさん読みなさいと言われると、①＿＿＿＿＿＿＿人もいますが、新聞なら毎日気軽に②＿＿＿＿＿ことができますよね。毎日新聞を読むのは、③＿＿＿＿＿言葉の勉強を続けられる利点があります。新聞には、政治・経済からスポーツ、家庭生活にいたるまで、④＿＿＿＿＿分野の記事が載っています。ただ、自分はこの分野には興味がない、などと言っていては、言葉を⑤＿＿＿＿＿ことはできません。

スクリプトと解答

問題一、絵を見て、正しい答えをA、B、Cの中から一つ選んでください。 MP3 3-3-01

🎧 听力原文

1. 女の人の体つきはどのように変わっていますか。
   A　ダイエットに努力していますが、体つきがあまり変わりませんでした。
   B　ダイエットに努力していますので、体つきは前より太ってきました。
   C　ダイエットに努力していますので、体つきは前より痩せてきました。
2. 家庭の人数について、どんな変化が見られますか。
   A　平成12年は昭和35年より、結婚しない人が多くなりました。
   B　平成12年は昭和35年より、5人家族の家庭が少なくなりました。
   C　平成12年は昭和35年より、3人家族の家庭が少なくなりました。

✍ 答案

1. C　2. B

問題二、絵を見て、正しい答えをA、B、C、Dの中から一つ選んでください。 MP3 3-3-02

🎧 听力原文

1. 女の人と男の人が話しています。明後日の朝の天気はどれですか。
   男：毎日雨だね。明日も雨？
   女：朝は雨ね。でも、午後からは晴れるわよ。
   男：よかった。じゃ、日曜日はサッカーができるな。
   女：でも、天気がいいのは明後日のお昼までよ。
   男：午後からはまた雨？
   女：ええと、お昼からお天気が悪くなって、夜は雨。
   男：そうか。でも、曇りのほうが暑くないから、いいや。
2. 中国はどれですか。
   女：1990年から2008年までの日本の主要輸出国の変化を見てみましょう。アメリカはどの時期でもトップでしたが、割合から見てみると、2008年は大幅に減っています。2000年までは全体の3割ぐらいを占めていましたね。ここで注目したいのは中国です。中国に対する輸出は1990年には2％ぐらいしかなかったのですが、2008年になると、16％ぐらいになりました。韓国に対する輸出はいずれの時期にも6％ぐらいであまり変わっていません。

答案

1．A　2．A

問題三、会話を聞いて、正しい答えをA、B、C、Dの中から一つ選んでください。 MP3 3-3-03

听力原文

1．男の人はこれから何をしますか。

女：これから出かけるの？雨降ってきそうだから、傘持っていったら？

男：いいよ、めんどくさいし。

女：ほら、折り畳みだから。

男：いい、いい。そんなにどしゃぶりにはならないでしょ。

男の人はこれから何をしますか。

2．今の季節は何ですか。

女：だいぶ、日が長くなりましたねー。

男：ええ、5時でも、まだこの明るさですからねー。

女：もう1月も半ばかー。

男：あと2週間もすれば、もう立春ですよ。

今の季節は何ですか。

答案

1．C　2．D

問題四、次の問題には絵はありません。録音を聞いて、正しい答えを一つ選んでください。

MP3 3-3-04

听力原文

1．男の人が話しています。男の人はいつからピアノが好きになりましたか。

男：僕は子どもの時からピアノを習い始めました。一生懸命練習しましたが、あまり上手にはなりませんでした。たぶんピアノが嫌いだったからだと思います。大学では音楽ではなくて、経営学を学びました。今は貿易会社で働いています。先週、久しぶりにピアノを弾きましたが、とても楽しい気分になりました。僕は大人になって、やっとピアノが好きになったんです。

男の人はいつからピアノが好きになりましたか。

A　子どもの頃から　　　　　B　大学に入ってから

C　大人になってから　　　　D　経営学を学んでから

2．男の人が紹介している商品はどれですか。

男：皆さん、こんにちは。テレビショッピングの時間です。今日ご紹介する商品はこの折り畳み自転車です。ハンドルと前のタイヤをたたむと、こんなに小さくなりま

す。この大きさなら車のトランクにも乗せられます。また、軽いので、専用のバッグに入れて持ち運ぶこともできて便利です。これで価格は 2 万円。いかがでしょうか。

男の人が紹介している商品はどれですか。

A 折り畳み式の車
B 折り畳み式の自転車
C 折り畳みのバッグ
D 折り畳みのトランク

3. 女の人はどうして高校の頃ほとんどお母さんと話しませんでしたか。

女：私の母はとても厳しい人でした。小さい頃、ちょっと悪いことをするとすぐ大きい声で叱られるので、とても怖かったです。中学生になると、私は母とよくけんかをするようになりました。毎日服などのことを注意されるのがとても嫌でした。母は私が言うことにいつも反対しました。高校に入ってからも一緒に住んでいましたが、私と母の会話はほとんどありませんでした。大学に入ってからは、大学の寮で生活し始めました。母の元を離れてから、母の気持ちがやっと分かるようになってきました。母は私の話もよく聞いてくれるようになりました。私はとてもうれしいです。最近、母と電話で話すのが楽しみです。

女の人はどうして高校の頃ほとんどお母さんと話しませんでしたか。

A お母さんの髪の色や着ている服が嫌いだったからです。
B お母さんによく注意されたりしたからです。
C お母さんの声がいつも大きかったからです。
D お母さんと電話で話してもけんかするからです。

4. 今、ここに何の店がありますか。

女：しばらく来ない間にずいぶん店が変わりましたね。
男：そうですね。新しい店がたくさんできましたね。
女：ええ、今ここはコンビニになっていますが、前は何でしたっけ。
男：ええと、確か魚屋でしたよ。
女：そうでしたね。昔はこの角に銭湯があったんですが…。
男：ああ、あれは 5 年ぐらい前になくなりました。
女：そうですか。ちょっと残念ですね。

今、ここに何の店がありますか。

A 魚屋
B 本屋
C 銭湯
D コンビニ

📝 答案

1. C　2. B　3. B　4. D

問題五、録音を聞いて、次の文を完成してください。録音は3回繰り返します。 (MP3 3-3-05)

听力原文及答案

　　えー、本をたくさん読みなさいと言われると、①<u>気が重くなる</u>人もいますが、新聞なら毎日気軽に②<u>手に取る</u>ことができますよね。毎日新聞を読むのは、③<u>無意識のうちに</u>言葉の勉強を続けられる利点があります。新聞には、政治・経済からスポーツ、家庭生活にいたるまで、④<u>あらゆる分野</u>の記事が載っています。ただ、自分はこの分野には興味がない、などと言っていては、言葉を⑤<u>豊かにする</u>ことはできません。

第4課

できごと（順序）

4-1 どうやって行きますか

聞く前に

まず自分で確認しましょう。録音を聞いて質問に答えてみてください。 MP3 4-1-00

答案范例

1. バスや電車_{でんしゃ}などを知_しっています。
2. いいえ、まだほとんど習_{なら}っていませんが、「バスに乗_のる」ぐらいは知_しっています。
3. はい、山手線_{やまのてせん}と東京_{とうきょう}メトロ銀座線_{ぎんざせん}などを知_しっています。
4. 質問_{しつもん}1：のぞみ7号_{ごう}は
   (1) 東京駅_{とうきょうえき}の17番線_{ばんせん}から出_でます。
   (2) 名古屋_{なごや}の16番線_{ばんせん}に着_つきます。
   (3) いいえ、静岡_{しずおか}には止_とまりません。

   質問_{しつもん}2：ひかり461号_{ごう}は
   (1) 7時3分_{じ　ぶん}に東京_{とうきょう}を出_でます。
   (2) 9時8分_{じ　ぶん}に名古屋_{なごや}に着_つきます。
   (3) 9時10分_{じ　ぶん}に名古屋_{なごや}を出_でます。

一、録音を聞いて、その内容と合っているものに○を、違うものに×をつけてください。

MP3 4-1-01

听力原文

1. 男：JR山手線に乗ります。山手線は環状線です。東京駅のほかに秋葉原、上野駅などがあります。
2. 女：今、東京駅です。新宿へ行きます。JR中央線に乗ります。途中、御茶ノ水駅があります。
3. 男：今、上野駅です。池袋へ行きます。山手線で行きます。次の駅は日暮里です。
4. 女：今、上野駅です。成田空港へ行きます。まず、山手線で日暮里まで行きます。日暮里で中央線に乗り換えます。

第4課

できごと（順序）

4-1 どうやって行きますか

聞く前に

まず自分で確認しましょう。録音を聞いて質問に答えてみてください。 MP3 4-1-00

答案范例

1. バスや電車などを知っています。
2. いいえ、まだほとんど習っていませんが、「バスに乗る」ぐらいは知っています。
3. はい、山手線と東京メトロ銀座線などを知っています。
4. 質問1：のぞみ7号は
   (1) 東京駅の17番線から出ます。
   (2) 名古屋の16番線に着きます。
   (3) いいえ、静岡には止まりません。

   質問2：ひかり461号は
   (1) 7時3分に東京を出ます。
   (2) 9時8分に名古屋に着きます。
   (3) 9時10分に名古屋を出ます。

一、録音を聞いて、その内容と合っているものに○を、違うものに×をつけてください。

MP3 4-1-01

听力原文

1. 男：JR山手線に乗ります。山手線は環状線です。東京駅のほかに秋葉原、上野駅などがあります。
2. 女：今、東京駅です。新宿へ行きます。JR中央線に乗ります。途中、御茶ノ水駅があります。
3. 男：今、上野駅です。池袋へ行きます。山手線で行きます。次の駅は日暮里です。
4. 女：今、上野駅です。成田空港へ行きます。まず、山手線で日暮里まで行きます。日暮里で中央線に乗り換えます。

5. 男：今、東京駅です。銀座へ行きます。新橋で銀座線に乗り換えます。

6. 女：今、渋谷駅にいます。山手線で六本木に行きます。乗り換えはありません。

答案

1. ○　2. ○　3. ○　4. ×　5. ○　6. ×

解析

　　判断录音内容与图片所示内容是否一致，主要练习乘坐交通工具时的表达方式。

- 第1题中，首先快速观察图片，找到「山手線」（山手线），然后听录音确认该线路上的车站名称。山手线是东京JR的一条主要线路，呈环状，与很多地铁线路交汇，是东京重要的交通路线。

- 第2题中，首先找到起点「東京駅」（东京站）和目的地「新宿駅」（新宿站），然后可知连接两地的线路为「中央線」（中央线），途经「御茶ノ水駅」（御茶水站）。

- 第3题中，首先找到起点「上野駅」（上野站）和目的地「池袋駅」（池袋站），然后可知乘坐「山手線」（山手线）的话，其行进方向的下一站为「日暮里駅」（日暮里站）。

- 第4题中，分别找到起点、目的地及换乘车站后会发现自「日暮里駅」（日暮里站）到目的地「成田空港」（成田机场）需要换乘「京成本線」（京成本线），而不是「中央線」（中央线）。

- 第6题中，从「渋谷駅」（涩谷站）没有直达「六本木駅」（六本木站）的线路，需要在「渋谷駅」（涩谷站）先乘坐「山手線」（山手线）在「恵比寿駅」（惠比寿站）下车后，再换乘「日比谷線」（日比谷线）才能到达「六本木駅」（六本木站）。因此录音内容与图片不符。

二、録音を聞いて、その内容と合っている絵を選んでください。 MP3 4-1-02

听力原文

1. どちらを見て話していますか。

　　男：ねえ、この駅は、新宿だろう。

　　女：ええ、そうよ。新宿ですけど。

　　男：じゃ、この電車は池袋へは行かないよ。ほら、池袋駅、ないよ。

　　女：あら、本当だ。

2. 明日の花見には、どうやって行きますか。

　　男：明日の花見、どうしますか。車で行きましょうか。

　　女：車ねー、でも、明日、日曜日でしょう。道が混みますよ。きっと。

　　男：うーん。それはそうだね。

　　女：地下鉄で行きましょうか。車より早いよ。

　　男：でも、荷物が多いよ。弁当もあるし、飲み物も重いし。

　　女：大丈夫よ。駅はすぐそばだから。ねえ、そうしましょう。

3. 女の人はどうやって日本橋へ行きますか。

　　女：あのう、すみません。日本橋まで行きたいんですが…。

　　男：日本橋ですか。えーと、丸ノ内線に乗ってください。

女：丸ノ内線ですね。

男：ええ、それから、大手町で東西線に乗り換えてください。

女：大手町で東西線に乗り換えるんですね。ありがとうございました。

4. どこの放送ですか。

女：まもなく2番線に快速、東京行きが参ります。危ないですから、黄色い線の内側までお下がりください。この電車は8ドア、4両編成です。

答案

1. B　2. A　3. A　4. A

解析

根据录音内容选择相应的图片。解题方法是先判断A与B的区别，然后听录音进行辨别。重点听取车站名称、时间、站台编号等。

- 第1题中，A与B中都有「新宿駅」（新宿站），但A中有「池袋駅」（池袋站）。录音中提到两人现在在「新宿駅」（新宿站），这条线路上没有「池袋駅」（池袋站），故答案为B。

- 第2题中，A是「地下鉄」（地铁），B是「自家用車」（私家车）。会话中，男子提出由于行李又多又重，建议开车去，而女子提出「大丈夫よ。駅はすぐそばだから」（没事，车站离得很近），故答案为A。

- 第4题中，A是「電車の駅」（电车的站台），B是「バス停」（公共汽车站）。录音中出现了「この電車」（本电车），故答案为A。

三、録音を聞いて、その内容と合っているものを選んでください。 MP3 4-1-03

听力原文

1. 女の人はどこで乗り換えますか。

女：すみません、雷門へはどうやって行きますか。

男：ええと、山手線に乗ってください。

女：山手線…ですね。

男：ええ、それから、神田で銀座線に乗り換えます。

女：神田で乗り換えるんですね。

男：そうです。そして、浅草で降ります。そこからすぐですよ。

2. 女の人は今、毎日どのように大学に通っていますか。

男：王さんのアパートは大学に近いですか。

女：そうですね。あまり遠くありません。自転車で10分ぐらいですね。

男：じゃ、毎日、自転車で大学へ行っていますか。

女：ええ、先週までは、自転車でしたが、今は、毎日歩いて大学へ行っています。

3. 高円寺に行くには、何番線に乗りますか。

男：まもなく4番線に快速、東京行きが参ります。危ないですから、黄色い線の内側ま

でお下がりください。この電車は阿佐ヶ谷、高円寺には停車いたしません。阿佐ヶ谷、高円寺方面は2番線、2番線の電車をご利用ください。

答案

1. A　2. A　3. B

解析

　　判断录音信息与文字信息是否对应，注意听清问题，围绕问题听关键信息。

- 第1题要判断换乘的车站，重点听「～で乗り換えます」（在……站换乘）。录音中出现了「神田で乗り換えるんですね」（在神田换乘是吧），故答案为A。
- 第2题问的是女子如今去学校的交通方式。录音中出现了「今は、毎日歩いて大学へ行っています」（现在，我每天步行去学校），故答案为A。
- 第3题问的是去高圆寺方向要乘坐几号线。录音中出现了「高円寺方面は2番線」（高圆寺方向是2号线），故答案为B。

四、会話を聞いて、例のように書いてください。 MP3 4-1-04

听力原文

例 男：すみません。上野動物園へはどうやって行きますか。

女：ええと、京浜東北線に乗ってください。

男：京浜…。

女：京浜東北線です。上野で降ります。

男：分かりました。どうもありがとうございました。

1. 女：王さん、ちょっといいですか。

男：あ、山田先生、何でしょうか。

女：あのう、実は、明日帰国するんですが、浦東国際空港までリニアモーターカーで行きたいんです。大学からどう行けばいいですか。

男：ああ、リニアモーターカーですね。大学からまず空港行きの地下鉄の2号線に乗ってください。

女：2号線ですね。

男：ええ、それから、「龍陽路」駅でリニアモーターカーに乗り換えてください。

女：「龍陽路」で乗り換えるんですね。

男：ええ、それから浦東国際空港で降りればいいですよ。

女：どうもありがとうございました。

2. 女：田中さん、明日、友達と渋谷駅の近くで会うんですが、ここからどうやって行きますか。

男：渋谷ですか。ええと、まず、中野から総武線で新宿まで行きます。

女：総武線で、新宿までですね。

男：はい、それから、山手線に乗り換えます。山手線の品川方面に乗って、渋谷で降り
　　てください。

女：山手線の品川方面ですね。

答案

	1	2
行きたい所	浦東国際空港	渋谷
乗る電車	地下鉄2号線　リニアモーターカー	総武線　山手線
乗り換える駅	龍陽路	新宿
降りる駅	浦東国際空港	渋谷

解析

　　仔细观察例题，本题要求听出的关键信息有「行きたい所」（目的地）、「乗る電車」（所乘坐的电车线路）、「乗り換える駅」（换乘车站）、「降りる駅」（下车车站）。听录音并围绕题干的提示完成填空。

- 第1题解题时，只要注意听取会话中「～まで行く」「～に乗り換える」「～で降りる」等表述部分，即可完成听力任务。

- 第2题中，「山手線の品川方面に乗って、渋谷で降りてください」一句中出现了「品川方面」，这是因为「山手線」是环状线，即从正反两个方向都可以到达目的车站，因此乘坐山手线时，需要注意选择正确的乘车方向，以便在最短的时间内到达目的地。该线路沿途有很多供乘客换乘其他交通工具的交通枢纽站，是东京都内一条重要的JR线路。

五、録音を聞いて、例のように書いてください。 MP3 4-1-05

听力原文

例 男の人はこれからどうしますか。

　　男：あのう、すみません。ちょっとお聞きしたいんですが…。

　　女：はい、何ですか。

　　男：「さくら」というお店を探しているんですが…。

　　女：ああ、居酒屋ですね。一つ目の信号を渡って、左にまっすぐ行くと見えますよ。

　　男：はい、一つ目の信号を渡って…。

　　女：ええ、渡ってから、左にまっすぐ行ってください。

　　男：左にですね。はい、分かりました。どうもありがとうございました。

1. 今回の修学旅行はどんな乗り物を利用しますか。

　　男：それでは、修学旅行の移動方法を説明します。3月4日の夜8時に船で九州を出発します。大阪には、翌朝の7時に着きます。大阪港に着いてから、高速バスでホテルまで移動します。午後は、大阪城の見学です。大阪に2日間います。大阪市内では

　　　　地下鉄を利用します。3月7日に新幹線で京都に向かいます。

2. 女の人はどの電車に乗りますか。

　　　女：すみません。飯田橋へ行きたいんですが、4番線の快速でいいですか。

　　　男：4番線の快速は飯田橋に止まりませんから、5番線の普通列車に乗ってください。

　　　女：5番線ですね。

　　　男：ええ。次の電車は、ええと、8時24分のです。

　　　女：5番線の24分発ですね。ありがとうございました。

✍ 答案

1. 高速バス　新幹線　2. 5　8時24分

💡 解析

　　听录音，完成填空题。听录音时，集中注意力听取需要填空的内容即可。如例题所示，先阅读题干信息，将题干信息作为听力时的重点。

- 第1题要求判断所使用的交通工具。题干提示了「船」（轮船）和「地下鉄」（地铁），因此只要听出其他交通工具即可。

- 第2题要听取去目的地「飯田橋」所用的交通工具及相关信息，即需要乘坐5号线的普通车，下一趟为8点24分发车。日本的铁路列车设有「急行列車」（快车）和「普通列車」（普通车），其中快车又可分为「普通急行列車」，简称「急行」（普快）和「特別急行列車」，简称「特急」（特快），普通车又可分为「各駅停車」（每站都停的车）和「快速列車」（部分站停的车）。这种「快速列車」又可再细分为「特別快速」「新快速」「通勤快速」「直通快速」等等。所以在日本利用这种轨道交通时，我们要弄清楚自己所购买的车票种类以及可以乘坐的车种，还要注意要去的目的车站是否为线路的停车站点、途中是否需要换乘。日本人经常会根据不同车种的发车时间在途中站点巧妙地换乘，从而节省出行时间。

六、録音を聞いて、次の時刻表を完成してください。 🎧 MP3 4-1-06

🎧 听力原文

　　東海道・山陽新幹線をご利用いただきまして、ありがとうございます。のぞみ203号新大阪行きです。次の停車駅は新横浜、新横浜です。新横浜に7時19分、7時19分の到着です。ただいまより、これから先の停車駅と到着時刻をご案内いたします。新横浜の次は、名古屋に止まります。名古屋には8時41分、京都9時19分、終点の新大阪には9時33分に着きます。新大阪駅では、21番線に入ります。21番線です。

✍ 答案

1. 719　2. 名古屋　3. 新大阪　4. 21

💡 解析

　　听录音，完成填空题。解题前要观察图片，明确听力任务，把握关键信息。

　　本题图片中是「新幹線時刻表」（新干线时刻表）。在前面的热身环节我们已经学习过这种时刻表的读取方法，对图片中信息的布局已经有所把握。本题中要特别注意听录音中的发车车次和名称，以及停车时

間和途径车站。新干线是日本高速、便捷的出行方式之一。在九州新干线开通后，新干线的运行几乎贯穿日本列岛。新干线的重要交通枢纽站主要有「東京・名古屋・新大阪・京都・広島・福岡」等。目前日本的新干线主要有「のぞみ」（希望号）、「ひかり」（阳光号）、「こだま」（回声号）等车种，其中「のぞみ」是快速新干线，有些车次只在大站停靠，而「ひかり」和「こだま」的经停车站相对较多一些。因此在日本乘坐新干线时，我们要确认好时刻表和经停车站、最终到站等信息，方便自己出行。

七、録音を聞いて、_____に適当な言葉を書き入れてください。録音は3回繰り返します。

MP3 4-1-07

🎧 **听力原文及答案**

東京スカイツリー観光のお得な情報です。

この夏、当社、東武鉄道では、「スカイツリー①上野・浅草線」の運行を始めます。この路線は東京②スカイツリータウンから出発して、途中、浅草雷門、上野駅・③上野公園、浅草駅、浅草寺などを通りまして、東京スカイツリーまで戻ります。10分から15分の間隔で④運行していますので、大変便利です。皆様の⑤ご利用をお待ちしております。

💡 **解析**

（略）

4-2 夕刊を読んでから食事をします

聞く前に

まず自分で確認しましょう。録音を聞いて質問に答えてみてください。 MP3 4-2-00

答案范例

1. お風呂に入る　　辞書を調べる
   お弁当を食べる　電気をつける　　洗濯物を干す
   バスを降りる　　駅のコインロッカーに荷物を預ける
2. 材料を入れる　中火で炒める　材料を切る
   鍋に材料を入れる　フライパンを加熱する
3. はい、きゅうりや人参などは知っています。

一、先に何をしますか。先にすることです。録音を聞いて、先にすることと合っているものに○を、違うものに×をつけてください。 MP3 4-2-01

听力原文

1. 男：ご飯を炊きます。それから、掃除機をかけます。
2. 男：母は毎晩お風呂に入ってから、洗濯をします。
3. 男：荷物が重いので、まず荷物を預けてから買い物に行きましょう。
4. 女：牛乳はいつも運動のあと、飲みます。
5. 女：昨日、友達と喫茶店で会いました。その前に美容院に行きました。
6. 女：吉田さんは毎日犬の散歩に行く前に、部屋を掃除します。

答案

1. ×　2. ○　3. ○　4. ×　5. ○　6. ×

解析

　　判断录音内容与图片所示内容是否一致，主要判断动作的先后顺序。要注意听「～前に」「～た後（で）」「それから」「その前に」等表示先后顺序的表达方式。要求听录音后判断图片内容是否为先发生的动作。

- 第1题符合图片的正确说法可以是「先に掃除機をかけます。それから、ご飯を炊きます」。
- 第3题图片中是「コインロッカー」（投币式储物柜），常见于机场、车站等场所，便于人们暂时存放行李，一般会有各种不同大小的柜子供客人选择使用。
- 第4题图片所示内容为「牛乳」，录音内容为「牛乳はいつも運動のあと、飲みます」（牛奶总是在运动后再喝），因此图片与录音内容不一致。

- 第5題中，日语中的「美容院」有「カット」（剪发）、「カラー」（染发）、「パーマ」（烫发）等服务项目，也叫「美容室」或「ヘアサロン」，主要为女性服务。另外「床屋」也是"理发店"的意思，主要为男性服务。
- 第6題符合图片的正确说法可以是「吉田さんは毎日部屋を掃除する前に、犬の散歩に行きます」。

二、会話を聞いて、その内容と合っている絵を選んでください。MP3 4-2-02

听力原文

1. 二人はこれからどうしますか。
    男：ちょっと、ここでコーヒーを飲もうか。
    女：ええ、でも、映画はすぐ始まりますよ。あと10分しかありませんよ。
    男：そうか。じゃ、コーヒーはその後にしようね。
2. 学生はどの順番で予習をしますか。
    男：はい、皆さん、予習の内容は教科書の15から18ページまでです。
    女：先生、分からない単語はどうしますか。
    男：そうですね。分からない単語は、まず辞書でその意味を調べて、ノートに書いてください。その後、CDを何回も聞いてください。
    女：はい。分かりました。
3. 田中さんの今日のスケジュールはどれですか。
    女：これ、田中さんの今日のスケジュールですか。いっぱい入っていますね。
    男：ええ、今日は月曜日だから、忙しいですよ。
    女：ええと、12時まで、ずっと会議ですね。
    男：そう。そのあと、資料の準備をします。
    女：えっ？昼ごはんは食べないんですか。
    男：資料の準備をしてから食べます。
    女：へえ。その後、また、午後1時からお客さんとの打ち合わせをするんですか。
    男：そうなんですよ。もう大変です。
4. 女の人がこれからやることの正しい順番はどれですか。
    女：あなた、ちょっとスーパーへ買い物に行ってくるわ。
    男：うん。洗濯物はどうする？俺が風呂の掃除をしてから外に出そうか。
    女：あっ、お風呂の掃除は買い物の帰ったあとで私がやりますから。洗濯物はお願いね。
    男：うん。分かった。今、すぐ干しておくからね。
    女：ええ。行ってきまーす。

答案

1. B 2. A 3. B 4. A

解析

根据录音内容选择相应的图片。解题方法是先判断A与B的区别，然后听录音进行辨别。重点听动作的先后顺序。

- 第1题中，A是「コーヒーを飲む」（喝咖啡），B是「映画を見る」（看电影）。解题关键句是「コーヒーはその後にしようね」（咖啡在那之后再喝吧），即后喝咖啡，故答案为B。

- 第2题中，图片为「辞書で調べる」（查词典）、「ノートをする」（做笔记）、「聞く」（听）三个动作的不同排序，因此听录音时要注意图片所示三个动作的先后顺序。解题关键句是「まず辞書でその意味を調べて、ノートに書いてください。その後、CDを何回も聞いてください」（先用词典查明词义，并记在记事本上，然后多听几遍CD），故答案为A。

- 第3题中，图片为「会議」（开会）、「資料の準備」（准备资料）、「お客さんとの打ち合わせ」（会客商谈）三个动作的不同排序。观察选项A、B，我们会发现第一个动作是相同的，因此只要关注后两个动作的先后顺序即可。解题关键句是「12時まで、ずっと会議です」（开会开到12点）、「そのあと、資料の準備をします」（之后要准备资料）、「資料の準備をしてから食べます」（准备好资料后吃饭）、「その後、また、午後1時からお客さんとの打ち合わせをする」（然后，下午1点与客户商谈业务），所以日程顺序是「会議」（开会）→「資料の準備」（准备资料）→「食事」（吃饭）→「お客さんとの打ち合わせ」（会客商谈），故答案为B。

- 第4题中，A为"先购物再清洁浴室"，B为"先晾晒衣物再购物"。解题关键句是「お風呂の掃除は買い物の帰ったあとで私がやりますから。洗濯物はお願いね」（浴室的清洁等我购物回来后我来做，麻烦你帮忙晒一下衣物吧），故答案为A。

三、会話を聞いて、その内容と合っているものを選んでください。 MP3 4-2-03

听力原文

1. 男の人はこれからどうしますか。

　　女：そろそろ、夕食の時間ね。

　　男：そうだね。僕はちょっと出張の支度をしておくよ。まだそんなにおなかが空いていないし。

　　女：じゃ、私、散歩でもしてくるわ。

　　男：あっ、散歩もいいね。僕も一緒に行くよ。

　　女：あら、そう？

　　男：うん、出張の支度は夕食のあとにするよ。

2. 山田さんは家へ帰ってからまず何をしますか。

　　女：山田さんは家に帰ってから、いつもすぐ食事をしますか。

　　男：そうですね。お風呂が先ですね。私はいつもまずお風呂に入ります。

　　女：えっ、お風呂ですか。食事の前に？

　　男：ええ、その後、夕刊を読んで、食事をします。

3. 二人はこれからまず何をしますか。

　　男：今日は6時ごろには、仕事が終わるので、レストランで食事でもどうですか。

　　女：あ、いいですね。でも…。

　　男：あっ、忙しいんですか。

　　女：明日、友達の誕生日パーティーなんですが、そのプレゼントをまだ買っていないんです。

　　男：じゃ、まず、買い物をして、そのあと、ゆっくり食べましょうか。

答案

1．B　2．B　3．A

解析

　　判断录音信息与文字信息是否对应，重点听动作的先后顺序。

- 第1题要求判断男子「夕食をする」「出張の支度」「散歩する」三个动作的顺序。解题时要注意听取与动作顺序相关的表述。在女子提出要去散步后，男子表示「散歩もいいね。僕も一緒に行くよ」（散步也不错啊，我也和你一起去吧），并表示「出張の支度は夕食のあとにする」，故答案为B。

- 第2题要求判断「お風呂に入る」「夕刊を読む」「食事をする」这三个动作的顺序。解题关键句是「私はいつもまずお風呂に入ります」，故答案为B。

- 第3题的解题关键句是「まず、買い物をして、そのあと、ゆっくり食べましょうか」，故答案为A。

四、次はいろいろな料理の材料や調理法などについての内容です。会話を聞いて、例のように書いてください。 MP3 4-2-04

听力原文

例　男：あのう、これ、トマトを炒めた料理ですか。

　　女：ええ、トマトとたまごの炒め物です。おいしいんですよ。

　　男：へえ、トマトを炒めて食べるんですか。日本人はいつもサラダにして食べますけど。

1. 男：あのう、このジャガイモはどうしますか。

　　女：あ、それは小さめの一口大に切ってください。あとで、牛肉と一緒に煮ます。

　　男：ああ、肉ジャガにするんですね。

　　女：ええ、それから、この人参も皮を剥いて、一口大に切ってくださいね。

2. 男：これ、お肉の料理ですね。

　　女：ええ、豚肉のしょうが焼きです。豚肉をおろししょうがと醤油、お酒で下味を付けて、焼いた料理です。

　　男：へえー、じゃ、焼き物ですね。

3. 女：これ、おいしいですね。何という料理ですか。

　　男：あ、これ？これは、鶏肉のから揚げですよ。

　　女：へえー、鶏肉の揚げ物ですか。

　　男：ええ、鶏肉に小麦粉を付けて、油で揚げたものですよ。

答案

1. 牛肉　ジャガイモ　煮る　2. 豚肉　醤油　お酒　焼く　3. から揚げ　揚げる

解析

　　听会话中有关「材料」（食材）与「調理法」（烹饪方法）的信息，完成填空题。听录音之前要先阅读题干，对会话内容进行预判，再集中注意力听取与题目中画线部分相关的信息，抓住关键信息。如例题所示，关键是要听出做菜用的食材、烹饪方法以及菜品名称。

- 第1题会话中出现的关键信息主要有「ジャガイモ」「牛肉と一緒に煮ます」「肉ジャガ」。「肉ジャガ」即"土豆炖肉"，是一道日本家常菜。肉类既可以用「牛肉」（牛肉），也可以用「豚肉」（猪肉）。会话中「一口大に切ってください」的意思为"切成一口大小的块状"。

- 第2题会话中出现的关键信息主要有「豚肉」「醤油」「お酒」「焼いた料理」「焼き物」。此处的「焼いた料理」即"煎制的菜品"，如「焼き餃子」（煎饺）。此外，「焼く」还可以译为"烤"，如「焼き魚」（烤鱼）、「焼肉」（烤肉）等。会话中「下味を付けて」的意思为"预先腌制"。

五、会話を聞いて、例のように書いてください。 🎧 MP3 4-2-05

🎧 听力原文

例 女：はい、着きました。ここですよ。ほら、今日もお客さんがいっぱい並んでますね。

　　男：本当だ。このお店、なかなかの人気ですね。ああ、ここ、餃子の専門店ですか。私、日本でもよく餃子を食べるんですよ。

　　女：でも、日本の餃子って、焼いたものでしょう。中国では、餃子といったら、水餃子のことを言うんですよ。焼いた餃子は「煎餃」と呼んでいるのよ。

　　男：へえー、そうなんですか。そういえば、日本では、餃子はおかずとしてよくラーメンやご飯と一緒に食べるんですよ。

　　女：おもしろい食べ方ですね。中国では、餃子は主食なので、餃子を食べる時は、ご飯は一緒には食べません。

1. 男：先生、材料の準備ができましたので、作り方のご説明をお願いします。

　　女：はい、まず、野菜を切ります。なすと人参はあまり大きく切らないでください。

　　男：はい、このぐらいでいいですか。

　　女：はい、そうです。それから、たまねぎはみじん切りにしてください。

　　男：はい、みじん切りですね。え、かぼちゃはどうしますか。このまま切りますか。

　　女：そうですね。かぼちゃは皮を剥いてから薄く切ります。その後、電子レンジで5分ぐらい加熱します。あと、ピーマンも薄く切ってください。

　　男：はい、できました。

2. 男：この後、どうしますか。

女：次はフライパンにバターを入れてから、たまねぎを半分入れて炒めます。少し炒め
　　るとたまねぎの香りが出ます。香りが出たら、ひき肉を入れてさらに炒めます。ひ
　　き肉がいい色になるまで炒めてください。そして、カレー粉を入れて、少し炒めた
　　ら、人参、ピーマン、たまねぎを入れてさらに中火で炒めます。

男：中火ですね。あ、野菜が柔らかくなってきました。

女：そうですね。野菜が柔らかくなったら、今度は、なすを入れて炒めます。

男：あ、なすは最後に炒めるんですね。

📝 答案

1. みじん切り　皮を剥い　薄く　薄く　2. いい色になる　柔らかくなる

💡 解析

　　听录音，填写关键信息。解题前先阅读题干，将题干信息作为听力时的重点，明确解题任务。如例题所示，本题要求判断动作的先后顺序。

- 例题要注意听取的信息是在日本食用饺子时的一些习惯。解题关键句是「日本では、餃子はおかずとしてよくラーメンやご飯と一緒に食べるんですよ」（在日本，饺子多作为配菜，经常会和拉面或者米饭一起吃）。

- 第1题是关于蔬菜切法的说明，关键信息是动词「切る」前面的表述。结合题干，注意听取「たまねぎ」「カボチャ」「ピーマン」三种蔬菜的相关说明即可。

- 第2题在解题时，要注意动词「炒める」前后的表述。文中「ひき肉がいい色になるまで炒めてください」（肉馅要炒到变色）和「野菜が柔らかくなったら」（当蔬菜变软时）等表述是解题的关键。

六、録音を聞いて、絵の内容を完成してください。 MP3 4-2-06

🎧 听力原文

　　皆さん、おはようございます。街角情報の山田です。今日は食べて痩せたい人へのうれしい情報をご紹介します。食事の時、食べる順番を変えるだけでダイエットになる方法、最近、話題の「食べる順番ダイエット」をご紹介します。

　　「食べる順番ダイエット」の方法とやり方は、とても簡単です。食べる時は、スープや味噌汁などの汁物は一番最初に食べてください。その次は食物繊維を取ります。野菜サラダ、キノコなどの食べ物から食べましょう。それから、次に食べるものは蛋白質です。お肉、魚などのおかずですね。よく噛んで、ゆっくり食べましょう。最後に食べるものは炭水化物です。ご飯やパンなどの主食ですね。

　　よろしいですか。さて、このトンカツ定食はどの順番で食べたらいいですか。よく考えてみましょう。

📝 答案

1. スープ　2. 野菜サラダ　3. 肉　魚　4. ご飯　パン

💡 **解析**

　　听录音，完成填空题。解题前要观察图片，明确听力任务，把握关键信息。

　　本题图片中是日本常见的「トンカツ定食」（炸猪排套餐），录音内容介绍了最近流行的「食べる順番ダイエット」（有利于节食的饮食顺序）。解题前要把握图片信息，特别是文字信息。图中主要有「味噌汁」（酱汤）、「キャベツ」（卷心菜）、「トンカツ」（炸猪排）、「ご飯」（米饭）等内容，并标明了这四种食物分别是「汁物」（汤汁）、「食物繊維」（食物纤维）、「蛋白質」（蛋白质）、「汁物」（汤汁）、「炭水化物」（碳水化合物）。

七、録音を聞いて、＿＿＿＿に適当な言葉を書き入れてください。録音は3回繰り返します。

🎧 MP3 4-2-07

🎧📝 **听力原文及答案**

　　では、先生の言うとおりに①描いてください。まず、紙の真ん中に、大きな②山を描いてください。山の上に雪があります。はい、描いて。それから、紙の③右上に星を二つ描いてください。あんまり大きく描かないでくださいよ。そして、紙の左下に④小さな川を描いてください。⑤長く描いてくださいね。最後に、川の両側に木を描いてください。⑥どんな形でもいいですよ。

💡 **解析**

　　（略）

練習問題

問題一、絵を見て、正しい答えをA、B、Cの中から一つ選んでください。 🎧 MP3 4-3-01

1.

（　　）

2.

（　　）

問題二、絵を見て、正しい答えをA、B、C、Dの中から一つ選んでください。 MP3 4-3-02

1.

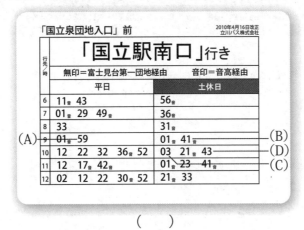

（　　）

2.

（　　）

問題三、会話を聞いて、正しい答えをA、B、C、Dの中から一つ選んでください。 MP3 4-3-03

1.（　　）
 A　歩いて来ました。   B　自転車で来ました。
 C　バスで来ました。   D　お母さんの車に乗って来ました。

2.（　　）
 A　電車で行きます。   B　自転車で行きます。
 C　バイクで行きます。   D　自動車で行きます。

問題四、次の問題には絵はありません。録音を聞いて、正しい答えを一つ選んでください。

   MP3 4-3-04

1.（　　）   2.（　　）   3.（　　）   4.（　　）

問題五、録音を聞いて、次の文を完成してください。録音は3回繰り返します。 MP3 4-3-05

  私の家は名古屋にあります。明日①＿＿＿＿＿＿から友達の加藤さんが来ます。加藤さんは明日の朝、7時ごろ東京駅に②＿＿＿＿＿＿。そして③＿＿＿＿＿＿からのぞみ3号に乗って、④＿＿＿＿＿＿名古屋に着きます。東京から名古屋まで2時間ぐらい⑤＿＿＿＿＿＿。早く加藤さんに⑥＿＿＿＿＿＿です。いろいろお話をしたいです。

スクリプトと解答

問題一、絵を見て、正しい答えをA、B、Cの中から一つ選んでください。 MP3 4-3-01

🎧 听力原文

1. 何をしていますか。
   A　ピーマンの皮を剥いています。
   B　ピーマンの種を取っています。
   C　ピーマンを切っています。
2. これはどんな料理ですか。
   A　えびのうま煮です。煮物です。
   B　えび炒めです。炒め物です。
   C　えびのてんぷらです。揚げ物です。

✎ 答案

1.　B　2.　C

問題二、絵を見て、正しい答えをA、B、C、Dの中から一つ選んでください。 MP3 4-3-02

🎧 听力原文

1. 二人はどのバスに乗りますか。
   女：あなた、急いでください。バス、間に合いませんよ。
   男：えっ、今何時？
   女：9時半よ。バスは41分のでしょう。
   男：ちょっと待って、時刻表を見ますから。ええと、今日は土曜日だろう…。41分の
   　　バスはだめですよ。そのバスは富士見台を通りませんよ。
   女：あ、じゃあ、だめですよね。次の一番早いバスは、これですね。10時3分の。
   男：そうね。じゃ、間に合いますよ。
2. 次の放送を聞いてください。止まらない駅はどれですか。
   女：東京メトロ日比谷線をご利用いただき、ありがとうございます。この電車は快速の
   　　北千住方面、秋葉原行きです。停車駅は、恵比寿、六本木、霞ヶ関、日比谷、銀
   　　座、東銀座、秋葉原の順です。次は恵比寿、恵比寿です。乗り換えのご案内です。
   　　JR山手線をご利用のお客様は、お乗り換えください。

✎ 答案

1.　C　2.　D

問題三、会話を聞いて、正しい答えをA、B、C、Dの中から一つ選んでください。 MP3 4-3-03

🎧 **听力原文**

1. 男子学生と女子学生が駅で話しています。男子学生は今日どうやって駅まで来ましたか。

   男：おはよう、すごい雨だね。今日は。

   女：うん、そうだね。山田君、バスで来た？

   男：ううん、車。母に駅まで送ってもらったんだ。

   女：いいな。いつも車？

   男：いや、今日は特別。いつもは自転車かバスなんだ。本当は歩きたいんだけど、時間がなくて。

   女：そうなんだ。私は毎日歩くんだ。

   男：歩くのは気持ちがいいよね。

   女：うん、でも、こんな天気の日はね…。

   男子学生は今日どうやって駅まで来ましたか。

2. お母さんと娘が家で話しています。娘はどうやって、学校へ行きますか。

   母：良子、学校、間に合うの？今から、自転車で行っても、次の急行には間に合わないわよ。

   娘：あ、どうしよう。今日はテストだから、遅れたら大変なの。ねえ、車で送って。

   母：無理よ。この時間は道が混んでいて、時間がかかるから。

   娘：あ、そっかあ。じゃ、学校まで、バイクで行こうかな。

   母：え、スカートで乗るの？危ないから、やめなさい。

   娘：大丈夫よ。行ってきます。

   娘はどうやって、学校へ行きますか。

✎ **答案**

1. D　2. C

問題四、次の問題には絵はありません。録音を聞いて、正しい答えを一つ選んでください。

MP3 4-3-04

🎧 **听力原文**

1. 今回の旅行では大阪から京都までどんな乗り物で行きますか。

   男：それでは、修学旅行の移動方法を説明します。まず、3月4日の夜8時に船で九州を出発します。大阪には、翌朝の7時に着きます。大阪港に着いてから、高速バスでホテルまで移動します。午後は、大阪城の見学をします。大阪には2日間います。大阪市内での移動は地下鉄を利用します。そして、3月7日の朝食の後、新幹線で京都に向かいます。

今回の旅行では大阪から京都までどんな乗り物で行きますか。

A　高速バス　　　　　　　　　　　B　船

C　新幹線　　　　　　　　　　　　D　地下鉄

2. カボチャの切り方はどれですか。

男：先生、材料の準備ができましたので、作り方のご説明をお願いします。

女：はい、まず、野菜を切ります。なすと人参はあまり大きく切らないでください。

男：はい、このぐらいでいいですか。

女：はい、そうです。それから、たまねぎはみじん切りにしてください。

男：はい、みじん切りですね。え、カボチャはどうしますか。このまま切りますか。

女：そうですね。カボチャは皮を剥いてから薄く切ります。その後、電子レンジで5分ぐらい加熱します。あと、ピーマンも薄く切ってください。

男：はい、できました。

カボチャの切り方はどれですか。

A　皮のまま切ります　　　　　　　B　電子レンジで加熱してから切ります

C　皮を剥いてから薄く切ります　　D　とても小さく切ります

3. 男の子はジャガイモを切る前に何をしますか。

男：お母さん、宿題、終わったよ。料理、何か手伝おうか。

女：うん、じゃあ、今日は、肉ジャガだから、ジャガイモの準備、お願いね。まず、皮を剥いて。

男：皮を剥いて…はい、できた。今度は切るんだよね。

女：ええ、切る前に、一度洗ってから切るのよ。

男：へえ、切る前に、一度洗うんだ。

男の子はジャガイモを切る前に何をしますか。

A　ジャガイモの皮を剥いて洗います。　B　ジャガイモの皮を剥きます。

C　宿題をします。　　　　　　　　　D　準備をします。

4. 塩とこしょうはいつ入れますか。

女：こんにちは。今日は、簡単なスープをご紹介しましょう。材料は野菜とお肉だけです。まず、材料を適当な大きさに切ってください。今日は簡単にしたいので、切った材料は炒めません。全部、鍋に入れて水を入れてください。沸騰したら、火を弱くして10分ぐらい煮ます。火を止める前に、塩とこしょうを入れてください。お好みで醤油を入れてもいいですね。これでできあがりです。

塩とこしょうはいつ入れますか。

A　水を入れてからです。　　　　　B　水を入れる前です。

C　火を止める前です。　　　　　　D　火を止めてからです。

📝 答案

1. C　2. C　3. A　4. C

問題五、録音を聞いて、次の文を完成してください。録音は3回繰り返します。 MP3 4-3-05

听力原文及答案

　私の家は名古屋にあります。明日①東京から友達の加藤さんが来ます。加藤さんは明日の朝、7時ごろ東京駅に②着きます。そして③18番線からのぞみ3号に乗って、④9時ごろ名古屋に着きます。東京から名古屋まで2時間ぐらい⑤かかります。早く加藤さんに⑥会いたいです。いろいろお話をしたいです。

第5課

できごと（様子）

5-1 かばんが開いています

聞く前に

まず自分で確認しましょう。録音を聞いて質問に答えてみてください。 MP3 5-1-00

答案范例

1. 日本語の本やペンケースなどが入っています。
2. レポートを書く時にもっとも注意すべきことは、他人が書いていることと、自分が書くこととを明確に区別することです。
3. 一人旅で一番困るのは忘れ物です。出発前の準備はしっかりと行いましょう。

一、録音を聞いて、その内容と合っているものに○を、違うものに×をつけてください。

MP3 5-1-01

听力原文

1. 男：このかばんは開いています。中には何も入っていません。
2. 女：このラーメン屋は営業していないようです。閉まっていますから。
3. 男：この携帯電話の画面が割れてしまいました。
4. 女：この建物は壊れています。
5. 男：今、車が高速道路を走っています。
6. 女：花が咲いている季節に、山の頂上には白い雪がまだ積もっています。

答案

1. × 2. ○ 3. ○ 4. ○ 5. ○ 6. ○

解析

判断录音内容与图片所示内容是否一致。

- 第1题的录音内容意为"这个包敞开着，里面没有东西"，与图片所示内容不一致。
- 第2题的录音内容意为"这家拉面馆好像没有营业，因为店门关着"，与图片所示内容一致。
- 第3题的录音内容意为"这个手机的屏幕碎了"，与图片所示内容一致。

- 第4题的录音内容意为"这栋房子塌了"，与图片所示内容一致。
- 第5题的录音内容意为"车正在高速公路上行驶"，与图片所示内容一致。
- 第6题的录音内容意为"樱花盛开的季节里山顶上还积着白雪"，与图片所示内容一致。

二、会話を聞いて、その内容と合っている絵を選んでください。 ◎MP3 5-1-02

🎧 **听力原文**

1. 木村さんはよくどんなスポーツをしていますか。

    男：木村さんはスポーツが好きですか。

    女：はい、好きですよ。週末はよく友達と運動をします。

    男：へえ、もしかしてジョギングとかですか。

    女：いいえ。私はバドミントンとテニスが好きなんです。

    男：へえ、そうなんですか。

    女：でも、友達はバドミントンができないので、よくテニスをします。

2. スイカ割りのゲームでスイカはどうなりますか。

    男：李さん、スイカ割りというゲームを聞いたことがありますか。

    女：さあ、知りませんね。どういうゲームなんですか。

    男：スイカを割るゲームです。目隠しをした人が周りの友達の指示で、木の棒でスイカ
    を割る遊びです。夏によくするゲームですね。

    女：へえ、おもしろそうですね。

    男：最後に、スイカが割れてから、みんなで食べるんです。

    女：いいな。今度一緒にやってみましょうよ。

3. 最近の子どもたちはよく何をしますか。

    男：最近の子どもたちはあまり外で遊ばないですね。

    女：そうですね。20年前だったら、子どもたちはよく外で遊んでいたんですけどね。

    男：確かに。近くの公園はいつも子どもたちでにぎやかでした。今の子どもたちは暇の
    時、何をしているんでしょうね。

    女：今の子どもたちはよく家で本を読んだり、勉強したりして、あまり外に出ないよう
    ですね。

    男：ああ、そうですか、なるほど。

4. 男の人は毎日何をしますか。

    女：木村さんのお家は海に近いですね。

    男：ええ、窓を開けると青い海が見えますよ。

    女：へえ、うらやましいですね。

    男：そうですか。

    女：ええ。だって、毎日奥さんと海辺を散歩することができるでしょう。毎日デートで
    きるんじゃないですか。

男：ははは。でも、実は私たち、散歩はしないで、毎朝一緒に海辺を走っているんですよ。

答案

1．B　2．A　3．A　4．B

解析

　　根据录音内容选择相应的图片。解题方法是先判断A与B的区别，然后听录音进行辨别。

- 第1题中，A是「バドミントン」（羽毛球），B是「テニス」（网球）。解题关键句是「友達はバドミントンができないので、よくテニスをします」（我朋友不会打羽毛球，因此我们经常打网球），故答案为B。

- 第2题中，A是「割れたスイカ」（碎了的西瓜），B是「割れていないスイカ」（完整未碎的西瓜）。解题关键句是「最後に、スイカが割れてから、みんなで食べる」（最后西瓜碎了，大家一起吃），故答案为A。

- 第3题中，A是「家で勉強している」（在家学习），B是「外で遊んでいる」（在外面玩）。解题关键句是「最近の子どもたちはあまり外で遊ばないですね」（近来孩子们都不怎么在外面玩啊），故答案为A。

- 第4题中，A是「散歩する」（散步），B是「走る」（跑步）。解题关键句是「散歩はしないで、毎朝一緒に海辺を走っている」（不散步，而是每天早上一起在海边跑步），故答案为B。

三、会話を聞いて、その内容と合っているものを選んでください。 MP3 5-1-03

听力原文

1．女の人はこの後どうしますか。

　　男：佐藤さん、伊藤さんに連絡が取れましたか。

　　女：電話をしてみましたが、伊藤さんは会議中でした。ですから、後でまたかけます。

　　男：うーん…。じゃ、内容を伊藤さんにEメールで送ってください。

　　女：はい。電話はしなくてもいいんですか。

　　男：電話は私のほうからしますから、大丈夫です。

　　女：はい。分かりました。

2．劉さんは三連休に何をしますか。

　　男：来週の金曜日が元日で、三連休ですね。

　　女：ええ。休みは短いですが、楽しみですね。

　　男：李さんはまた旅行ですか。

　　女：ええ、今度は山の中の温泉に行きたいんです。劉さんは故郷に帰るんですか。

　　男：いいえ。3日間しかありませんから、アルバイトをします。

3．女の人はどうしましたか。

　　男：田中さん、今日は落ち込んでいますね。どうしたんですか。

　　女：今日は大事な約束に遅れてしまったんです。

男：えっ？時間を間違えたんですか。

女：いいえ。タクシーで行ったほうが早く着くと思って、タクシーで行ったんですけ
　　ど…。

男：ええ。

女：途中で渋滞にあって結局遅れてしまいました。

男：ああ。やっぱり電車のほうが確実ですね。

答案

1．B　2．A　3．B

解析

　　判断录音信息与文字信息是否对应，重点听问题涉及的主要内容。

- 第1题要求判断是A "再打一次电话"，还是B "发电子邮件"。录音中当女子问「電話はしなくてもいい んですか」（不用打电话了吗）时，男子说「電話は 私 のほうからしますから、大 丈 夫です」（没关 系，电话我来打），因为题目问的是女子之后做什么，故答案为B。

- 第2题要求判断是A "打工"，还是B "去旅游"。本题的解题关键在于要听清楚问的是小李的情况还是小 刘的情况。

- 第3题要求判断是A "准时赴约"，还是B "迟到了"。录音中女子说「結 局 遅れてしまいました」（结果 还是迟到了），故答案为B。

四、会話を聞いて、例のように書いてください。 MP3 5-1-04

听力原文

例 男：前田さん、今お時間よろしいですか。ちょっとお話したいことがあるんですが…。

女：今はちょっと…。10分後でよろしいですか。午後の会議に使う資料を作ってしま
　　いたいんです。

男：分かりました。何か手伝いましょうか。

女：もうすぐ終わりますから、一人で大丈夫です。

男：はい。じゃ、そこのベンチで待ちます。

1．男：山田さん、お帰りですか。

女：はい。これから食事に行きます。前田さんもよかったらご一緒にどうですか。

男：ああ、まだ仕事が終わっていないんですよ。

女：えっ、何か手伝いましょうか。

男：あ、ありがとうございます。でも、一人で大丈夫です。

女：そうですか。じゃ、お先に失礼します。

2．女：明日は週末ですから、映画でも見に行きませんか。

男：映画ですか。でも、最近特に見たいものがありませんね。

女：じゃ、動物園はどうですか。パンダの赤ちゃんが見られるみたいですよ。

男：パンダの赤ちゃん？見たいですね。

女：じゃ、10時に駅の改札口で待ち合わせましょう。

男：了解。10時ですね。

📝 答案

1. 仕事を続け　　2. 動物園

💡 解析

　　听录音内容中的关键信息，然后填空。听之前要快速浏览题干，把握要听哪些关键信息。

- 第1题要听的关键信息是"男子接下来做什么"，录音中男子说「まだ仕事が終わっていないんですよ」（我工作还没做完），说明男子接下来是继续工作。

- 第2题要听的关键信息是"明天两人要去哪里"，录音中女子提议说「動物園はどうですか」（去动物园怎么样），男子回答「パンダの赤ちゃん？見たいですね」（熊猫宝宝？我也想去看），由此可以推测出他们要去动物园。

五、会話を聞いて、例のように書いてください。 🎵 MP3 5-1-05

🎧 听力原文

例 レポートを書く時、最初に何を書いたほうがいいですか。

　　女：先生、レポートを書く時の注意点を教えてくださいませんか。

　　男：そうですね。言いたいことをはっきり書いたほうがいいですね。

　　女：それはどこに書いたらいいんですか。

　　男：最後に書いてもいいですが、最初に書いたほうが文章の内容がもっと分かりやすいです。その後理由を書いて説明します。

　　女：まず言いたいことを書いてから、その理由を説明するんですね。

　　男：そうです。

1. 男の人はどこでお金を下ろしますか。

　　男：土曜日に銀行は開いていますか。

　　女：いいえ、閉まっていますよ。土日は営業しませんから。

　　男：じゃあ、銀行のATMも利用できないということですよね。中国では24時間ATMでお金を下ろすことができるのに。

　　女：でも、コンビニでお金を下ろすことができますよ。

　　男：でも、手数料がかかりますよね。

　　女：あっ、思い出した。駅前のATMは土曜日でも利用できますよ。

　　男：じゃ、そこに行ってみます。

2. 男の人はこれからまず何をしますか。

　　男：黒田さん、この近くの郵便局は今日営業していますか。ちょっと荷物を東京に送りたいんですけど。

　　女：日曜日はやっていませんよ。でも、「たんぽぽ」などの宅配便を利用してみたらど
　　　　うですか。

　　男：宅配便ですか。

　　女：ええ。電話をすると、担当のドライバーが家まで荷物を取りに来てくれますし。え
　　　　えと、ちょっと待っててくださいね。ええと、これが担当のドライバーの電話番号
　　　　です。

　　男：ありがとうございます。すぐかけてみます。

答案

1．駅前のATM　2．電話をし／かけ

解析

　　听录音，完成填空题。在解题前要阅读题干，明确听力任务，听录音时集中注意力听取关键信息即可。

- 第1题要听的关键信息是 "男子在何处取钱"。当女子说「駅前のATMは土曜日でも利用できます」（车站前的ATM机周六也能使用）时，男子回答道「じゃ、そこに行ってみます」（那我去那里看看），由此可得出答案是「駅前のATM」。

- 第2题要听的关键信息是 "男子先要给快递员……"。解题关键句是录音最后一句「すぐかけてみます」（我马上打电话），由此可得出答案是「電話をし（ます）」或「電話をかけ（ます）」。

六、録音を聞いて、絵の内容を完成してください。 MP3 5-1-06

听力原文

　　今日は皆さんに便利なバッグを紹介します。このバッグは「ひらくPCバッグ」と言います。かばんの中身は一目で分かりますので、とても使いやすいです。13インチのノートパソコンでも余裕で入ります。またタブレットPCも収納することができます。文庫本や手帳などはもちろん、ペットボトルも楽に入ります。見られたくない貴重品は開いても見えないポケットに入れることができます。

答案

1．13インチ　2．収納　3．ペットボトル　4．貴重品

解析

　　听录音，填写图片中需要填空的内容。本题是在介绍一款背包的功能。解题时先阅读图片中的文字信息，准确把握听力任务后再听录音。「余裕で入る」意为 "能轻松地放进去"。

七、録音を聞いて、＿＿＿＿に適当な言葉を書き入れてください。録音は3回繰り返します。

MP3 5-1-07

听力原文及答案

　　中国では、春節はもっとも大事な①伝統行事です。春節になると、町のところどころに

灯籠を掲げてあります。そして、「年画」を貼るのも②<u>欠かせない</u>習慣の一つです。「年画」は祝福、吉祥、喜びを表します。「年画」を貼ると、③<u>おめでたい</u>気分がぐっと高まります。広く伝わる『連年有余』には、④<u>まるまるとした</u>赤ん坊が大きな鯉を抱え、手に蓮の花を持つ姿が描かれています。中国語の「魚」と「余」は発音が同じで、⑤<u>かけことば</u>を利用して、年々余があるように、すなわち豊かになるようにという思いをこめているのです。

-☆- 解析

（略）

5-2 準備しておきます

聞く前に

まず自分で確認しましょう。録音を聞いて質問に答えてみてください。 MP3 5-2-00

答案范例

1. 机 の上に家族の写真が飾ってあります。
2. ご飯を炊いておきます。
3. 旅行に行く前に、航空券やホテルなどを予約しておきます。

一、録音を聞いて、その内容と合っているものに○を、違うものに×をつけてください。

MP3 5-2-01

听力原文

1. 男：女の人が子どもたちと一緒に楽しくテレビを見ています。
2. 女：この人は歌を歌っています。
3. 男：壁に掛け軸がかけてあります。
4. 女：壁にたくさんの写真が飾ってあります。
5. 男：子どもが勉強していません。
6. 女：ペットがボールで遊んでいます。

答案

1. ×　2. ○　3. ○　4. ○　5. ×　6. ○

解析

　　判断录音内容与图片所示内容是否一致。

- 第1题的录音内容意为"女子与孩子们一起愉快地看电视"，与图片所示内容不一致。
- 第2题的录音内容意为"女子在唱歌"，与图片所示内容一致。
- 第3题的录音内容意为"墙壁上挂着挂轴"，与图片所示内容一致。
- 第4题的录音内容意为"墙上贴着很多照片"，与图片所示内容一致。
- 第5题的录音内容意为"孩子没在学习"，与图片所示内容不一致。
- 第6题的录音内容意为"宠物在玩球"，与图片所示内容一致。

二、会話を聞いて、その内容と合っている絵を選んでください。 MP3 5-2-02

听力原文

1. 男の人はどのように書きますか。

　　男：先生、申込書に「ふりがな」と書いてありますが、これは漢字の読み方ですか。

　　女：そうです。

　　男：私の名前は漢字で王の海と書きます。中国語の発音は「ワンハイ」ですが、日本語の発音は「オウカイ」です。どちらを書いたらいいですか。

　　女：そうですね。ちょっと前までは日本語の発音が普通でしたが、最近は中国語の発音のほうが多いですね。

　　男：そうですか。

　　女：では、ここに平仮名で「わんはい」と書いてください。

　　男：分かりました。ありがとうございます。

2.　女の人の子どもは何を練習していますか。

　　女：男の子はやっぱりスポーツですね。みんな楽しく練習していますね。

　　男：そうですね。私の国ではみんなよくサッカーをしますよ。

　　女：そうですか。うちの子はサッカーの試合を見るのは好きですが、自分でやるのはこっちですね。毎日練習しているんですよ。

　　男：へえ、毎日ですか。

　　女：ほら、見て。今ボールを投げたりキャッチしたりしていますね。

3.　二人はどの写真について話していますか。

　　男：日本に来て気になることがあるんですが、よく店の前に黒板が立ててありますよね。

　　女：ああ、それは黒板メニューですね。黒板にその店のメニューと値段が書いてあるんです。

　　男：へえ。私、おもしろいと思って、よくその写真を撮っています。日本語の勉強にもなりますからね。

　　女：王さんは本当に勉強家ですね。

　　男：ははは、食べ物の勉強ですけど。あ、これは昨日撮った写真ですが、ここに「カンパチぞう」「スズキぞう」と書いてありますが、それぞれ何の食べ物ですか。

　　女：ああ、それは「カンパチづくり」と「スズキづくり」ですね。「カンパチ」と「スズキ」は魚の名前で、つまり、カンパチとスズキの魚で作った刺身ですよ。

　　男：ああ、そうですか。勉強になりました。

4.　二人が話しています。カーテンはどうしますか。

　　男：さあ、そろそろ出かけましょう。

　　女：はい。窓はどうしますか。今日は天気がいいから開けておきましょうか。

　　男：でも、留守にするので、やっぱり閉めたままにしておいてください。

　　女：カーテンは？

　　男：そうですね。光が入るように、カーテンは開けておきましょう。

📝 答案

1．A　2．B　3．B　4．A

💡 解析

　　根据录音内容选择相应的图片。解题方法是先判断A与B的区别，然后听录音进行辨别。

- 第1题要求判断申请表里姓名读音的写法。A是「中国語の発音」（汉语发音），B是「日本語の発音」（日语发音）。解题关键句是「では、ここに平仮名で『わんはい』と書いてください」（请你在这里用平假名写上「わんはい」），故答案为A。

- 第2题中，A是「サッカーをしている」（踢足球），B是「野球をしている」（打棒球）。解题关键句是「今ボールを投げたりキャッチしたりしていますね」（现在正在投球接球），故答案为B。

- 第3题中，A和B都是「黒板メニュー」（店前的黑板菜单），A是西餐厅和咖啡厅的菜单，B是日本料理店的菜单。解题关键是要听出会话中讨论的是图中的「～造」这个字。除此之外，也可以通过录音中提到的「刺身」（生鱼片）进行判断，故答案为B。

- 第4题中，A是「カーテンが開いている」（窗帘敞开着），B是「カーテンが閉まっている」（窗帘拉着）。解题关键句是「カーテンは開けておきましょう」（把窗帘给拉开吧），故答案为A。

三、会話を聞いて、その内容と合っているものを選んでください。 MP3 5-2-03

🎧 听力原文

1．二人はこれからまず何をしますか。

　　男：明日の宿題、もうやってありますか。

　　女：書くのは今終わったところですが、会話の練習はまだなんです。

　　男：僕もまだ練習していませんから、よかったら、一緒に練習しましょうか。

　　女：じゃ、一度テキストの録音を聞いておいて、それから練習しましょう。

　　男：ええ、そうしましょう。

2．女の人はこれから何をしますか。

　　男：来週から、一週間北京に出張するんです。

　　女：じゃ、航空券を予約しておきましょうか。

　　男：あ、今回は高鉄で行きたいんです。高鉄の切符はもう予約してありますから。

　　女：分かりました。では、ホテルを予約しておきましょう。

　　男：ええ、よろしくお願いします。

3．二人が話しています。絵をどうしますか。

　　男：この絵、どうする？

　　女：そこの机の上がいいと思うんだけど。

　　男：じゃ、机の上に置くよ。

　　女：いや、やっぱりもうちょっと上に飾ったほうがいいかもね。壁とか。

　　男：ああ、じゃあ、そうしておくよ。

✍ **答案**

1．B　2．B　3．A

💡 **解析**

判断录音信息与文字信息是否对应，重点听问题涉及的主要内容。

- 第1题问的是"两人先做什么"。录音中女子说「じゃ、一度テキストの録音を聞いておいて、それから練習しましょう」（那么，我们先听一遍课文的录音，然后再进行会话练习吧），故答案为B。

- 第2题问的是"女子接下来做什么"。录音中男子说「切符はもう予約してありますから」（车票已经买了），故答案为B。

- 第3题要求判断是A"挂在墙上"，还是B"摆在桌子上"。录音中当男子说「じゃ、机の上に置くよ」（那我摆在桌子上了）时，女子回答「いや、やっぱりもうちょっと上に飾ったほうがいいかもね。壁とか」（不要，还是挂在高一点的地方比较好，比如墙上），故答案为A。

四、会話を聞いて、例のように書いてください。🎧 MP3 5-2-04

🎧 **听力原文**

例 女：孫さん、英語の授業は予習してありますか。

男：していませんよ。えっ？明日英語の授業があるんですか。

女：ありますよ。忘れてたんですか。

男：しまった。完全に忘れていました。

女：予習しておかないと授業の内容が分からなくなるよ。

男：うーん。でも、今晩はもう遅いから、明日早起きして予習しておきます。

1．女：王さんは授業の前に予習しますか。

男：ええ、日本語の授業は毎日予習しています。

女：どんな予習をしますか。

男：そうですね。まず辞書で言葉を調べておきます。

女：ええ。私もそうしています。

男：そして録音を聞いてテキストを読んでおきます。

2．男：鈴木さん、あそこ、赤い袋に何か書いてありますね。何だろう。

女：「福袋」ですか。お正月にはどのデパートでも売っていますね。

男：ええ。中に何が入っているのかが見えませんが、買う人が多いですね。

女：実は、私も買ったんですよ。福袋の「福」とはいいことや嬉しいこと。ほら、幸せの「幸福」の「福」ですよ。

男：じゃ、「福袋」は福が入っている袋ですか。

女：そうですね。実際に入っているものはいろいろです。例えば、アクセサリーとか、電気製品とか。

📝 **答案**

1. 調べ　テキスト　2. 福袋

💡 **解析**

　　听录音内容中的关键信息，然后填空。听之前要快速浏览题干，把握要听哪些关键信息。

- 第1题要听的关键信息是"用词典……单词，听完录音后读……"，前半句要填动词，后半句要听阅读的对象。录音中先后出现了「まず辞書で言葉を調べておきます」（先用词典查明单词）、「録音を聞いてテキストを読んでおきます」（听完录音后朗读课文）这两句话，答案需要从这两个关键句中提取。
- 第2题要听的关键信息是"红袋子上写着什么字"，录音中一开始就给出了答案「福袋」。本题录音的主要内容就是在解释「福袋」是什么。

五、会話を聞いて、例のように書いてください。 🎧 MP3 5-2-05

🎧 **听力原文**

例 李さんはこれから何をしておきますか。

　　女：李さん、明日木村さんたちが遊びに来ますよね。

　　男：ええ、午前10時頃に来ると言っていますけど。

　　女：じゃ、部屋をきれいに掃除しないといけませんね。

　　男：そうですね。じゃあ、掃除は私が今からしておきます。王さんは、飲み物を買っておいてもらえますか。

　　女：分かりました。

1. 女の人はバスに乗る前に何をしておきますか。

　　女：今日は初めて日本の高速バスに乗るんです。

　　男：そうですか。バスは鉄道より時間がかかりますけど、料金が安いですよね。

　　女：そうですね。新幹線の半分ぐらいです。

　　男：バスの中でトイレに行くのはちょっと不便ですから、乗る前にトイレに行っておいたほうがいいですよ。

　　女：はい。

　　男：それから、乗ったら安全のために、シートベルトをしてくださいね。

　　女：分かりました。

2. タクシーに忘れ物をしたら、どうしますか。

　　男：佐藤さん、どうしましょう。タクシーに携帯電話を忘れてしまいました。

　　女：えっ、それは大変ですね。タクシーのナンバーはまだ覚えていますか。

　　男：いいえ。

　　女：じゃ、どの会社のタクシーか分かりますか。

　　男：えっと、大阪タクシーだったと思います。

　　女：じゃ、すぐそのタクシー会社のお客様センターに連絡してみましょう。

　　男：ああ、新しい携帯なのに。戻ってきますかね。

女：うーん、まあ、とりあえず、連絡してみましょう。

答案

1．トイレに行っ　2．お客様センター

解析

听录音，完成填空题。解题前要阅读题干，明确听力任务，集中注意力听取关键信息。

- 第1题要听的关键信息是"女子在乘车前应先做什么"。解题关键句是「乗る前にトイレに行っておいたほうがいい」（上车前最好先去趟洗手间）。
- 第2题要听的关键信息是"东西遗忘在出租车上时要给哪里打电话"。解题关键句是「すぐそのタクシー会社のお客様センターに連絡してみましょう」（马上跟出租车公司的客服中心联系吧）。

六、録音を聞いて、絵の内容を完成してください。MP3 5-2-06

听力原文

ここはうちの居間です。一日中ほとんどの時間、この居間で過ごすので、広くしておきました。居間の真ん中にはテーブルが置いてあります。土日は家族そろってここでお茶を飲んだりテレビを見たりしています。テレビは窓の向かい側に置いてあります。古くなったので、新しいテレビを買おうと思っています。そして、床の間の壁に掛け軸が飾ってあります。時計は押し入れの上に掛けてあります。

答案

1．真ん中　2．向かい側　3．飾って　4．掛けて

解析

听录音，填写图片中需要填空的内容。本题介绍了日式起居室的布局。解题时先阅读图片中的文字信息，准确把握听力任务后再听录音。

七、録音を聞いて、_____に適当な言葉を書き入れてください。録音は3回繰り返します。
MP3 5-2-07

听力原文及答案

私は、今、大学2年の女子学生です。日本には旅行で①訪れたことがあります。来年から交換留学生として1年間留学することになりました。帰国したら4年生になるので、就職するか、それとも大学院に進学するかを早めに②考えておかなければなりません。私は日本文化に興味を③持っているので、今のところは就職活動をしないで、日本の大学院に行きたいと思っています。しかし、どこの大学院がいいのかが分かりませんので、④困っています。ですから、大学院の情報に詳しい方に、ぜひ⑤アドバイスをしていただきたいです。

解析

（略）

練習問題

問題一、絵を見て、正しい答えをA、B、Cの中から一つ選んでください。 5-3-01

1.

（　　）

2.

（　　）

問題二、絵を見て、正しい答えをA、B、C、Dの中から一つ選んでください。 MP3 5-3-02

1.

A

B

C

D

（　　）

2.

A

B

C

D

（　　）

問題三、会話を聞いて、正しい答えをA、B、C、Dの中から一つ選んでください。 ⑩P3 5-3-03

1.（　　）
　　A　今日の10時　　　B　今日の5時　　　C　明日の5時　　　D　夕べの10時
2.（　　）
　　A　パソコンを消します。　　　　　　　　B　パソコンを再起動します。
　　C　ワードのファイルを保存します。　　　D　ワードのファイルを消します。

問題四、次の問題には絵はありません。会話を聞いて、正しい答えを一つ選んでください。
　　　　⑩P3 5-3-04

1.（　　）　　　　　　2.（　　）　　　　　　3.（　　）　　　　　　4.（　　）

問題五、録音を聞いて、次の文を完成してください。録音は3回繰り返します。 ⑩P3 5-3-05

　　電車内に「①＿＿＿＿＿＿付近では携帯電話の電源を切れ」と書いてありますが、これは
携帯の電波がペースメーカーに②＿＿＿＿＿＿可能性があるからです。しかし、実際には
③＿＿＿＿＿＿で電話を使っている人も多いようです。また、携帯電話も④＿＿＿＿＿＿、携帯
電話の電波がペースメーカーに及ぼす影響はあまりないようです。実際に電車内で携帯の電波
がペースメーカーに影響したという⑤＿＿＿＿＿＿もありませんし、海外にはこのルールはあ
りません。だから、このルールは、今となっては、⑥＿＿＿＿＿＿なのではないでしょうか。

スクリプトと解答

問題一、絵を見て、正しい答えをA、B、Cの中から一つ選んでください。 📢 MP3 5-3-01

🎧 **听力原文**

1. 写真と合っている内容はどれですか。
   A　この部屋に花がたくさん飾ってあります。
   B　ソファーの前にカーペットが敷いてあります。
   C　ソファーの上にぬいぐるみが置いてあります。

2. 写真と合っている内容はどれですか。
   A　誰かが電車の席の下にかばんを忘れています。
   B　誰かが電車の棚の上にかばんを忘れています。
   C　誰かが電車の席の上にかばんを忘れています。

📝 **答案**

1. B　2.　C

問題二、絵を見て、正しい答えをA、B、C、Dの中から一つ選んでください。 📢 MP3 5-3-02

🎧 **听力原文**

1. 女の人はよくどこで本を読みますか。
   男：林さんはいつも本を持ち歩いていますね。
   女：ええ、読書が趣味ですから。
   男：普段はどこで本を読むんですか。
   女：天気がいい日はコーヒーを一杯持ってベンチに座ってゆっくり読むのが好きです。
   男：私とは逆ですね。私はよく自分の部屋にこもっています。時々図書館で読んだりもしますけど。
   女：そうですか。でも、屋外は気持ちがいいですよ。

2. 男の人が一番好きなスポーツはどれですか。
   女：李さんはスポーツが好きですか。
   男：スポーツですか。自分でやるのはあまり好きではありませんが、見るのは好きですよ。
   女：へえ。
   男：冬なら、スキーとスケートを見ますし、夏は水泳とバスケットボールですね。
   女：一番好きなのはどれですか。
   男：そうですね。どれも好きですが、真っ白な雪の上を自由に滑るのがやっぱり一番おもしろいスポーツだと思いますね。

> 答案

1. C　2. A

問題三、会話を聞いて、正しい答えをA、B、C、Dの中から一つ選んでください。 MP3 5-3-03

> 听力原文

1. 女の人はいつ頃靴を取りに来ますか。

女：あのう、すみません、この靴、修理できますか。

男：ええ、大丈夫ですよ。明日まででいいですか。

女：できれば、今日中にお願いできますか。

男：今は他の修理をしているので、夕方5時までにやっておきます。

女：お願いします。じゃ、また後で取りに来ます。

女の人はいつ頃靴を取りに来ますか。

2. 男の人はこれからまず何をしますか。

男：このパソコン、誰かまだ使ってるの？

女：あ、それ、電源切っておいて。

男：あれ、このワード、どうする？

女：あ、上書きしといて。

男：オーケー、ファイルを保存します。

男の人はこれからまず何をしますか。

> 答案

1. B　2. C

問題四、次の問題には絵はありません。会話を聞いて、正しい答えを一つ選んでください。

MP3 5-3-04

> 听力原文

1. 李さんは来週の三連休に何をしますか。

男：来週の金曜日が元日で、三連休ですね。

女：ええ。休みは短いですが、楽しみですね。

男：李さんはまたどこかに行くんですか。

女：ええ、今度は山の中の温泉に行きたいんです。劉さんは故郷に帰るんですか。

男：いいえ。3日間しかありませんから、アルバイトします。

李さんは来週の三連休に何をしますか。

A　海外旅行する　　　　　B　温泉旅行する

C　故郷に帰る　　　　　　D　アルバイトする

90

2. 二人はこれからまず何をしますか。

　　男：明日の宿題、もうやってありますか。

　　女：書くのは今終わったところですが、会話の練習はまだです。

　　男：僕もまだ練習していませんから、よかったら、一緒に練習しませんか。

　　女：はい。じゃ、一度テキストの録音を聞いて、それから練習しましょう。

　　男：ええ、そうしましょう。

　　二人はこれからまず何をしますか。

　　A　宿題を書く　　　　　　　　B　会話の練習をする

　　C　録音を聞く　　　　　　　　D　会話を録音する

3. ビンと缶はどのように捨てますか。

　　男：田中さん、ごみの捨て方を教えてください。

　　女：はい。まずごみを分類しておく必要があります。

　　男：ごみを分類しておくんですね。

　　女：ええ。燃えるごみと燃えないごみは別々のゴミ袋に入れておきます。

　　男：ビンと缶は燃えないので、燃えないごみですね。

　　女：あっ、ビンと缶はリサイクルできますので、燃えないごみとして捨てるのはよくな
　　　　いです。コンビニに専用の箱が置いてありますので、そこに捨ててください。

　　男：分かりました。

　　ビンと缶はどのように捨てますか。

　　A　分類しないで捨てます。

　　B　燃えるごみのゴミ袋に入れて捨てます。

　　C　燃えないごみのゴミ袋に入れて捨てます。

　　D　コンビニにある専用の箱に捨てます。

4. 男の人は今何をしていますか。

　　女：趙さん、お勉強ですか。

　　男：ええ、明日の発表を準備しています。

　　女：発表？何の発表ですか。

　　男：日本文化の授業で、お茶について発表することになっています。

　　女：お茶ですか。お茶の飲み方についてですか。

　　男：いいえ、実はお茶の入れ方について調べています。

　　男の人は今何をしていますか。

　　A　日本文化について発表しています。　　B　お茶の飲み方を調べています。

　　C　お茶の入れ方を調べています。　　　　D　日本茶と中国茶の違いを調べています。

📝 答案

　1．B　2．C　3．D　4．C

問題五、録音を聞いて、次の文を完成してください。録音は3回繰り返します。 MP3 5-3-05

听力原文及答案

　　電車内に「①優先席付近では携帯電話の電源を切れ」と書いてありますが、これは携帯の電波がペースメーカーに②影響を及ぼす可能性があるからです。しかし、実際には③平気で電話を使っている人も多いようです。また、携帯電話も④進化してきて、携帯電話の電波がペースメーカーに及ぼす影響はあまりないようです。実際に電車内で携帯の電波がペースメーカーに影響したという⑤報告例もありませんし、海外にはこのルールはありません。だから、このルールは、今となっては、⑥時代遅れなのではないでしょうか。

目的・命令

6-1 後ろの人にも聞こえるようにマイクを使います

聞く前に

まず自分で確認しましょう。録音を聞いて質問に答えてみてください。 MP3 6-1-00

答案范例

1. 日本語が上手に話せるように、毎日シャドーイングの練習をしたりしています。
   学費や生活費を稼ぐために日本に留学している間、色々なアルバイトをしました。
2. ダイエットのために、甘いものやカロリーの高いものは控えています。
   健康的な毎日を送るために、年に一度健康診断を受けましょう。

一、録音を聞いて、その内容と合っているものに○を、違うものに×をつけてください。

MP3 6-1-01

听力原文

1. 男：風邪が早く治るように、薬を飲んでから早く寝ました。
2. 女：この人は勉強に熱心なので、いい成績が取れるように夜遅くまで勉強しています。
3. 男：5歳になる息子が喜ぶように、子ども用のカメラを買いました。
4. 女：明日、試験があるから、寝坊しないように目覚まし時計を6時にセットしました。
5. 男：後ろの人にも聞こえるようにマイクを使います。
6. 女：会議では内容を忘れないように、メモを取ります。

答案

1. × 2. ○ 3. ○ 4. ○ 5. ○ 6. ○

解析

　　判断录音内容与图片所示内容是否一致。本题主要练习日语表示目的的表达方式。注意录音中提到的做某件事的目的以及为了实现某种目的而付出的努力。「～ように・ないように」的前面为目的，后面接续实现目的的手段等。

- 第1题中，「風邪が治る」表示"感冒痊愈"，「～ように」意味着为了达到某种目的而采取的措施或办法，前面一般为无意志动词。

- 第4題中，「～ないように」表示"为了不……"。录音中说"为了别睡过头，而设置了「自覚まし時計」（闹钟）"。闹钟也可称为「自覚まし」，设置闹钟也可以说「目覚ましをセットする・設定する・かける」。
- 第6題中，「メモを取る」意为"记笔记"，也可以说「メモをする」。

二、録音を聞いて、その内容と合っている絵を選んでください。 MP3 6-1-02

🎧 听力原文

1. ダンス教室の先生が話しています。動きやすくするためにはどんな格好をしたらいいですか。

　　女：このクラスは初めてダンスを習う人のためのクラスです。音楽を聴きながら楽しく練習します。服装は特に決まっていませんが、動きやすいように、スカートではなく、ズボンがおすすめです。練習する時は、靴も靴下もはかないでください。

2. 男の人は資料をどのようにしますか。

　　女：明日のゼミの発表、どうするの？

　　男：発表の内容を資料にまとめて書いて、みんなに読んでもらおうと思います。

　　女：全部文字ですか、それはつまらないですよ。ねえ、分かりやすく理解してもらうため、グラフを使ったらどうですか。

　　男：グラフか。いいですね。じゃ、グラフを作って、それを利用しながら説明していきます。

3. 女の人がこれから準備するものはどちらですか。

　　女：明日、中国人の留学生が家に遊びに来るんですけど、喜んでもらうために、何を準備したらいいでしょうか。

　　男：そうですね。お菓子とか、果物とか、それから飲み物ぐらいでいいんじゃないかな。

　　女：じゃ、ちょっと日本のお菓子を買ってきます。やはり日本の味を味わってもらいたいですね。

4. 体重を減らすには、女の人は何をしますか。

　　女：体重を減らすために、どうすれば効果的かな。

　　男：ジョギングとか、体操とか、運動をしたほうがいいんですが、あなたにはちょっと難しそうね。

　　女：そうですね。あまり時間もないし、すぐ疲れてしまうから。そうすると、やっぱり食事に気をつけるしかないですよね。お肉とか、カロリーの高いものを控えたりして。

✍ 答案

1．B　2．A　3．B　4．B

> **解析**

　　根据录音内容选择相应的图片。解题方法是先判断A与B的区别，然后听录音进行辨别。

- 第1题中，A中女子穿着裙子和舞鞋，B中女子穿着裤子且未穿鞋袜。录音中说「靴も靴下もはかない」（鞋和袜子都不要穿），故答案为B。

- 第2题中，A是「グラフ・図表」（图表），B是「箇条書き」（分条写）。录音中女子说「全部文字ですか、それはつまらないですよ」（全是文字有些枯燥），即为了便于理解，建议采取"图表"的形式，故答案为A。

- 第4题中，男子提出了「運動」（运动）这一建议，但是又通过一句「あなたにはちょっと難しそうね」（对你来说好像有点儿难），否定了自己的建议。接着我们再通过女子说的「やっぱり食事…」（还是饮食……）这句话，可得出答案为B。

三、会話を聞いて、その内容と合っているものを選んでください。 MP3 6-1-03

> **听力原文**

1. 明日何を持っていかなければなりませんか。
   女：明日、自動車工場を見学します。帰ってからレポートを書かなければなりませんから、現場についての説明を忘れないようにメモを取ったほうがいいと思いますよ。
   男：携帯で録音ができるんじゃない？
   女：携帯電話やカメラなどを使ってはいけない場合がありますよ。
   男：そうか。そりゃメモを取るしかないですね。

2. 女の子は明日何を穿いて行きますか。
   女：明日、みんなで富士山に登るんだ。お父さん、私、この格好でいいのかな。
   男：うーん、秋だけど、山の上は、けっこう寒いと思うよ。風邪を引かないようにスカートは止めなさいよ。
   女：じゃ、ジーンズで行くしかないね。
   男：うん。それより、明日の朝、ちゃんと起きられるように、早く寝なさいよ。
   女：はーい。

3. 男の人はこれから財布をどこに入れますか。
   男：この財布、けっこう大きいね。ポケットには入らない。どこに入れたらいいのかな。
   女：大事なものですから、無くさないようにちゃんとかばんの中に入れてください。
   男：はい、入れておきます。

> **答案**

1. A 2. B 3. B

> **解析**

　　判断录音信息与文字信息是否对应，重点听问题涉及的主要内容。

- 第2题中，A是"裙子"，B是"裤子"。录音中，女子说要去登富士山，男子表示山上比较冷，建议不要穿裙子，女子说"那就只能穿「ジーンズ」（牛仔裤）去"，故答案为A。
- 第3题涉及两个他动词「入れる」和「無くす」，与它们相对的自动词分别是「入る」和「無くなる」。请注意自动词和他动词的区分使用。

四、次は買い物についての会話です。買い物の目的を中心に会話を聞いて、例のように書いてください。 🎧 MP3 6-1-04

🎧 听力原文

例 女：すみませんが、冷蔵庫を探しているんですが。

男：どんな感じのものをお探しですか。

女：一人暮らしなので、小さめで食べ物がたくさん入るようなものがほしいけど。

男：一人暮らしのためなら、えっと、これなんかいかがでしょうか。小さくて省エネですよ。

1. 男：この間、テレビで見たんだけど、日本では70％近くの人が毎月貯金してるんだって。

女：多いね。貯金って、何のためにしているのかな。

男：老後の生活のために貯金する人が一番多いらしいよ。そのほか、高い買い物をするためっていうのも多かったよ。山田さんはちゃんと貯金しているの？

女：うん、していたけど、家から会社まで遠いから、通勤するために、今年車を買っちゃったのよ。軽自動車だけど。それで、今までの貯金を全部使っちゃったから。もっと働かないと…。

2. 男：きれいな花柄の布ですね。これを買って、何に使うの？

女：気分転換のために、カーテンにします。

男：カーテンにしたら派手すぎませんか。

女：そうですか。でも、たまには、派手なものを使って、部屋をぐっと明るくするのもいいんじゃない？

📝 答案

1. 通勤する　軽自動車　2. 気分転換　花柄の布

💡 解析

本题各会话的内容主要是围绕着购物展开的，根据题干信息可知听力任务是要明确购物的目的和购买了何种商品。

- 第1题要求听取女子出于什么目的购买了什么。解题关键句是「通勤するために、今年車を買っちゃった」（为了通勤，今年买了一辆汽车）。接着，女子补充说买了一台「軽自動車」（轻型汽车）。这种车因为价格便宜、保险便宜、油耗低，并且享受日本政府的税收优惠，所以颇受女士青睐，成为日本汽车市场的独特风景。

- 第2題中，「花柄」意为"花纹，碎花状的图案"，也可以说成「花模様」。「派手」是ナ形容词，意为"华丽"，其反义词是「地味」（朴素）。这里的程度副词「ぐっと」意为"一下子，格外地"。

五、会話を聞いて、例のように書いてください。 🎧 MP3 6-1-05

🎧 **听力原文**

例 男子学生は何をしなければなりませんか。

　男：伊藤さん、明日、英語と経済学の授業だけど、英語の授業で発表するため、本を読んでまとめなければならないね。

　女：あ、英語は、そうですけど。経済学は、レポートを書かなければなりませんよ。

　男：レポート？違うよ。レポートは来週よ。

　女：あ、そうですね。間違えました。ごめん。

1. 男の人が上海へ行く目的は何ですか。

　女：先生、明日、いよいよ上海ですね。

　男：ええ、大学院生の集中講義のために、上海に一週間滞在する予定です。本当は上海の外灘とか豫園とか、あちこち回りたいのですが…。スケジュールを見たら、けっこう詰まっているんで今回は無理そうです。

　女：それはちょっと残念ですね。

2. 女の人は何のためにスーツを買いたいと思っていますか。

　女：田中君も、そろそろ就職活動を始めるよね。

　男：うん。でも、今年の就職は難しいらしいよ。

　女：はー。私ももっと頑張らなくちゃ。今度の週末にとりあえず面接のために、スーツを買って、いろいろと準備しよう。

　男：ははは。スーツだけの問題じゃないよ。大事なのは中身、中身だよ。

　女：分かってるよ。中身は任せておいて。

📝 **答案**

1. 大学院生の集中講義　2. 面接

💡 **解析**

　　听录音，填写关键信息。本题是与校园生活相关的会话。解题时先阅读题干信息，对录音内容进行预判，听录音时集中注意力听取表示某种目的的内容即可。

- 第1题中，这位老师来上海是为了给研究生做短期讲座，本想顺便看看上海的外滩和豫园，但由于时间安排得紧，只能作罢。日本的研究生院有时会集中利用一段时间请名师开设一门课程，这种情况就叫「集中講義」（集中讲课）。

- 第2题只要听出买「スーツ」（西服套装）的目的即可。而「面接のために」（为了参加面试）恰恰明确了目的。

六、録音を聞いて、次の文を完成してください。 MP3 6-1-06

🎧 听力原文

　　薬によって飲むタイミングが違います。例えば、「食前」に飲むというのは、「食事の30分から1時間前」に飲むということです。また「食後」は「食事の後、30分以内」ということです。「食間」は「食事の2時間後から3時間後まで」という意味です。薬が効果を十分に発揮するために、飲む時間に十分に注意しましょう。ただし、時間が多少ずれても、飲み忘れのないようにしてください。これが一番大切です。

📝 答案

1．食事の30分から1時間前
2．食事の後、30分以内
3．食事の2時間後から3時間後まで
4．効果を十分に発揮する

💡 解析

　　听录音，完成填空题。根据图片上给出的「用法のおさらい」（服药方法介绍）以及「食前・食直前・食直後・食後・食間」（饭前、饭前半小时内、饭后半小时内、饭后、饭后2小时到3小时之间）这些信息多少可以推测出本题的听力任务是听取服药的不同时间段。图中给了5个表示时间段的词，但是本题只要听取其中常用的3个时间段即可，最后解释了严格规定吃药时间的目的就是为了充分发挥药效。听录音时要有选择性地听跟问题有关的内容。

七、録音を聞いて、_____に適当な言葉を書き入れてください。録音は3回繰り返します。
MP3 6-1-07

🎧📝 听力原文及答案

　　明日は健康診断ですが、いくつかの注意事項を①ご説明します。よく聞いてください。
　　まず食事ですが、今夜は、夕食は②早めに済ませて、できるだけ③軽いものを食べてください。お酒は絶対④飲まないようにしてください。夜は、8時過ぎたら、何も食べないでください。それから明日の朝は、何も⑤口に入れないでください。お水もだめです。もちろん、おタバコを吸わないでください。とにかく検査結果に⑥影響が出ないようにするためには、健康診断における注意事項をよく守らなければなりませんよ。

💡 解析

　　（略）

6-2 脱いだ物をちゃんと畳みなさい

聞く前に

まず自分で確認しましょう。録音を聞いて質問に答えてみてください。 MP3 6-2-00

答案范例

1. 人に会ったらちゃんとあいさつしなさい。
   遊んだおもちゃはちゃんと片付けなさい。
2. 小学校の時、よく先生に「ちゃんと座りなさい」と注意されました。
   このことを絶対、彼女には言わないでくれ！

一、録音を聞いて、その内容と合っているものに○を、違うものに×をつけてください。

MP3 6-2-01

听力原文

1. 男：21日の日曜日に花見に行くんでしょ。降水確率は50％だから、傘を持って行きなさい。
2. 女：山田君、起きなさい。授業中、居眠りをしては、だめだよ。
3. 男：太郎、この薬は1日3回、食後30分以内に飲みなさい。絶対忘れないでね。
4. 女：運転する時、携帯電話はやめなさいよ。危ないから。
5. 男：お姉さん、悪いけど、このズボンを明日までにアイロンをかけといてね！
6. 女：薬は高いところ、子どもの手が届かないところにおくこと！

答案

1. × 2. ○ 3. ○ 4. ○ 5. × 6. ○

解析

　　判断录音内容与图片所示内容是否一致。注意听录音中有关命令或指令的具体内容。

- 第1题的录音中提及「21日の日曜日」（21号周日）时，我们应马上观察图上有关21号的信息。图上有关21号的信息有"天气晴转阴，气温9度至17度，降水概率20%"，而录音中说降水概率是50%，与图片内容不一致。
- 第3题图中信息很多，如果能听出「1日3回」（一天三次）和「食後30分以内」（饭后30分钟内），就可以判断图片与录音内容一致。
- 第6题意为"把药品放在高处以及孩子手够不到的地方"，故图片与录音内容一致。为防止孩子误食药品，一般药品使用说明上都有类似字样。另外，一些洗涤用品和金属锐器等产品上也有类似的注意事项。

二、会話を聞いて、その内容と合っている絵を選んでください。 🎧 MP3 6-2-02

🎧 听力原文

1. 先生が学生に体操の指導をしています。学生は今、どんなポーズをしていますか。

　　女：先生、手はどうしたらいいんですか。

　　男：手のことより、まず、よくバランスをとりなさい。そうそう、頭を上げて、前を見るようにして！

　　女：先生、これでいいですか。

　　男：そうそう、それから、両手を上に挙げて。はい、そのままにして、1、2の3…。

2. 親子が話しています。太郎が忘れたのはどちらですか。

　　女：太郎、今日は社会科見学でしょ。何か忘れ物はない？

　　男：ええっと、帽子は被っているし、水筒もお弁当も持っているから、大丈夫、大丈夫。

　　女：じゃ、財布は？

　　男：あっ、いけない。忘れてた。お金がないと、困るよね。

　　女：もう。早く、持って来なさい。

3. 先生と学生が話しています。どちらについて話していますか。

　　女：先生、ここに展示している着物、ちょっと触ってもいいですか。

　　男：だめですよ。触らないでください。ほら、そこに「担当者以外さわるな」って書いてあるでしょ？絶対触ったりしてはいけませんよ。まあ、写真は撮ってもいいですけど。

　　女：はい。分かりました。

4. 地震が起きたらまずどうしますか。

　　男：皆さん、授業の時、地震が起きたら、どうしますか。

　　女：すぐ外へ逃げて、避難所へ行きます。

　　男：いいえ、違います。まずは、机などの下に隠れて、身の安全を確保してください。その後、先生の指示の通りに行動してください。

✍ 答案

1. A　2. B　3. B　4. A

💡 解析

　　根据录音内容选择相应的图片。解题方法是先判断A与B的区别，然后听录音进行辨别。本题主要练习表示命令或禁止的表达方式。

- 第2题中，A是「水筒」（水壶），B是「財布」（钱包）。录音中，男子戴着帽子，带上了水壶、盒饭，但忘带了钱包。

- 第3题的图片中有文字，其中「担当者以外さわるな」意为"无关人员禁止触摸"。在听录音前能理解文字含义的话，就可以确定录音中所说的内容和B图所示内容一致。

- 第4题讲的是地震时如何正确避难。男子说，学生上课时如果突发地震，首先要躲到桌子底下，然后听从老师的指令。

三、会話を聞いて、その内容と合っているものを選んでください。 MP3 6-2-03

🎧 听力原文

1. 部下の橋本さんは、このあと、どんな資料をコピーしなければなりませんか。

    男：橋本さん、明日の会議の資料、5部コピーしろって言ったんじゃないか。

    女：はい、5部コピーしておきましたが…。

    男：何、これ？5部だけど、全然違うものじゃないか。やり直しなさい。

    女：はい、大変申し訳ございません。今、すぐやり直します。

2. 部下の鈴木さんはどんな失敗をしましたか。

    男：あら、鈴木さん、これ、また数字が違うよ。

    女：えっ、あ、課長、本当にすみませんでした。

    男：この前も注意したじゃないか。まったくしょうがないな。気をつけてくれよ。

    女：はい。以後、気をつけます。本当に申し訳ございませんでした。

3. 女の人はいつ休みが取れますか。

    女：課長、来週4日から10日までの1週間休んでもよろしいでしょうか。

    男：うーん、困るなあ。来週は中国からのお客さんが来るから…。

    女：そうですか。

    男：来週はあなたがいないと困るんだよ。悪いけど、休暇は再来週にしてくれない？

✍ 答案

1. B 2. A 3. B

💡 解析

　　判断录音信息与文字信息是否对应。重点听在职场中，上级对下级发出的指令、指示和命令等，以及发出指令时使用的日语表达方式。

- 第2题问的是铃木做错了什么事。科长一开始指责铃木「また数字が違うよ」（又把数字弄错了），接着又说「この前も注意したじゃないか」（上次不是说过吗），这意味着铃木又犯了同样的错误，故答案为A。至于B「数字を知らない」（不知道数字），这与录音的"把数字弄错"不是一回事。

- 第3题的解题关键在于要知道「来週」（下周）和「再来週」（大下周）这两个词的意思。

四、お母さんは日常生活のマナーについて子どもを指導しています。会話を聞いて、例のように書いてください。 MP3 6-2-04

🎧 听力原文

例 女：太郎、ご飯を食べる前に、ちゃんと大きな声で「いただきます」と言いなさい。

　　男：別におかずが一品増えるわけでもないのに、どうして言わなければならないの？

女：私たちは生きていくために、命のある魚や肉や野菜などを食べるでしょう。これらの命のある食べ物に対して感謝しなければなりません。だから「あなたの命をありがとう」という思いで、大きな声で「いただきます」を言うの。

男：へえ、そうなんだ。

1. 女：太郎、行儀が悪いわよ。ちゃんと座って食べなさい。

男：はーい。

女：あら、まだ漫画を読んでいるの？だめよ。ご飯を食べてから読みなさい。目にも悪いし。

男：お母さんは、うるさいね。

女：小さい時から、正しいテーブルマナーを身に付けるのは、とっても大事なことなのよ。

2. 女：太郎、パジャマ、脱ぎっぱなしじゃいけないよ。脱いだ物をちゃんと畳みなさい。

男：分かっているよ。

女：ほら、早くしなさい。脱いだ服をきちんと畳むことができる子は、ほかのこともきちんとできるのよ。

男：はーい。今、すぐ畳むって。

✐ 答案

1. 正しいテーブルマナー　2. ほかのこともちゃんとできます

✐ 解析

本题各会话主要是讲妈妈如何指导孩子养成良好的生活习惯和基本礼节。首先阅读题干信息，在听录音前预测空白处可能会出现的内容。

- 第1题讲的是母亲对孩子进行用餐时的礼节教育，比如要求"不能一边吃饭一边看书"等，这些都可以归结为「テーブルマナー」（餐桌礼节）。

- 第2题讲的是要在日常生活中培养孩子良好的生活习惯。录音中说"能把自己脱下的衣服叠好的孩子，也同样能把别的事做好"。另外，文中的「脱ぎっぱなし」表示"衣服脱下来后随便乱放"。动词连用形Ⅰ后接「～っぱなし」表示某件事情或动作做完之后，其结果存续下来了，也可以指本该做完的事情并没有做完，就放任其不管了，包含一定的指责、不满等负面情绪。如：「電気をつけっぱなしだ」（灯一直亮着）、「立ちっぱなしだ」（一直站着）、「窓を開けっぱなしだ」（窗户一直开着）。

五、会話を聞いて、例のように書いてください。🄼🄿3 6-2-05

🎧 听力原文

例 男：山田さんは、大学を卒業してから、就職するんですか。それとも大学院に進学するんですか。

女：私はずっと日本留学に行きたかったんですが、まあ、経済的に、私には、ちょっと無理なようで…。

男：日本留学ですか、いいですね。生活は、日本でアルバイトをしながら、何とかなりますよ。人生、やりたいことをやりなさい。

1. 男：お母さん、ついに車の免許が取れたよ。あと、予約した車も届いたみたいで、午後にでも取りに行ってくるよ。

女：おめでとう。新車も届いたのね。よかったわね。じゃあ、これから日曜日、買い物に行く時に乗せて行ってくれない？

男：もちろん。これから我が家の買い物は、車付きですよ。

女：本当？嬉しいわね。でも、車を運転する時は、必ずシートベルトを締めておきなさいよ。

男：それぐらい、分かっているよ。

2. 男：ひとみちゃん、宿題をやっているの？

女：うん。算数の宿題。

男：あれ？なんでやりながら、後ろの解答を見るの？

女：ああ、ばれた。だって、できないんだもん。

男：だめだよ。宿題はちゃんと自分でやりなさい。

女：はい。ごめんなさい。

答案

1. 必ずシートベルトを締めておきなさい
2. ちゃんと自分でやりなさい

解析

听录音，填写关键信息。本题是对他人发出指示、指令或者提出一些要求时的会话。解题时先阅读题干信息，对录音内容进行预判。听录音时，集中注意力听取需要填空的内容即可。

- 第1题的题干信息是"妈妈说开车的时候……"，我们应该在听录音前预测一下开车时的注意事项。录音中的「免許が取れる」（拿到驾照）是个固定搭配。「名詞＋付き」意为"附带……"，如「家具付き・一年保証付き・朝ご飯付き」（附带家具；附带一年保修；附带早餐）。

- 第2题中说的「算数」（算术）课程一般为日本小学的课程，中学以后称之为「数学」（数学）。「ばれる」意为"暴露"。录音中，小女孩一边看答案，一边做算术题，但被父亲发现了。「だって…だもん」在口语中呼应使用，一般用来表述人在强词夺理时所强调的原因。

六、録音を聞いて、次の文を完成してください。 MP3 6-2-06

听力原文

洋子ちゃん、ドラゴンフルーツ二つ買ってきたから、お母さんと一緒に切らない？このドラゴンフルーツはビタミンが多くて体にいいのよ。じゃ、お母さんと一緒に簡単にできる一口サイズに切りましょう。まず、ドラゴンフルーツを真ん中から縦に半分にカットして。あ、上手に切れたわね。それから、半分にカットしたものを更に半分にカットして

ね、4分の1ぐらいに。手を切らないようにゆっくりやってね。じゃ、次は、両サイドから等分に切り分けて。はい、できた。じゃ、一緒に食べましょう。ほら、手で食べないで、ちゃんとフォークを使って食べなさい。

答案

1. 縦に半分にカットして　　　　2. 半分にカットして
3. 等分に切り分けて　　　　　　4. フォーク

解析

　　听录音，完成填空题。注意口语中用动词「て」形结尾来表示命令。通过录音可知，图1是把火龙果从中间竖着切成两半，图2是把半个火龙果进一步切成四分之一份，图3是把果肉从两边切成几个等分，图4是强调要用叉子吃。本题只要理解4个步骤图示，基本可写出答案。

七、録音を聞いて、＿＿＿＿に適当な言葉を書き入れてください。録音は3回繰り返します。

MP3 6-2-07

听力原文及答案

　　学校のサッカー部のコーチはとても厳しいです。コーチはいつも「①運動場を8周走れ」と大きい声で言うので、みんな走らなければなりません。少しでも休んでいると、また怖い声で「②休むな、頑張れ」と言われるので、ほとんど休めません。「体力をつけたかったら、③もっと練習しろ」と言うので、この冬休み、私たちは毎日練習しています。そのため、④とても疲れていますが、僕はサッカーが大好きなので、⑤つらくても頑張ろうと思っています。

解析

　　（略）

練習問題

問題一、絵を見て、正しい答えをA、B、Cの中から一つ選んでください。 MP3 6-3-01

1.

（　　）

2.

（　　）

問題二、絵を見て、正しい答えをA、B、C、Dの中から一つ選んでください。 MP3 6-3-02

1.

A

B

C

D

( )

2.

A

B

C

D

( )

問題三、会話を聞いて、正しい答えをA、B、C、Dの中から一つ選んでください。 MP3 6-3-03

1. （　　）
   A　お風呂に入る　　　　　　　　　　B　部活に出かける
   C　晩ご飯を食べる　　　　　　　　　D　風邪薬を飲む
2. （　　）
   A　教室を掃除する　　　　　　　　　B　掃除道具を片付ける
   C　宿題を提出する　　　　　　　　　D　マンガを探して返す

問題四、次の問題には絵はありません。会話を聞いて、正しい答えを一つ選んでください。
MP3 6-3-04

1. （　　）　　　　　2. （　　）　　　　　3. （　　）　　　　　4. （　　）

問題五、録音を聞いて、次の文を完成してください。録音は3回繰り返します。 MP3 6-3-05

　　会社の上司はいつも「ちゃんとやって！」という①＿＿＿＿＿＿をします。ちゃんとやれば、ミスは②＿＿＿＿＿という思いからでしょうが、別に私は、仕事中、③＿＿＿＿＿しているわけではありませんし、自分ではちゃんとできていると思っています。同じことで何度もミスをして「ちゃんとやって！」とか、④＿＿＿＿＿とか、言われるなら分かりますが、初めてのミスで、人の仕事の⑤＿＿＿＿＿をすべて否定するような言い方はどうなのかなといつも思っています。

スクリプトと解答

問題一、絵を見て、正しい答えをA、B、Cの中から一つ選んでください。 MP3 6-3-01

🎧 听力原文

1. 写真の内容を表しているのは、どれですか。
   A　体重を減らすために、食事に気を付けています。
   B　健康のために、ウォーキングをしています。
   C　健康的なダイエットのために、毎日野菜をたくさん食べています。
2. 写真の内容を表しているのは、どれですか。
   A　アルバイトの時間を忘れないように、メモしておきます。
   B　道を間違えないようにスマホで道順を調べます。
   C　黒板の字がよく見えるように、前の席に座ります。

答案

1. B 2. B

問題二、絵を見て、正しい答えをA、B、C、Dの中から一つ選んでください。 MP3 6-3-02

听力原文

1. 二人が見たマークはどれですか。

男：あっ、雪が降ってきた。せっかくのドライブなのに。もう無理だね。止めよう。

女：これぐらいの雪は大丈夫でしょう。

男：やっぱり危ないよ。ほら、あそこを見て！「通行禁止」って書いてあるよ。

女：なるほど。この先は、通行止めですね。じゃ、ドライブを止めて、この近くの温泉
にでも入ろうか。

男：うん。確かに、この辺りにはいい温泉があるそうだよ。

2. 女の人はどんなことに気をつけなければなりませんか。

男：この頃、ストーブによる火災や、台所の火災、本当に火事が多いね。君も台所の火
には気をつけなさいよ。

女：もちろん、いつも心掛けているわよ。それより、あなたもタバコのポイ捨て、やめ
なさいよ。

男：うん。気をつける。いつ火災になるのか、分からないもんね。

答案

1. B 2. B

問題三、会話を聞いて、正しい答えをA、B、C、Dの中から一つ選んでください。 MP3 6-3-03

听力原文

1. お母さんと息子が話しています。息子はこれから何をしますか。

女：お帰り。あら、今日は元気がないわね。どうしたの？

男：風邪を引いたみたいで、なんだか頭が痛いんだよね。

女：今朝、寒いから上着を着て行きなさいって言ったのに…。今、晩ご飯を作っている
から、その間に、お風呂に入って体を温めなさい。

男：明日、部活があるから、早く治るように風邪薬を飲んだほうがいいかな。

女：そうね。食事の後に飲む薬だから、忘れないようにテーブルの上に置いとくわね。

男：うん、ありがとう。

息子はこれから何をしますか。

2. 中学校で女子生徒と男子生徒が話しています。男子生徒はこれから何をしますか。

女：山田君、ちょっと待って！

男：何？教室の掃除なら、ちゃんとやったよ。俺、もうサッカーの練習に行かないと。

女：サッカーなんてやってる場合じゃないよ。掃除道具まだ片付けていないじゃない？
　　もっときちんとやってよ。それに、今日も宿題忘れてたよね。

男：英語の宿題？大丈夫、明日出せばいいんでしょ。

女：そうだけど。あ、それから、先週貸したマンガ早く返してよ。

男：ええと、どこに置いてしまったかな。家にあるかもしれないなあ。

女：もう！見つけたらすぐ返してね。

男：はいはい。じゃあ、おれ、本当にもう行かないと…。

女：じゃ、これだけやってから行ってよ。自分で使ったんだから。

男：分かったよ。

男子生徒はこれから何をしますか。

答案

1．A　2．B

問題四、次の問題には絵はありません。会話を聞いて、正しい答えを一つ選んでください。

MP3 6-3-04

听力原文

1．女の人は、血圧を下げるために、どうしたらいいですか。

男：検査の結果ですが、血圧がちょっと高いですね。薬を飲んだほうがいいですよ。

女：えっ、今は何の症状もないし、調子いいですよ。お薬はあまり好きではありません。

男：どうしてですか。

女：副作用があるでしょう。

男：じゃ、塩分とか、たまごなどを控えて、お野菜をたくさんとってください。

女の人は、血圧を下げるために、どうしたらいいですか。

A　血圧を下げる薬を飲みます。

B　特に症状はないから、何もしなくてもいいです。

C　野菜をたくさん食べます。

D　塩分をたくさんとります。

2．レストランの店員が話しています。お客様を増やすために、今月、どんな工夫をしますか。

男：えっと、先月からランチのお客様を増やすために、メニューを変えたりしたけど、あまり効果が出ていないようですね。

女：そうですね。メニューを多少変えたと言っても、お客様はほとんど気づかなかったようですね。

男：だから、今月から店の前を通る人に、新しいメニューのチラシを配りたいと考えていますが…。

女：それより学生割引券を配ったらどうですか。ほら、この近く、大学と高校があるでしょう。

男：学割か、悪くないですね。じゃ、とりあえず、この線でいきます。

お客様を増やすために、今月、どんな工夫をしますか。

A　新しいメニューを考えます。　　B　新しいメニューのチラシを配ります。

C　学生割引券を配ります。　　　D　学生向けのメニューを考えます。

3. 体重を減らすには、女の人は何をしますか。

女：体重を減らすために、どうすれば効果的かな。

男：ジョギングとか、体操とか、運動をしたほうがいいんですが、あなたにはちょっと難しそうね。

女：そうですね。あまり時間もないし、すぐ疲れてしまうから、そうすると、やっぱり食事に気を付けるしかないですよね。お肉とか、カロリーの高いものを控えたりして。

体重を減らすには、女の人は何をしますか。

A　ジョギングや体操を続ける　　B　スポーツをする

C　食事に気を付ける　　　　　　D　カロリーの高いものを食べる

4. 親子が話しています。太郎は何を忘れましたか。

女：太郎、今日は社会科見学でしょう。忘れ物はない？

男：えっと、帽子は被っているし、水筒もお弁当も持っているから、大丈夫、大丈夫。

女：じゃ、お財布は持った？

男：あっ、いけない。忘れてた。お金がないと、困るよね。

女：もう。早く持って来なさい。

太郎は何を忘れましたか。

A　帽子　　　　　　B　水筒　　　　　　C　弁当　　　　　　D　財布

答案

1. C　2. C　3. C　4. D

問題五、録音を聞いて、次の文を完成してください。録音は3回繰り返します。 MP3 6-3-05

听力原文及答案

　会社の上司はいつも「ちゃんとやって！」という①言い方をします。ちゃんとやれば、ミスは②なくなるという思いからでしょうが、別に私は、仕事中、③遊びながらしているわけではありませんし、自分ではちゃんとできていると思っています。同じことで何度もミスをして「ちゃんとやって！」とか、④「やり直しなさい」とか、言われるなら分かりますが、初めてのミスで、人の仕事の⑤態度をすべて否定するような言い方はどうなのかなといつも思っています。

第 7 課

やりもらい

7-1　お祝いをあげたいんです

聞く前に

まず自分で確認しましょう。録音を聞いて質問に答えてみてください。 MP3 7-1-00

答案范例

1. 18歳の誕生日の時、母は手編みのセーターをくれました。
   田中さんは誕生日の時、お姉さんから花束とイヤリングをもらいました。
2. 日本へ来る時、友達に帽子をもらいました。
   高校を卒業した時、父が時計をくれました。

一、録音を聞いて、その内容と合っているものに○を、違うものに×をつけてください。

MP3 7-1-01

🎧 听力原文

1. 女：誕生日に、母にカーネーションをあげました。
2. 男：誕生日に、社長の奥さんからワインをいただきました。
3. 女：大学を卒業した時、友達の木村さんが記念のアルバムをくれました。
4. 女：日本へ来る時、先生が辞書をくださいました。
5. 男：この腕時計は18歳の誕生日に、父がくれたものです。
6. 男：就職祝いに、同級生の山田さんがネクタイをくれました。

✍ 答案

1.　×　2.　○　3.　○　4.　○　5.　○　6.　×

💡 解析

　　判断录音内容与图片所示内容是否一致。本题主要练习日语授受关系的表达方式。观察图片中箭头的方向并注意听录音中包含「くれる」「あげる」「もらう」的表述。

- 第1题图片中的箭头方向指向"花子"，与录音中的「母にカーネーションをあげました」（送给妈妈康乃馨）这一表述不一致。

- 第5題图片中的箭头方向指向"弘"，与录音中的「父がくれたものです」（爸爸给我的）这一表述一致。
- 第6題图片中的箭头方向指向"山田"，与录音中的「山田さんがネクタイをくれました」（山田送给我一条领带）这一表述不一致。

二、会話を聞いて、その内容と合っている絵を選んでください。 MP3 7-1-02

🎧 听力原文

1. 男の人が奥さんからもらったものは何ですか。

    女：なかなかいい帽子をかぶっていますね。田中さんは趣味がいいですね。

    男：へえ、そうですか。これは、去年の誕生日に母が買ってくれたんです。

    女：えっ、お母さんからですか。そのネクタイもお母さんからもらったんですか。

    男：いや、これは、家内からもらったのです。今年の結婚記念日に。

2. 女の人が誕生日にもらったものは何ですか。

    男：ああ、素敵なイヤリングですね。

    女：あ、これですか。結婚する時、夫にもらったんです。

    男：へえ、そうですか。そのネックレスもご主人がくれたんですか。

    女：ええ、ネックレスはこの前の誕生日に買ってもらったんです。

    男：ああ、いいですね。

3. 女の人は結婚祝いに何をあげることにしましたか。

    女：中国の友達が結婚するので、お祝いをあげたいんですけど、時計でもいいでしょうか。

    男：時計ですか、実は、中国では縁起が悪いんです。

    女：えっ、中国では縁起が悪いんですか。日本ではいいのに。

    男：ええ、「時計」を中国語で発音すると「終わる」と同じなんです。代わりに、コーヒーカップなんかどうですか。

    女：あ、いいですね。

4. 男の人と女の人が話しています。男の人がもらったおみやげは何ですか。

    男：あ、山田さん、その月餅、おいしそうですね。もしかして鈴木さんからのおみやげでしょう。

    女：ええ、そうです。鈴木さんは夕べ北京から帰ってきました。今朝、いただきました。桑原さんも月餅をもらいましたか。

    男：いや、僕がもらったのは故宮の絵葉書です。ずっと前からほしかったのよ。

    女：そうですか。あ、よかったら、この月餅も一つどうぞ。

    男：ありがとうございます。いただきます。

✐ 答案

1. B 2. B 3. B 4. B

解析

根据录音内容选择相应的图片。解题方法是先判断A与B的区别，然后听录音进行辨别。

- 第1题的问题是「男の人が奥さんからもらったものは何ですか」（妻子送给男子的东西是什么）。解题关键句是「これは、家内からもらったのです」（这是妻子送的）。要注意区分妻子和妈妈送的分别是什么礼物。「趣味がいい」（时髦），用于夸赞他人眼光好。

- 第2题的问题是「女の人が誕生日にもらったものは何ですか」（女子过生日时收到的礼物是什么）。录音中分别出现了两个时间点「結婚する時」（结婚时）和「この前の誕生日に」（上次的生日），解题时应注意区别这两个时间点。

- 第3题是说在中国因为"钟表"的"钟"与"终结"的"终"的发音相同，所以结婚时忌讳赠送钟表，因此男子建议女子赠送咖啡杯之类的，故答案为B。

- 第4题的问题是「男の人がもらったおみやげは何ですか」（男子得到了什么礼物）。录音中出现了两个礼物，一个是月饼，一个是故宫图案的明信片。要注意区分男子和女子得到的分别是什么礼物。

三、録音を聞いて、その内容と合っているものを選んでください。 MP3 7-1-03

听力原文

1. イヤリングは誰からもらったのですか。
   男：佐藤さん、今日素敵なイヤリングをしているね。
   女：ああ、このイヤリングか。誕生日にもらったのよ。
   男：ええ、本当にきれい。誰がくれたの？ボーイフレンド？
   女：ううん、会社の友達よ。ハワイ旅行のおみやげに。かわいいでしょう。

2. 誕生日のプレゼントをくれた人は誰ですか。
   男：田中さん、たしか、昨日誕生日だったよね。おめでとう。
   女：あ、ありがとう。
   男：誕生日のプレゼントはいっぱいもらったでしょう。
   女：そうね。母がネックレスをくれたけど、父からは何ももらいませんでした。

3. 女の人は誰からセーターをもらいましたか。
   女：昨日は私の18歳の誕生日だった。両親にかわいいセーターをもらった。姉はハンドバッグをくれた。友人に赤いバラを18本もらった。とてもうれしかった。でも、弟は何もくれなかった。来週は母の誕生日なので、スカーフをあげようと思っている。

答案

1. B 2. B 3. A

解析

判断录音信息与文字信息是否对应，重点听问题涉及的主要内容。

- 第1题的问题是「イヤリングは誰からもらったのですか」（耳环是谁给的）。录音中男子先提到了「ボーイフレンド」（男朋友），但是女子回答「ううん」，表示否定，所以不是男朋友给的。之后女子回答说是「会社の友達」（公司里的朋友），故答案为B。

- 第2题中女子谈及了自己生日时所收到的礼物。录音中说「母がネックレスをくれたけど、父からは何ももらいませんでした」（妈妈送给我一条项链，但是爸爸什么也没给我），故答案为B。
- 第3题是一段独白，需要结合设问，集中听取关键信息。从录音可知，毛衣是父母送的，故答案为A。

四、会话を聞いて、例のように書いてください。 MP3 7-1-04

🎧 听力原文

例 女：わあ、きれいなカードね。お兄ちゃん、あたしも1枚ほしいなあ。

男：うん、いいよ。どれがいい？

女：じゃ、これにする。ありがとう。

1. 男：木村さん、昨日は娘の恵に動物の本をありがとうございました。恵も気に入って、遅くまで読んでいたようです。

女：そうですか。恵ちゃん、動物が好きだから、いいかなと思ったんです。

2. 男：森さん、コンサートのチケット、1枚しかないんだけど、行く？

女：あ、行く、行く。もらっていいの？

男：もちろん。じゃ、あげるよ。

女：でも、ただでもらったら悪いから。

男：いやいや、いいんだよ。僕ももらったんだから。

女：へえ、うれしい。ありがとう。

✍ 答案

1. 動物の本　あげ　2. コンサートのチケット　もらい

💡 解析

　　本题各会话的内容主要是围绕着赠送礼物展开的，根据题干信息可知，本题的听力任务是让我们听取赠送了何种礼物及把握授受双方之间的关系。

- 第1题中，男子向女子表示感谢说「娘の恵に動物の本をありがとうございました」（谢谢您送给我女儿小恵一本动物〈相关〉的书）。这里的「に」表明接受书的是男子的女儿，因此本题的动词应该使用「あげました」。
- 第2题中，关于男子拥有的这张演唱会的门票，最开始男子就对女子说「もちろん。じゃ、あげるよ」（当然可以，给你吧），虽然之后他又说了「僕ももらったんだから」（我也是别人送我的），但他指的是自己现在手中的票是从别人那里得到的，而不是说是从与他对话的这个女子那里得到的。由于题干信息显示女子是主语，因此本题的动词应该使用「もらいました」。

五、会话を聞いて、例のように書いてください。 MP3 7-1-05

🎧 听力原文

例 弟はお姉さんからお菓子をいくつもらいましたか。

男：お姉ちゃん、そのお菓子、僕もほしいな。

　　女：一つだけならあげてもいいけど。

　　男：ねえ、二つもらえない？

　　女：だめよ。後でお客さんに出すんだから。

1. 誰に結婚祝いをあげようと思っていますか。また、女の人は何がいいと言っていますか。

　　男：来月、会社の人が結婚するんで、お祝いに何をあげたらいいかな。春子さんだったらどんなものをもらったらうれしいですか。

　　女：そうですね。どんな人ですか。会社の人って。

　　男：女の人で、料理が趣味みたいです。

　　女：それなら、コーヒーカップとか食器セットとか実用的なものがいいですけど。

　　男：そんな物、買ったことないから、困るなあ。

2. 誰のペンですか。それを女の人にあげたのは誰ですか。

　　男：あれ、田中さん、そのペン、この間、僕が弟にやったものじゃない？

　　女：ええ、そうよ。かわいいから、「ください」と言ったら、くれたの。

　　男：えっ、「誰にもあげない」って言ったからあげたのに。

　　女：へえ、これ、佐藤さんのペンなんですか。

📝 答案

1. 会社の人　コーヒーカップ　食器セット
2. 弟さん　田中さん　佐藤さん　田中さん

💡 解析

　　听录音，填写关键信息。听录音时，集中注意力听取表示授受关系的内容即可。听录音前先阅读题干信息，对录音内容进行预判。

- 第1题中，男子在刚开始就说公司的同事要结婚，因为不知道送什么好而向女子征求意见。女子的建议是「コーヒーカップとか食器セットとか実用的なものがいい」（最好是送咖啡杯或者餐具套装那样实用的东西）。

- 第2题比较复杂，需仔细听录音中出现的授受动词和各句子中出现的给出方和接受方。「『誰にもあげない』って言ったからあげたのに」意为"因为弟弟说了'谁也不给'，所以我才给他的。可他却……"，带有一种埋怨弟弟的语气，即"弟弟怎么又把它给了你"。

六、録音を聞いて、次の文を完成してください。 🎧 MP3 7-1-06

🎧 听力原文

　　子どもの1歳の誕生日祝いについてアンケートをしました。「お子さんの1歳のお祝いにどんなことをしましたか」という質問に対して、「ケーキに1本のろうそく」と答えたのは84.0％です。やっぱりお誕生日はケーキがなければならないようですね。61.2％の人が「プレゼントをあげる」と答えました。人生初の誕生日プレゼントにはわが子への思いがいっぱい込められているのでしょう。昔はよく写真館で記念にお子さんの写真を撮りま

したが、今回の調査では、「写真館で写真を撮る」と答えたのは35.4％だけになっています。時代が変わって、写真なら、今は毎日撮っていますよね。「お出かけ・家族旅行」と答えたのは26.2％でした。

答案

1. 84.0%　2. プレゼントをあげる　3. 写真館　4. 35.4%

解析

　　听录音，完成填空题。解题前要观察图片，明确听力任务，把握关键信息。

　　本题图片是关于如何庆祝孩子1岁生日的问卷调查结果。图表左侧是每项调查的具体内容，右侧是选择该项内容的人数占比。调查问卷的问题是"孩子1岁生日时会怎么庆祝"。84%的人认为过生日还是应该有蛋糕。61.2%的人认为要送礼物，孩子人生的第一个生日礼物中包含了家人的心意。现代人每天都会给孩子拍照，所以选择"去照相馆照相"的人数比例仅为35.4%。

七、録音を聞いて、_____に適当な言葉を書き入れてください。録音は3回繰り返します。

MP3 7-1-07

听力原文及答案

　　ある地方では①物をもらったほうの人ではなくて、②物をあげたほうの人が「ありがとう」と言うのだそうです。おかしいと思う人が多いかもしれませんが、説明を聞くとその理由が分かります。

　　例えば、自分が大事にしている本を③人にあげる時には「記念に本をあげます。④もらってくださいませんか。ああ、もらってくれて、ありがとう。おかげで私がいい行いをすることができました。本当にありがたいことです」と⑤あげる人が考えるのだそうです。

解析

　　（略）

7-2　車で家まで送ってもらいました

聞く前に

まず自分で確認しましょう。録音を聞いて質問に答えてみてください。 MP3 7-2-00 •

答案范例

1. 王さんは荷物を運んでくれました。
   田中さんにワゴン車を貸してもらいました。
2. 荷造りを手伝ってもらえませんか。
   2、3日待っていただけますか。
   お医者さんを紹介していただきたいんですが…。

一、録音を聞いて、その内容と合っているものに○を、違うものに×をつけてください。

MP3 7-2-01

听力原文

1. 男：日曜日に、子どもを動物園へ連れて行ってやろうと思っています。
2. 男：先週、スミス先生は京都を案内してくださいました。
3. 女：明日、友達の山田さんにケーキを焼いてあげます。
4. 女：毎日、母がお弁当を作ってくれます。
5. 男：すみません、ちょっと写真を撮っていただけませんか。
6. 男：昨日、公園で知らない人に写真を撮ってもらいました。

答案

1. ○　2. ×　3. ○　4. ○　5. ○　6. ×

解析

　　判断录音内容与图片所示内容是否一致。本题主要练习日语授受关系的表达方式。观察图片中的箭头方向并注意听录音中包含「～てくれる」「～てあげる」「～てもらう」等授受关系的表述。

- 第1题图片中的箭头方向指向"太郎"，与录音中「子どもを動物園へ連れて行ってやろう」（带孩子去公园）这一表述一致，意为"爸爸带孩子去公园"。
- 第2题图片中的箭头方向指向"史密斯老师"，意为"田中为史密斯老师做向导"，而录音中说「スミス先生は京都を案内してくださいました」（史密斯老师领我逛京都），图片与录音内容不一致。
- 第3题图片中的箭头方向指向"山田"，意为"田中为山田烤蛋糕"，录音中说「友達の山田さんにケーキを焼いてあげます」（为朋友山田烤蛋糕），图片与录音内容一致。
- 第5题图片中的箭头方向指向"田中"，意为"陌生人为田中照相"，录音中说「ちょっと写真を撮っていただけませんか」（能请您为我照张相吗），图片与录音内容一致。

二、会話を聞いて、その内容と合っている絵を選んでください。 MP3 7-2-02

🎧 **听力原文**

1. 女の人はどこを押しますか。

   男：すみません、ちょっとよろしいですか。

   女：ええ、何でしょう。

   男：あのう、向こうの山を入れて写真を撮りたいんですけど、シャッターを押していただけますか。

   女：ええ、いいですよ。ここを押せばいいんですね。

   男：ええ。ありがとうございます。

2. 二人は今、どこで話していますか。

   女：すみません、この自動販売機の使い方が分からないんですが、ちょっと教えてもらえませんか。

   男：ああ、いいですよ。ここにお金を入れて、買いたいジュースのボタンを押せばいいです。

   女：ええと、ここに入れるんですね。あ、ランプがつきました。

   男：ええ、それで、飲みたいもののボタンを押せばいいです。あ、この赤いランプがついたのは売り切れということですよ。

   女：ああ、そうですか。分かりました。ありがとうございました。

3. 恵子さんの引越しで木村さんは何を手伝ってあげましたか。

   男：恵子さん、引越しは終わりましたか。

   女：ええ。おかげさまで無事に終わりました。

   男：大変だったでしょう。

   女：ええ。まあ。でも田中さんと木村さんが手伝ってくれたので助かりました。

   男：そうか。木村さんも手伝ってくれたんですか。荷物運びでもやったんですか。

   女：いいえ、荷物運びは引越し会社に頼みました。木村さんには、引越しの前の日に荷造りを手伝ってもらいました。

4. 女の人と男の人が話しています。これから誰が運転しますか。

   女：ねえ、後どれぐらいで着く？

   男：ええと、3時間ぐらいかなあ。

   女：えっ、そんなにかかるの？

   男：ええ。

   女：長時間の運転、疲れたでしょう。代わってあげようか。

   男：うん、じゃ、頼むよ。

✏️ **答案**

1. A 2. A 3. B 4. B

解析

　　根据录音内容选择相应的图片。解题方法是先判断A与B的区别，然后听录音进行辨别。

- 第1题中，动词「押す」意为"按下"，「スイッチを押す」意为"按开关"，「シャッターを押す」意为"按快门"。录音中出现了「シャッターを押す」，故答案为A。

- 第2题中的两幅图片都是自动售货机，但A是饮料售货机，B是自动售票机。录音中出现了「買いたいジュース」（想要买的果汁）和「飲みたいもの」（想喝的饮料）两个词，可判断此时说话人正在饮料售货机的前面，故答案为A。

- 第3题中，「荷造りを手伝う」意为"帮忙打包行李"，「荷物運び」意为"搬运行李"。录音中提到「荷物運びは引越し会社に頼みました。木村さんには、引越しの前の日に荷造りを手伝ってもらいました」（行李委托了搬家公司来搬运。搬家前一天，请木村帮忙打包行李了），故答案为B。

三、会話を聞いて、その内容と合っているものを選んでください。 MP3 7-2-03

听力原文

1. パーティーでは、京子さんは何をしてくれますか。

　　男：京子さん、今週の日曜日は忙しい？

　　女：今週の日曜日？ううん、何もないと思うけど、どうして？

　　男：あのさ、僕の家でパーティーがあるんだ。京子さんもよかったら来てくれない？

　　女：あ、うれしい。何か手伝いましょうか。

　　男：そうだね。小林さんが料理を作るのを手伝ってくれるから、京子さんにはケーキを焼いてもらおうか。京子さんはケーキ作りが上手だとみんな言っていますから。

　　女：うん、いいわよ。

2. 女の人は明日何をしますか。

　　女：田中さん、何を探しているんですか。

　　男：あ、山崎先生。実は、『中国を歩こう』という本を探しているんですよ。冬休みに中国に行こうと思っていますので。

　　女：『中国を歩こう』ですか。私が持っています。よかったら、貸してあげましょうか。

　　男：えっ、よろしいんですか。

　　女：ええ。明日、学校に持ってきますから、取りに来てください。

　　男：ああ、そうですか。ありがとうございます。

3. 小野さんは誰からテニスラケットを借りますか。

　　女：小野さん、おはよう。どちらへ？

　　男：あ、山田さん、おはよう。中村さんのところへテニスラケットを借りに行くんです。僕のラケット、壊れちゃったんで。

　　女：ああ、そうですか。よかったら私のを使いませんか。この頃ラケットはぜんぜん使っていませんから。

男：じゃ、しばらく貸してください。助かります。

1．B　2．A　3．B

　　判断录音信息与文字信息是否对应。重点听授受关系所表达的具体内容以及使用了怎样的日语表达方式。

- 第1题中，男子邀请女子来家里聚会，因为女子特别擅长烤蛋糕，所以男子请她帮忙烤蛋糕，故答案为B。录音中出现的「小林」（小林）是干扰信息。
- 第2题中，「貸してあげます」意为"借给你"。根据录音，明天女子将把书拿到学校，然后男子去学校取。题目问的是女子明天做什么，故答案为A。

四、李さんが自分の大学生活を紹介しています。会話を聞いて、例のように書いてください。 MP3 7-2-04

例 男：あ、李さん、こんにちは。

　女：あ、田中先生、こんにちは。お久しぶりです。

　男：李さん、元気そうだね。大学生活はどう？うまくいっていますか。

　女：ええ、大変ですけど、周りの人がみんな親切にしてくれるので、なんとかやっています。

　男：ああ、そうですか。よかったですね。でもいろいろ困ることもあるでしょう。

　女：ええ、実は、この間、在留カードを落としてしまったんです。

　男：え、そう。それは大変だったでしょう。

　女：ええ、でも、クラスメートの吉田さんが一緒に交番に行ってくれて、その後見つかりました。

　男：それはよかったね。

1．男：李さん、勉強はどう？難しい？

　女：はい、授業の内容がよく分からなくて困ることもあります。

　男：そうですか。

　女：でも、友達の小野さんという人がいつも教えてくれるんです。

　男：へえ。いいお友達ができて、よかったね。

2．男：李さん、ご両親はお元気ですか。

　女：はい、おかげさまで。母はよくテレビ電話をしてくれますし、父もこの前の誕生日にネックレスを送ってくれたんです。二人とも元気そうでした。

　男：ああ、よかったですね。ご両親によろしく伝えてくださいね。

　女：はい。ありがとうございます。

答案

1. いつも教えてもらい　2. テレビ電話をしてくれ　ネックレスを送ってくれ

解析

　　本题各会话的主要内容是小李介绍自己的大学生活。解题时先阅读题干信息，在听录音前预测空白处可能出现的内容。

五、会話を聞いて、例のように書いてください。 🎵 7-2-05

听力原文

例 男の人は今日『犬と猫』という本を借りましたか。

　男：すみません。『犬と猫』を借りたいんですが…。

　女：申し訳ございません。『犬と猫』は今、貸し出しておりまして、まだ戻っていないんです。

　男：そうですか。いつ頃戻りますか。

　女：うーん、ちょっと分かりませんね…。

　男：じゃあ、戻ったら知らせてもらえますか。

　女：はい。ではこちらに電話番号とお名前を書いてください。

1. 張さんは昨日田中先生の息子さんに何をしてもらいましたか。

　女：張さん、こんにちは。昨日の田中先生の誕生日パーティーはとても楽しかったそうですね。

　男：ええ、とても楽しかったです。田中先生の奥さんがたくさんごちそうを作ってくださいました。おいしい料理を食べながらゲームをしたり、歌を歌ったりしました。

　女：そういえば、昨日は、雨でしたよね。帰りは大変だったでしょう。

　男：いえ。実は、息子さんに車で家まで送ってもらったんです。

　女：それはよかったですね。

2. 女の人は金さんに何をしてもらいますか。

　男：伊藤さん、こんにちは。

　女：あ、山田さん、こんにちは。

　男：誰かを待っているんですか。

　女：ええ、金さんを待っているんです。

　男：金さん？ヨーロッパから帰ってきたんですか。

　女：ええ。ヨーロッパ旅行の写真を見せてくれるって。

　男：へえ、楽しみですね。どんな話をしてくれますかね。

答案

1. 家まで送ってもらい　2. 写真を見せてもらい

💡 **解析**

　　听录音，填写关键信息。解题时先阅读题干信息，对录音内容进行预判。听录音时，集中注意力听取需要填空的内容即可。

- 第1题的解题关键句是「息子さんに車で家まで送ってもらったんです」（请老师的儿子开车〈把我〉送回了家）。
- 第2题中，「写真を見せる」意为"给……看照片"，「見せてくれる」意为"给我看"。这道题讲的是小金要给女子看他在欧洲照的照片。因为题干中女子是主语，所以填空时表示授受关系的补助动词要用「〜てもらう」。

六、会話を聞いて、次の文を完成してください。 🅼🅿3 7-2-06

🎧 **听力原文**

女：課長、おはようございます。今日からどうぞよろしくお願いします。

男：あ、山下さん、ちょうどいいところに来ましたね。紹介します。こちら、小野さんです。小野さんはベテランだから、分からないことがあったら、教えてもらうといいですよ。隣は山田さんです。後で山田さんに一緒にあいさつを回ってもらいましょう。

女：よろしくお願いします。

男：それから、こちらは野村さん。コピーやパソコンのことなら野村さんが教えてくれますよ。

女：はい、分かりました。

📝 **答案**

1. 課長　2. 小野さん　3. 山田さん　4. 野村さん

💡 **解析**

　　听录音，完成填空题。解题前要观察图片，明确听力任务，把握关键信息。要注意授受关系的表达方式，以及明确谁是接受方和谁是给出方。

　　本题录音中提到「小野さんはベテランだから、分からないことがあったら、教えてもらうといいですよ」（小野非常有经验，如果有不明白的地方就向他请教）、「後で山田さんに一緒にあいさつを回ってもらいましょう」（等会请山田带你去〈跟各部门〉打招呼吧）、「コピーやパソコンのことなら野村さんが教えてくれますよ」（复印和电脑相关内容，野村会教你的）。通过这几个主句，我们即可得出答案。

七、録音を聞いて、＿＿＿に適当な言葉を書き入れてください。録音は3回繰り返します。

🅼🅿3 7-2-07

🎧📝 **听力原文及答案**

　　私は夏休みに日本人の友達に田舎へ①連れて行ってもらいました。行く時は電車で行っ

たので14時間もかかりました。

　　友達の家族はみんな親切でした。週末にお父さんは車できれいな湖に②連れて行ってく
れました。湖には魚を釣っている人や③船に乗っている人がいました。友達が船に乗ろう
と言ったので、船に乗りましたが、ちょっと怖かったです。お昼はお母さんが④作ってく
れたお握りを食べました。

　　帰りは一人で飛行機に乗って帰ってきました。夏休みに田舎に行くことができて、本当
によかったです。今度、お礼に国の⑤おみやげを贈ろうと思っています。

💡 解析

　　（略）

練習問題

問題一、絵を見て、正しい答えを A、B、C の中から一つ選んでください。 MP3 7-3-01

1.

（　　）

2.

（　　）

問題二、絵を見て、正しい答えを A、B、C、D の中から一つ選んでください。 MP3 7-3-02

1.

A

B

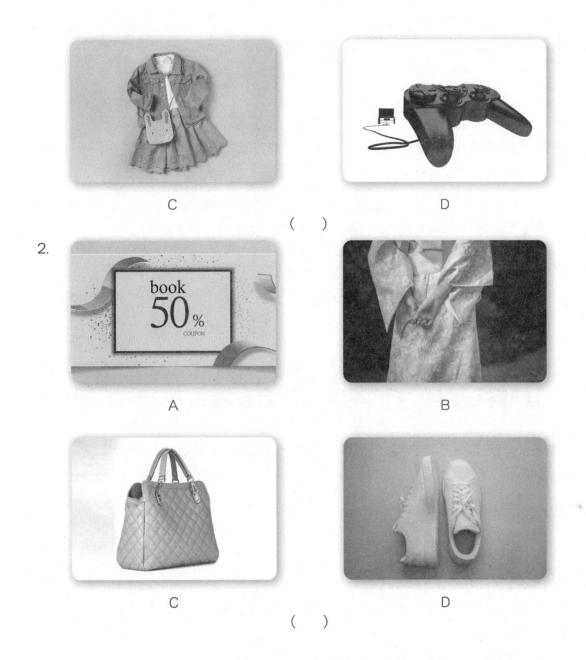

C

D

（　　）

2.

A

B

C

D

（　　）

問題三、会話を聞いて、正しい答えをA、B、C、Dの中から一つ選んでください。 MP3 7-3-03

1.（　　）

A　てんぷらのお店

B　すき焼きのお店

C　お寿司のお店

D　お寿司定食のお店

2.（　　）

A　男の人は女の人にパソコンを貸してもらいます。

B　男の人は女の人にパソコンを貸してあげます。

C　男の人は女の人にパソコンを借りてもらいます。

D　女の人は男の人にパソコンを貸してあげます。

問題四、次の問題には絵はありません。会話を聞いて、正しい答えを一つ選んでください。
MP3 7-3-04

1. (　　)　　　　　　2. (　　)　　　　　　3. (　　)　　　　　　4. (　　)

問題五、録音を聞いて、次の文を完成してください。録音は3回繰り返します。 MP3 7-3-05

　　今日、私の学校に新入生が来るので、①＿＿＿＿＿＿＿んです。今日は学校の近所を案内して、買い物をするところを②＿＿＿＿＿＿と思っているんです。私も去年、空港へ先輩が③＿＿＿＿＿＿て、本当に助かりました。ですから、先輩がしてくれたことを、今度は④＿＿＿＿＿＿と思っているんです。そうそう、この間、田中さんが使わない電気ストーブを「新入生にどうぞ」と言って、わざわざ家まで送ってくれたんです。箱の中にお菓子も⑤＿＿＿＿＿＿ました。田中さんは本当に親切な人です。

スクリプトと解答

問題一、絵を見て、正しい答えをA、B、Cの中から一つ選んでください。 MP3 7-3-01

🎧 **听力原文**

1. 大学で友達からノートを借りたいです。何と言いますか。
   A　ノート、貸してもらえませんか。
   B　ノート、貸してあげるよ。
   C　ノート、貸していいですか。
2. 銀行で係の人に聞きたいことがあります。何と言いますか。
   A　すみません、ちょっと知らないんです。
   B　すみません、ちょっと聞きませんか。
   C　すみません、ちょっと教えてください。

✍ **答案**

1. A　2. C

問題二、絵を見て、正しい答えをA、B、C、Dの中から一つ選んでください。 MP3 7-3-02

🎧 **听力原文**

1. 何を買うことになりましたか。
   男：花子、何をしているの？
   女：明日、香ちゃんの誕生日でしょう。何をあげようかなと思っているの。

男：じゃ、人形だな。

女：また。もういくつも持っていると思うよ。

男：じゃ、ぬいぐるみをあげよう。

女：置く場所ないわよ。

男：えー、そう。そんなにあるの。うーん。困ったな。

女：洋服もこの間買ったばかりだし。

男：やっぱり人形がいいよ。いくつあったっていいじゃないか。

女：そうね。人形が一番喜ぶわね。

2. 何をあげることになりましたか。

女：夏子さん、今年二十歳になるんだよ。お祝いで何かあげようと考えているんですが…。

男：夏子さんが、早いね。着物はどう？

女：お姉さんがもう買ったって。

男：ハンドバッグなんかは？

女：夏子さん、持ってるかもしれないわ。

男：じゃあ、図書券か何かあげよう。

女：それがいいね。今、まだ大学生だし、自分のほしい本が買えるから。

 答案

1. A　2. A

問題三、会話を聞いて、正しい答えを A、B、C、D の中から一つ選んでください。 MP3 7-3-03

 听力原文

1. 男の人と女の人が話しています。女の人はどんなお店に行くことにしましたか。

女：安くておいしい日本料理のお店をさがしているんですが、佐藤さん、どこか知ってますか。

男：この近くで？

女：はい。

男：あの、寿司の店なら知ってるけど。そこのてんぷらやすき焼き、お寿司定食などはけっこう安くておいしいよ。

女：そうですか。ぜひ教えてください。外国からお客さんが来るので、連れて行ってあげようと思って。

男：そう、それならそこの店がいいと思うよ、お店の感じも日本的だし。

女：わあ、いいですね。

女の人はどんなお店に行くことにしましたか。

2. 男の人と女の人が話しています。会話の内容として適切なものを選んでください。

　　女：あら、新しくパソコン買い換えたね。

　　男：うん。

　　女：あとで貸してね。

　　男：いいよ。

　　どんな意味になりますか。

答案

1. C　2. B

問題四、次の問題には絵はありません。会話を聞いて、正しい答えを一つ選んでください。

MP3 7-3-04

听力原文

1. どうして日本ではお見舞いに菊の花をあげてはいけないのですか。

　　男：日本ではお見舞いに菊の花をあげてはいけないことになっているんです。

　　女：えっ？そうなんですか。どうしてだめなんですか。

　　男：菊の花はお葬式を連想するからです。

　　女：そうですか。贈り物をする時は、国によって習慣が違いますから、気をつけたほうがいいですね。

　　男：そうですね。

　　どうして日本ではお見舞いに菊の花をあげてはいけないのですか。

　　A　菊の花はきれいではないから

　　B　菊の花は「寝付く」を連想させるから

　　C　菊の花はお葬式を連想させるから

　　D　菊の花は匂うから

2. 女の人は誰に浴衣をあげようと思っていますか。

　　女：森さん、ちょっとよろしいですか。

　　男：何でしょう。

　　女：実は友人が国へ帰るのでおせんべつをあげようと思うんです。小さくて軽いものがいいと思うんですが、何かいいものがありますか。

　　男：そうですね。日本の浴衣なんかどうですか。１万円ぐらいできれいなのがたくさんありますよ。

　　女：あ、いいですね。そうします。

　　女の人は誰に浴衣をあげようと思っていますか。

　　A　結婚する友人　　　　　　B　国へ帰る友人

　　C　入院する友人　　　　　　D　退院する友人

3. 佐藤さんはいつ友達からイヤリングをもらいましたか。

　　男：佐藤さん、今日素敵なイヤリングをしているね。

　　女：ああ、このイヤリングか。誕生日にもらったのよ。

　　男：ええ、本当にきれい。誰がくれたの？ボーイフレンド？

　　女：ううん、会社の友達よ。ハワイ旅行のおみやげに、かわいいでしょう。

　　佐藤さんはいつ友達からイヤリングをもらいましたか。

　　A　旅行する時　　　　　　　　B　誕生日の時

　　C　結婚する時　　　　　　　　D　今日

4. ごちそうを作ってくださった人は誰ですか。

　　女：張さん、こんにちは。昨日の田中先生の誕生日パーティーはとても楽しかったそう
　　　　ですね。

　　男：ええ、とても楽しかったです。田中先生の奥さんがたくさんごちそうを作ってくだ
　　　　さいました。おいしい料理を食べながらゲームをしたり、歌を歌ったりしました。

　　女：そういえば、昨日は、雨でしたね。帰りは大変だったでしょう。

　　男：いえ。実は、息子さんに車で家まで送ってもらったんです。

　　女：それはよかったですね。

　　ごちそうを作ってくださった人は誰ですか。

　　A　張さん　　　　　　　　　　B　田中先生

　　C　田中先生の奥さん　　　　　　D　田中先生の息子さん

　📝 答案

1. C　2. B　3. B　4. C

問題五、録音を聞いて、次の文を完成してください。録音は 3 回繰り返します。 🎵 7-3-05

　🎧📝 听力原文及答案

　　今日、私の学校に新入生が来るので、①今から迎えに行くんです。今日は学校の近所を案内して、買い物をするところを②教えてあげようと思っているんです。私も去年、空港へ先輩が③迎えに来てくれて、本当に助かりました。ですから、先輩がしてくれたことを、今度は④後輩たちにしてあげようと思っているんです。そうそう、この間、田中さんが使わない電気ストーブを「新入生にどうぞ」と言って、わざわざ家まで送ってくれたんです。箱の中にお菓子も⑤入れてくれました。田中さんは本当に親切な人です。

第8課

様子

8-1 あの人は元気がなさそうです

聞く前に

まず自分で確認しましょう。録音を聞いて質問に答えてみてください。 MP3 8-1-00

答案范例

1. 渡辺さんは毎日やることがなくて、暇そうです。
   隣に座っている子が私のチョコレートがほしそうな顔をしています。
2. 頭が痛くて寒気がするので、風邪を引いたかもしれません。
   昨日の疲れが取れなくて、まだ体がだるいです。

一、録音を聞いて、その内容と合っているものに○を、違うものに×をつけてください。

MP3 8-1-01

🎧 听力原文

1. 男：この先生は笑っていなくて、厳しそうです。
2. 女：鈴木君のお父さんは太っていて、優しそうです。
3. 男：田中さんは眠そうに見えます。
4. 女：子どもたちは庭で楽しそうに遊んでいます。
5. 男：山田さんは忙しそうです。
6. 女：この子はご飯を食べたそうな顔をしています。

✍ 答案

1. × 2. ○ 3. ○ 4. ○ 5. ○ 6. ×

💡 解析

　　判断录音内容与图片所示内容是否一致。本题主要练习日语中表示人物样态的表达方式「～そうだ」。要求能够用日语准确表达出图片所示的人物样态。

· 第1题中，「厳しそうです」意为"看起来很严厉"，与之相对的是「優しそうです」（看起来很和蔼）。如本题图片所示，这位老师上课时面带微笑，看起来很和蔼，而不严厉，故图片与录音内容不一致。

- 第4題中，「楽しそうに遊んでいます」意为"看起来玩得很开心"，「楽しそうに」是「楽しそうだ」的连用形。如本题图片所示，孩子们在院子里玩得很开心，故图片与录音内容一致。
- 第6題中，「～顔をしている」是个固定搭配，意为"呈现……的表情"。「食べたそうな」是「食べたそうだ」的连体形。如本题图片所示，男孩显然是一副不愿意吃饭的表情，而录音中说「ご飯を食べたそうな顔をしています」（一副很想吃饭的表情），故图片与录音内容不一致。

二、会話を聞いて、その内容と合っている絵を選んでください。 MP3 8-1-02

🎧 听力原文

1. 二人はこれからどの人に道を尋ねますか。
    女：道に迷ってしまいましたね。どうしましょう。
    男：誰かに道を聞いたほうがいいですよ。
    女：そうですね。じゃ、あの人に聞いてみましょう。優しそうだから。
    男：ええ、そうしましょう。
2. 幸子さんは今どんな顔をしていますか。
    男：あっ、幸子さん、おはよう。
    女：あっ、太郎君、おはよう。
    男：えっ、どうしたの。元気なさそうな顔をして。いつもにこにこして、楽しそうにしているのに。
    女：うん、困ったのよ。宿題のノート、また忘れてきた。
3. 楊さんはどの人ですか。
    女：楊さん、元気がなさそうですね。どうしたんですか。
    男：最近、体の調子が悪くて、疲れやすいんです。
    女：じゃ、早く帰って、ゆっくり休んだほうがいいですよ。
4. 新しい課長のイメージと合っているのはどちらですか。
    女：あっ、田村君、営業課に今度新しい課長が来ますね。
    男：ええ、東京から来るんですよ。出張で一度会ったことがありますけど。
    女：ああ、そうですか。どんな方ですか。
    男：うん、そうだね。話しはじめたら止まらなくなることがありますね。とにかく、おしゃべりが好きそうな方ですね。前の課長はあまりしゃべらない人だけどね。

✒ 答案

1. A 2. A 3. B 4. A

💡 解析

　　根据录音内容选择相应的图片。解题方法是先判断A与B的区别，然后听录音进行辨别。重点听涉及人物样态的内容。

- 第2題中两幅图片的人物表情不同，一个人无精打采，另一个人在微笑。录音中说「元気なさそうな顔を

して」（看起来没有精神），故答案为A。录音中的「いつもにこにこして、楽<ruby>楽<rt>たの</rt></ruby>しそうにしているのに」（平时总是微笑着，看起来很开心）是形容幸子平时的样子，是一条干扰信息。

- 第3题中，A中的人物干劲十足，B中的人物无精打采。录音中说「<ruby>元気<rt>げんき</rt></ruby>がなさそうですね」（你看起来没有精神），故答案为B。
- 第4题是两人在谈论新来的营业科长。通过「とにかく、おしゃべりが<ruby>好<rt>す</rt></ruby>きそうな<ruby>方<rt>かた</rt></ruby>ですね」（总之，看起来是一个很喜欢聊天的人）这句话，可以判断出这位新科长很健谈，故答案为A。

三、会話を聞いて、その内容と合っているものを選んでください。 MP3 8-1-03

🎧 **听力原文**

1. 男の人の仕事はどうですか。
   女：暇そうにしていますね。仕事はもう終わりましたか。
   男：いいえ、まだです。疲れたので、ちょっと休んでいるんです。最近、仕事が山ほどあって…。
   女：仕事はいいですが、体も大事ですよ。たまには運動したらどうですか。
   男：ありがとうございます。そうします。

2. おじさんはどんな人ですか。
   女：ね、その怖そうな顔をしてる人、誰？
   男：僕のおじだよ。顔はちょっと怖そうだけど、とても優しい人なんだよ。
   女：へえ、そう。
   男：小さい時、父が仕事で忙しかったから、よくおじのうちで遊んだんだ。だから、おじは僕にとって、父のような人だよ。

3. 男の人は今どんな表情ですか。
   男：そのケーキ、おいしそうだね。
   女：すごくおいしいわよ。食べたそうな顔ね。どうぞ。
   男：いいの？いただきます。わあ、おいしい。誰が作ったの？李さん？
   女：そう。李さんって本当にケーキ作りがお上手よね。

✍ **答案**

1. B 2. B 3. A

💡 **解析**

　　判断录音信息与文字信息是否对应，重点听问题涉及的主要内容。

- 第1题需要注意男子的回答，「<ruby>疲<rt>つか</rt></ruby>れたので、ちょっと<ruby>休<rt>やす</rt></ruby>んでいるんです」（累了，稍微休息一下）是解题关键句。「<ruby>仕事<rt>しごと</rt></ruby>が<ruby>山<rt>やま</rt></ruby>ほどあって…」意为"工作堆积如山"。
- 第2题需要注意表示转折的「けど」。「<ruby>顔<rt>かお</rt></ruby>はちょっと<ruby>怖<rt>こわ</rt></ruby>そうだけど、とても優しい<ruby>人<rt>ひと</rt></ruby>なんだよ」（虽然样子看起来有点可怕，但其实是一位很和蔼的人）这句话中，前半句是说叔叔的外表给人的感觉，后半句说的才是叔叔真正的性格。

四、会話を聞いて、例のように書いてください。 MP3 8-1-04

听力原文

例 女：李さん、昨日、私、病院へ行ったんです。

男：えっ、どこか悪いんですか。

女：いえいえ、太郎さんのお見舞いです。

男：太郎さん、どうかしたんですか。

女：この間、自転車で転んでしまったんです。けっこう痛そうでしたよ。苦しそうな顔
をしていましたし。

男：そうですか。じゃあ、私もお見舞いに行ってみます。

1. 女：その写真、誰ですか。

男：ああ、大学時代の友達の渡辺さんです。

女：へー、真面目そうな人ですね。

男：写真は真面目そうですけど、実はおもしろい人です。

女：そうなんですか。

2. 男：佐々木さん、昨日どこかへ行きましたか。

女：はい、山下さんのうちへ行きました。本を返しにね。

男：そうですか。山下さんは先日大阪へ旅行に行きましたよね。

女：ええ、おととい大阪から戻ってきました。山下さんのうちで弟さんにも会いました
よ。

男：ああ、5歳の弟さんがいるらしいですね。どんな子でしたか。

女：とてもかわいくて、頭がよさそうで、私が行った時一人で楽しそうに遊んでいまし
たよ。

答案

1. 真面目　おもしろい人　2. 頭がよさ　楽しそうに

解析

　　听录音，完成填空题。注意听录音中出现的有关人物样态的表达方式。

- 第1题要注意听描写照片人物的语句，「写真は真面目そうですけど、実はおもしろい人です」中的「真面目そうです」（看起来严肃）以及「面白い人」（有趣的人）就是本题答案。

- 第2题中，「頭がいい」意为“头脑灵活”，「いい」的后面接续表示样态的「そうだ」时，需要使用「よい」并将其词尾的「い」变成「さ」，即「よさそうだ」。

五、次はお見舞いについての内容です。会話を聞いて、例のように書いてください。

MP3 8-1-05

听力原文

例 楊さんはどうしましたか。

男：あ、山田さん。

女：あら、どこか行くの？

男：うん、山田さん、楊さんのこと知ってる？

女：ええ、楊さん、どうかしたの？

男：実はこの間、運動していて、足を骨折したんだよ。今、病院に入院してる。

1. 女の人は、お見舞いに何を持っていったらいいと言っていますか。

女：お見舞いにもう何か買った？

男：ううん、まだ。何がいいかなあ。

女：そうねえ。やっぱりお花がいいんじゃない？

男：じゃあ、きれいな鉢植えにしようか。

女：あっ、鉢植えはだめよ。

男：えっ、鉢植えだめなのか。

2. 鉢植えは、どうしてお見舞いの品物によくないのですか。

男：山田さん、お見舞いの品物として、鉢植えはだめだそうだけど、どうしてなの？

女：うん、ちょっと説明が難しいね。鉢植えは、花の根が付くでしょう。「根付く」というの。「寝る」の「寝付く」と発音が似ているんですよ。「寝る」の「寝付く」は、病気が長引いてベッドにずっと寝たままになってしまうっていう意味でしょ。

男：へえ。だから、お見舞いにはタブーなんだ。

女：うん、果物がいいんじゃないかな。

男：うん。花より果物のほうが喜ぶかもね。そうしようか。

📝 **答案**

1. 花　2. 根付く　寝付く

💡 **解析**

听录音，填写关键信息。解题时先仔细阅读题干信息，将其作为听录音时的核心关注点。

- 第1题问的是"女子说探望病人时带什么礼物好"，因此需要主要听取物品的名称。录音中出现了「花」（花）和「鉢植え」（盆栽），比较后可得出正确答案是「花」。

- 第2题主要解释了探望病人时不送盆栽的原因。在日语中，「鉢植え」因「根付く」（生根），与表示"卧床不起"的「寝付く」谐音，给人一种不吉利的感觉，因此在日本探望病人时人们不送盆栽。

六、録音を聞いて、絵の内容を完成してください。 🎧 MP3 8-1-06

🎧 **听力原文**

　　インフルエンザウイルスに感染した場合、だいたい1日から3日後に、インフルエンザの症状が出ます。その後、1日から3日は、高い熱が出たり、体がだるくなったりします。また、食欲がないというような全身症状もよく見られます。それから一週間ぐらいになったら、咳や喉の痛みなどの呼吸器の症状が現れます。普通、インフルエンザは、10日ぐらい

で症状が落ち着き、治ります。

答案

1. 1〜3日　2. 一週間　3. 高い熱が出る　4. 喉の痛み

解析

听录音，填写图片中需要填空的内容。解题前要观察图片，明确听力任务，把握关键信息。

根据题干信息可知，本题讲述了感染流感病毒、发病到痊愈的过程，重点考查如何用日语表述患流感时的症状。尽管「感染」（感染）、「全身症状」（全身症状）、「呼吸器」（呼吸器官）等词有些难度，但需要填写的内容相对比较简单，主要是与病症以及身体部位相关的基础词汇。

七、録音を聞いて、＿＿＿＿に適当な言葉を書き入れてください。録音は3回繰り返します。

MP3 8-1-07

听力原文及答案

　　ギネスブックはいろいろな世界一の記録を集めた本です。その中には、誰も①やりそうにないことがたくさん載っていますが、実は②やればできそうなこともけっこう載っています。例えば、みんなで協力して、世界一長いホットドッグを作ることとか。できあがった物はあまり③おいしくなさそうですが、作るのは④楽しそうでしょう。もちろん、ギネスブックの中には、中国人が作った世界記録もたくさん載っています。例えば、スノーボードの中国人選手は世界初の「バックサイド1980」を成功させ、その後ギネス世界記録に⑤認定されました。

解析

　　（略）

8-2 あのケーキはおいしそうです

聞く前に

まず自分で確認しましょう。録音を聞いて質問に答えてみてください。 📻 8-2-00

答案范例

1. その料理は体に良さそうなので、食べてみたいです。
   荷物が重そうですね。手伝いましょうか。
2. お嬢さんは目が大きくて、人形のようにかわいいです。
   虹はまるで橋が架かったように空へ伸びます。

一、録音を聞いて、その内容と合っているものに○を、違うものに×をつけてください。

📻 8-2-01

🎧 听力原文

1. 男：そのかばんはずいぶん重そうです。
2. 女：なかなか便利そうで、素敵なナイフです。
3. 男：この木は倒れそうになっています。
4. 女：ガソリンがなくなりそうです。
5. 男：おいしそうなケーキです。
6. 女：この花はあと2、3日で、咲きそうです。

📝 答案

1. ○ 2. ○ 3. × 4. ○ 5. ○ 6. ×

💡 解析

　　判断录音内容与图片所示内容是否一致。本题主要练习日语中表示物品样态的表达方式「～そうだ」。要求能够用日语准确表达出图片所示物品的样态。

- 第2题中，「便利そうで」意为"看起来很方便"，结合图片所示的「アーミー・ナイフ」（军刀）便可以作出正确判断，图片与录音内容一致。
- 第4题中，「なくなりそうです」意为"眼看就要用完了"，此处「そうです」表示"即将发生"。图片中的仪表盘显示汽油马上就要用完了，图片与录音内容一致。

二、会話を聞いて、その内容と合っている絵を選んでください。 📻 8-2-02

🎧 听力原文

1. プレゼントはどちらにしますか。

女：李さんへのプレゼント、どれにしましょうか。

男：そうですね。あの工芸品なんかどうですか。けっこう高級そうですね。

女：でも、高そうですね。高すぎるのはよくないですよね。

男：じゃ、これなんかどうですか。かわいくて李さんにぴったりだと思いますけど。

女：そうですね。これもよさそうですね。デザインがいいし使いやすそう。

男：じゃ、これにしましょう。

2. 二人はどちらについて話していますか。

女：この頃、毎日暑くて大変ですね。

男：そうですね。暑くて死にそうですね。

女：そうそう。

男：今日の気温もまた40度ぐらいですね。

女：ええ、日差しも強くて、日傘をさしている人が多くなりましたね。

3. 二人が話しているのはどちらですか。

女：山田さん、シャツのボタンが取れそうですよ。

男：あっ、ほんとうだ。どうしよう。困ったなあ。

女：よかったら、直してあげましょうか。

男：あ、いいですか。ありがとうございます。

4. 男の人はこれから何を持って出かけますか。

男：じゃ、行ってきます。

女：いってらっしゃい。あっ、課長、傘を持っていますか。

男：えっ、外は雨なの？

女：今は降っていませんが、曇ってきていますので、降りそうです。

男：そうか。じゃ、持っていきます。

女：いってらっしゃい。

答案

1. B　2. B　3. A　4. B

解析

　　根据录音内容选择相应的图片。解题方法是先判断A与B的区别，然后听录音进行辨别。重点听涉及物品样态的内容。

- 第1题中，A是「工芸品」（工艺品），B是「キーホルダー」（钥匙链）。通过会话内容可知，两人是在商量送什么礼物。「高級そうです」意为"看上去很上档次"，「高そうです」意为"看上去很贵"。女子说不建议送过于贵重的礼物，故答案为B。
- 第2题的会话是围绕气温展开的。解题关键词是「40度」（40度）、「暑い」（炎热），故答案为B。
- 第3题的解题关键句是「シャツのボタンが取れそうですよ」（衬衫的纽扣要掉了）。此处「そうです」表示即将发生。
- 第4题要求判断男子出门带的东西。解题关键信息是「降りそうです」（眼看要下雨）和「持っていきます」（带着去）。

三、会話を聞いて、その内容と合っているものを選んでください。 MP3 8-2-03

🎧 **听力原文**

1. 日本語の勉強について、男の人はどう思っていますか。
   女：もう日本語を半年ぐらい勉強しましたね。勉強はどうですか。
   男：そうですね。最初、日本語は易しそうに感じたんですが、実はとても難しいです。
   女：ええ、確かにそうですね。

2. マーボー豆腐の味について、男の人はどう思っていますか。
   女：王さん、日本でマーボー豆腐を食べたことがありますか。
   男：ええ、あります。辛そうに見えますが、食べてみたらちょっと甘かったです。
   女：そうですね。日本人は辛い物が苦手ですからね。

3. ガスコンロの火は消えましたか。
   男：おい、ガスコンロの火、消えそうだよ。
   女：あっ、本当だ。
   男：気をつけないとね。

✍ **答案**

1. A　2. B　3. B

💡 **解析**

判断录音信息与文字信息是否对应，重点听问题涉及的主要内容。

- 第1题中，女子在询问男子学习日语的感受。需要注意「実は」这一表达方式，「実は」意为"说实话，说实在的"，其后常接续说话人想要表达的真实原因或想法。男子最开始认为日语很简单，后来发现其实日语学起来很难。

- 第2题的会话是围绕「マーボー豆腐」（麻婆豆腐）展开的。一说到中国菜，许多日本人首先想到的就是麻婆豆腐。为迎合日本人的口味，日本餐馆做的麻婆豆腐一般偏甜口。

- 第3题中，「ガスコンロ」意为"燃气灶"。「火が消える」是固定搭配，「火が消えそうだ」意为"火将要熄灭"。

四、会話を聞いて、例のように書いてください。 MP3 8-2-04

🎧 **听力原文**

例 女：李さんのご趣味は何ですか。
　　男：音楽を聞くことです。
　　女：そうですか。どんな音楽が好きですか。
　　男：ポップスのような音楽が好きです。田中さんは？
　　女：私はクラシックが大好きです。

1. 男：珍しいものがたくさんありますね。この箱のようなものは何ですか。
　　女：それは花入れですよ。花を飾る時に使うんです。

男：外側に貼ってあるのは紙ですよね。

女：ええ、そうですね。

2. 女：王さん、好きな果物は何？

男：ええと、オレンジとかグレープフルーツが好きだよ。

女：へえ、私も。オレンジのような果物にはビタミンCがたくさん入っているから、体にいいわよね。

男：そうだね。僕、よくオレンジジュースを飲んでいるんだ。

答案

1. 花入れ　2. オレンジ

解析

听录音，完成填空题。注意听录音中出现的有关物品样态的表达方式。

- 第1题中，男子在询问自己不清楚的物品。「花入れ」意为"花瓶"。解题时即使不清楚它的意思，也可以通过录音中说的「花を飾る時に使うんです」（装饰花的时候使用）推测其含义。

- 第2题中，两人在谈论喜欢的水果。「オレンジ」（橙子）、「グレープフルーツ」（葡萄柚）等水果含有丰富的维生素C。平时要注意积累一些水果的日语说法。

五、会話を聞いて、例のように書いてください。 MP3 8-2-05

听力原文

例 診察券をもらう方法は何ですか。

女：はい、どうぞ。おはようございます。今日は、どうしましたか。

男：ええと、内科に。あっ、はじめてです。

女：内科ですか。

男：はい。

女：保険証はお持ちですか。

男：はい。

女：じゃあ、まずこちらの申込書に、ご住所とお名前を書いてください。

男：はい。これでいいですか。

女：ええ、そしてこの申込書と保険証を受付に出して診察券をもらってください。

男：受付に出しますね。ありがとうございます。

1. お客さんはどんなかばんを選びましたか。

男：すみません、かばんを探しているんですが…。

女：これはいかがですか。ポケットが付いていて、携帯電話や手帳などいろいろなものを入れるのに便利ですよ。

男：いつもノートパソコンや資料をたくさん持っていくので、中が広いのがいいんですが…。

女：そうですか。じゃ、この青いのはどうですか。大きいけど、軽くて持ち歩きやすいですよ。

男：ああ、丈夫そうだし、サイズもノートパソコンを入れるのにちょうどいいですね。じゃ、これをください。

2．男の人が今朝元気がない理由は何ですか。

男：おはよう。

女：おはよう。昨日停電だったね。うち大変だったよ。ご飯食べられなくてさ。

男：うん、うちも1時間半も続いたよ。夕食を食べた後だったから、助かったけど。

女：ねえ、調子悪そうだけど大丈夫？風邪でも引いたの？昨日は寒かったからね。

男：いや、停電だったからさあ、ろうそくをつけて、することもないから、ついウイスキーを飲みすぎちゃって。

女：あ、それですか。

答案

1．丈夫そうだ　ノートパソコンを入れる　2．ろうそく　ウイスキー

解析

　　听录音，填写关键信息。解题时先阅读题干信息，将题干信息作为听录音时的重点信息。

- 第1题中，当听到问题是"客人选择什么样的包"时，就应该注意听会话中有关包的特征的表述。本题的解题关键句是「丈夫そうだし、サイズもノートパソコンを入れるのにちょうどいいですね」（包看起来很结实，大小也正好可以放入一台笔记本电脑）。

- 第2题问的是男子今天早上没有精神的原因，录音中出现了很多信息，如「停電」（停电）、「風邪」（感冒）、「ウイスキーを飲みすぎちゃって」（威士忌喝多了）等。其中一些信息只是交代了会话的背景，而还有一些则是干扰信息。将这些信息——排除，就能选出正确答案。

六、録音を聞いて、絵の内容を完成してください。MP3 8-2-06

听力原文

　　薬には飲み薬や注射薬など、いろいろな形があります。これは病気や症状のさまざまなケースに対応できるようにするためです。飲み薬には錠剤、カプセル、粉薬などがあります。錠剤・カプセルは飲みやすく、持ち運びに便利です。粉薬は症状や年齢に合わせて分量を調節しやすいという長所があります。

答案

1．錠剤　2．カプセル　3．粉薬　4．持ち運び　5．調節しやすい

解析

　　听录音，填写图片中需要填空的内容。解题前要观察图片，明确听力任务，把握关键信息。

　　本题主要考查各种药品的形态以及其各自的优点。在答题时，首先要结合图片明确药品的几种形态，主要有三种，分别是药片、胶囊和粉药。其次要仔细听录音中对每种药品特点的介绍，如药片和胶囊服用方便

且便于携带，而粉药易于调节药量等。

七、録音を聞いて、_____に適当な言葉を書き入れてください。録音は3回繰り返します。

MP3 8-2-07

🎧✍ 听力原文及答案

　　お友達が①病気や怪我で入院したら、お見舞いに行かないと悪い、と思う方が多いでしょう。ですが、本当にそうなんでしょうか。お見舞いに来られるのがいやだから、入院したことを②秘密にする人もいるぐらいです。時には、行かないほうがいいこともあるんです。大事なのは、相手が③どうしてほしいと思っているかです。病院は④退屈なところですから、ぜひお見舞いに来て話し相手をしてほしいと思っている人もいます。逆に、お見舞いに来られると⑤気を使って疲れてしまうと思っている人もいます。

💡 解析

　　（略）

練習問題

問題一、絵を見て、正しい答えをA、B、Cの中から一つ選んでください。 MP3 8-3-01

1.

（　　）

2.

（　　）

問題二、絵を見て、正しい答えをA、B、C、Dの中から一つ選んでください。 MP3 8-3-02

1.

A

B

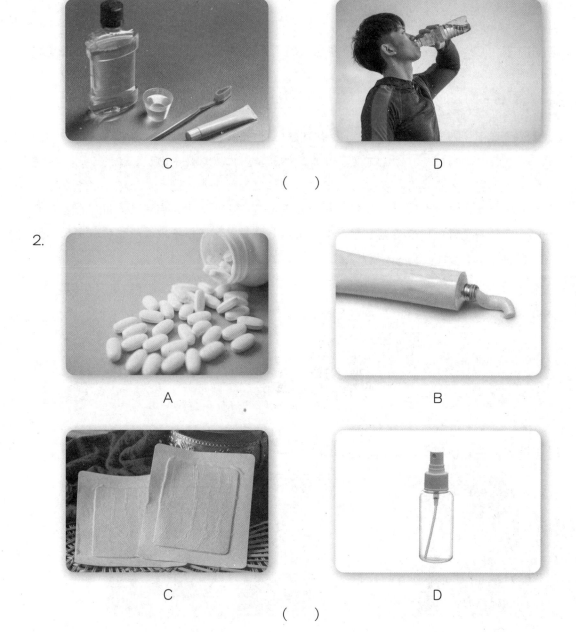

C

D

（　　）

2.

A

B

C

D

（　　）

問題三、会話を聞いて、正しい答えをA、B、C、Dの中から一つ選んでください。 MP3 8-3-03

1.（　　）
  A　シャワーを浴びること
  B　運動すること
  C　お酒を飲むこと
  D　仕事をすること

2.（　　）
  A　今日の午後、山下診療所に行きます。
  B　今日の午後、井上診療所に行きます。
  C　明日の午前、山下診療所に行きます。
  D　明日の午前、井上診療所に行きます。

問題四、次の問題には絵はありません。会話を聞いて、正しい答えを一つ選んでください。

MP3 8-3-04

1. (　　)　　　　　　2. (　　)　　　　　　3. (　　)　　　　　　4. (　　)

問題五、録音を聞いて、次の文を完成してください。録音は3回繰り返します。 MP3 8-3-05

　ストレスは、①＿＿＿＿＿＿＿などの精神的症状や、体のだるさ、熱が出るなど、②＿＿＿＿＿＿な症状の原因になると言われています。しかし、このようにストレスによる病気が多いのは事実ですが、何でもストレスの③＿＿＿＿＿＿のは危険です。ストレスとそれ以外の原因との両方の面から考えて病気に④＿＿＿＿＿＿ことが肝心です。実際には⑤＿＿＿＿＿＿による病気など、原因がほかにある場合もあるからです。

スクリプトと解答

問題一、絵を見て、正しい答えをA、B、Cの中から一つ選んでください。 MP3 8-3-01

🎧 **听力原文**

1. 男の人はどうしましたか。
   A　おなかが痛そうです。
   B　頭が痛そうです。
   C　鼻が痛そうです。
2. 今、どんな天気ですか。
   A　晴れて良さそうな天気です。
   B　寒くて、風が強そうです。
   C　曇っていて、雨が降りそうな天気です。

✍ **答案**

1. A　2. C

問題二、絵を見て、正しい答えをA、B、C、Dの中から一つ選んでください。 MP3 8-3-02

🎧 **听力原文**

1. 男の人が、今日の夜、してはいけないことは何ですか。
   女：どうですか、のどの痛みは？ちょっと口をあけてください。あー、この間はだいぶ腫れていましたが、よくなってきましたね。
   男：はい、おかげさまで楽になりました。熱も下がったし。

女：そうですか。お風呂ももう一晩、我慢しましょう。寝る前のうがいは忘れずにやってくださいね。水分もたっぷり取らないといけませんよ。

男：はい、先生、お酒は？

女：少しだけならかまいませんよ。

男：分かりました。

2. 女の人はどの薬を買いますか。

女：えーと、筋肉痛に効く薬がほしいんですけど。

男：はい。えー、筋肉痛なんですが、塗るのと貼るのと、スプレーの3種類がございますが、どうしましょうか。

女：どれが一番効くんですか。

男：そうですね、一番よく売れるのはスプレータイプですね、やっぱり。

女：それじゃ、それください。

男：はい。少々お待ちください。

答案

1. A　2. D

問題三、会話を聞いて、正しい答えをA、B、C、Dの中から一つ選んでください。MP3 8-3-03

听力原文

1. 医者が患者と話しています。患者が今日できることはどれですか。

女：どうしましたか。

男：昨日から喉が痛くて…。

女：ちょっと診てみましょう。口を開けてください。…ああ、喉が腫れていますね。うーん、風邪ですかね。

男：大丈夫ですか。

女：軽い風邪なので、心配しないでください。今から薬を出します。今晩はシャワーを浴びないでください。それに、運動もしないでくださいね。

男：あのう、お酒は…。

女：あまりよくないですから、今週はやめてください。

男：分かりました。あのう、これから会社に行きたいんですが…。

女：行ってもいいですが、あまり無理しないで、いつもよりちょっと早く帰って休むようにしてくださいね。

男：はい、分かりました。

患者が今日できることはどれですか。

2. 男の人が診療所に電話をかけています。男の人はいつ、どうしますか。

女：はい、山下診療所でございます。

男：あのう、ジョギングをして足を痛めたので、診ていただきたいんですが、いつ行ったらいいですか。

女：今日なら午後6時まで診察できますが…。

男：そうですか。午後はアルバイトがあって難しいので、明日行きたいんですが…。

女：明日は午前中しか空いていませんが…。

男：午後はやっていないんですか。

女：はい、午前中いらっしゃってください。

男：明日の午前もアルバイトでだめなんですが…。

女：ですが、明日の午後は先生が井上診療所のほうへ行っていますので。

男：そうですか、今日の午後行くしかないか。分かりました。じゃ、午後よろしくお願いします。

女：はい。

男の人はいつ、どうしますか。

📝 **答案**

1. D 2. A

問題四、次の問題には絵はありません。会話を聞いて、正しい答えを一つ選んでください。

MP3 8-3-04

🎧 **听力原文**

1. 男の人はお見舞いの品物として、何を持っていきますか。

　　男：山田さん、お見舞いの品物として、鉢植えはだめだそうだけど、どうしてなの？

　　女：鉢植えはね、根付くっていって、ええと、ちょっと難しいなあ。どう説明したらいいのかしら。ああ、根付くっていう言葉はね、花の根が付くという意味でね、「寝る」の「寝付く」と発音が似ているからよ。「寝る」の「寝付く」は、病気が長引いてベッドにずっと寝たままになってしまうっていうような意味になるの。

　　男：へえ。だから、お見舞いにはタブーなんだ。

　　女：うん、果物がいいんじゃないかな。

　　男：うん。花より果物のほうが喜ぶかもね。そうしようか。

　　男の人はお見舞いの品物として、何を持っていきますか。

　　A　鉢植え　　　　　　　　　　B　花束

　　C　果物　　　　　　　　　　　D　飲み物

2. 男の人が今朝元気がない理由は何ですか。

　　男：おはよう。

　　女：おはよう。昨日停電だったね。うち大変だったよ。ご飯食べられなくてさ。

　　男：うん、うちも1時間半も続いたよ。夕食を食べた後だったから、助かったけど。

　　女：ねえ、元気なさそうだけど大丈夫？風邪でも引いたの？昨日は寒かったからね。

男：いや、停電だったし、することもなかったから、ついウイスキーを飲みすぎちゃって。

男の人が今朝元気がない理由は何ですか。

A　ご飯が食べられなかったから　　　　B　風邪を引いたから

C　停電ですることもなかったから　　　D　お酒を飲みすぎたから

3. 男の人はどうして病気になりましたか。

女：顔色が悪いわね、大丈夫？

男：ちょっと頭が痛くて、おかしいな。

女：まだインフルエンザが流行する季節じゃないけど、外に出る時は、ちゃんとマスク
　　をつけたほうがいいわよ。

男：マスクはいつもしてるんだけど、家に帰った時、手洗いとうがいをしなかったから
　　かなあ。

女：ちゃんとウイルスを落とさないとだめよ。

男の人はどうして病気になりましたか。

A　インフルエンザが流行しているから　B　マスクしなかったから

C　手洗いとうがいをしなかったから　　D　悪いものを食べたから

4. 李さんのお母さんはどんな人ですか。

女：鈴木さん、昨日、李さんの誕生日のパーティーに来なかったね。

男：うん、ちょっと用事があって。確か、李さんの家族が今、日本へ来ているんだよ
　　ね。会った？

女：うん、お母さんは痩せていて、元気で、とても優しそうだった。

男：お父さんは？

女：お父さんは太っていて、そうね、静かで、まじめそうだった。

男：へえ。

李さんのお母さんはどんな人ですか。

A　元気で、まじめそうな人です。　　　B　元気で、とても優しそうな人です。

C　静かで、とても優しそうな人です。　D　静かで、まじめそうな人です。

答案

1. C　2. D　3. C　4. B

問題五、録音を聞いて、次の文を完成してください。録音は3回繰り返します。 MP3 8-3-05

听力原文及答案

　　ストレスは、①やる気が出ないなどの精神的症状や、体のだるさ、熱が出るなど、②さ
まざまな症状の原因になると言われています。しかし、このようにストレスによる病気が
多いのは事実ですが、何でもストレスの③せいにするのは危険です。ストレスとそれ以外
の原因との両方の面から考えて病気に④対応することが肝心です。実際には⑤ウイルスに
よる病気など、原因がほかにある場合もあるからです。

情報（伝聞）

9-1 明日雨が降るそうです

聞く前に

まず自分で確認しましょう。録音を聞いて質問に答えてみてください。 MP3 9-1-00

答案范例

1. 明日雨が降るそうです。
   先生が日本へ行くと聞いています。
   弟は来年アメリカへ留学すると言っています。
   明日、日本文法の授業は休講だって。
2. 新聞によると、日本における少子高齢化問題は、ますます深刻な状況になっているそうです。
   今朝のニュースによれば、来週の日曜日に東京で花火大会があるそうです。
   友達の話では、中村さんは昨日彼女と別れたそうです。

一、録音を聞いて、その内容と合っているものに〇を、違うものに×をつけてください。

MP3 9-1-01

听力原文

1. 男：ニュースによると、交通事故が増えてきたそうです。
2. 女：天気予報によると、明日は雪が降るそうです。
3. 男：友達の話では、山田さんと花子さんは結婚したそうです。
4. 女：新聞によると、男性の人口は女性の人口より多いそうです。
5. 男：隣のおばさんから牛肉の値段が上がると聞いています。
6. 女：張さんは喫茶店でアルバイトをしていると言っています。

答案

1. × 　2. 〇 　3. 〇 　4. 〇 　5. 〇 　6. 〇

解析

判断录音内容与图片所示内容是否一致。

- 第2题的录音中说「雪が降る」（下雪），与图片内容一致。
- 第4题的录音中说「男性の人口は女性の人口より多い」（男性的人口数量比女性多），与图片内容一致。
- 第6题的录音中说「喫茶店でアルバイトをしている」（在咖啡馆打工），与图片内容一致。

二、録音を聞いて、その内容と合っている絵を選んでください。 MP3 9-1-02

听力原文

1. 二人は明日の天気のことについて話しています。話の内容と合っているのはどちらですか。

    男：明日の天気はどうですか。

    女：天気予報によれば、午前中はいい天気だそうですよ。

    男：午後は？

    女：午後は雨だけど、夕方には止むと言っていました。

    男：夕方は雨が止むということですね。

    女：ええ、そうです。

2. 結婚祝いのプレゼントはどちらにしますか。

    男：あのう、結婚祝いのプレゼントを探しているんですけど。

    女：結婚祝いですね。では、こちらはいかがでしょうか。

    男：うーん、きれいですけど、やっぱり割れたり、壊れたりしにくいものがいいんですが…。

    女：では、こちらはいかがでしょうか。部屋の空気をきれいにする機能がありますよ。

    男：部屋に緑があるのはいいですね。じゃ、これにします。

3. 日曜日のパーティーに何人来ますか。

    女：日曜日のパーティーは何人来るんですか。

    男：えっと、予定は全部で6人ですね。

    女：あ、そうそう、山田さんは都合が悪くなったそうですよ。

    男：じゃ、山田さんは来られないですね。

    女：ええ。それから、高橋さんはお子さん2人を連れてくるそうです。

    男：あ、そうですか。分かりました。

4. 次の内容は留守番電話のメッセージです。内容と合っているのはどちらですか。

    男：あ、山下です。今日5時半に井上さんと三人で会う約束でしたけど、1時間ぐらい遅れそうです。事故があって、もう30分も電車が駅に止まったままです。それから、さっき連絡があったんですが、井上さんは授業が早く終わったんで、5時には着くそうです。

📝 **答案**

1．B 2．A 3．B 4．A

💡 **解析**

　　根据录音内容选择相应的图片。解题方法是先判断A与B的区别，然后听录音进行辨别。

- 第1题中，女子提到「午前中 はいい天気だ」（上午天气很好），然后又补充说「午後は雨だけど、夕方には止む」（下午下雨，但傍晚会停），由此可以判断天气是由晴朗转为下雨，最后为雨停，故答案为B。

- 第2题中，通过「割れたり、壊れたりしにくいものがいいんですが」（最好是不容易摔碎和损坏的东西）以及「部屋に緑があるのはいいですね」（房间里有绿色植物比较好）这两句话可知，会话中的男子决定不买杯子而是买绿色植物作为礼物了。

- 第3题中，A中有6人，B中有7人。录音中，男子先说参加晚会的「予定は全部で6人です」（预计总共有6人），接下来又说「山田さんは来られない」（山田不能来了），这样除去山田就变成了5人。进而，女子又说「高橋さんはお子さん2人を連れてくる」（高桥还会带两个孩子来），这样一共7人，故答案为B。

三、会話を聞いて、その内容と合っているものを選んでください。 MP3 9-1-03

🎧 **听力原文**

1. 誰が日本へ来ますか。

　　男：小野さんから聞きましたが、来週張さんが日本へ来るそうですよ。

　　女：ああ、そうですか。

　　男：それで、みんなでパーティーをしようと思うんですけど。

　　女：いいですね。じゃ、私が連絡しておきます。キムさんを誘ってもいいですか。

　　男：ええ、お願いします。

2. 会話の授業はどうなりますか。

　　女：ねえ、李さんから聞いたんですけど、水曜日の会話の授業は休講だって。

　　男：ええ。小テストっていうことだったんですが、先生が出張で東京にいらっしゃるそうです。

　　女：へえ、東京にいらっしゃるんですか。

　　男：ええ。日本語学科の松本先生がおっしゃったんです。

　　女：そうですか。じゃ、確実に休講ですね。

3. 女の人はこの後、まず何をしますか。

　　女：今日は、せっかくの休みだけど、ちょっと家事を手伝ってくれない？

　　男：うん、いいよ。最近忙しくてまともに掃除も洗濯もできなかったからな。

　　女：うん。部屋の掃除は後にしようかな。ねえ、八百屋へ野菜を買いに行きたいんだけど。

　　男：それより、洗濯を先にしたほうがいいんじゃない？午後から天気が悪くなるって言ってたよ。

女：そうね。洗濯を急がなきゃ。じゃ、今洗濯をするから、あなたはお皿と茶碗をまず
　　洗っておいてね。

男：はい。

答案

1．A　2．A　3．B

解析

判断录音信息与文字信息是否对应，重点听问题涉及的主要内容。

- 第1题要求判断「日本に来る」（来日本）一词前面的主语是「張さん」（小张）还是「小野さん」（小野）。解题关键句是「小野さんから聞きましたが、来週張さんが日本へ来るそうですよ」（听小野说下周小张来日本），由此可知消息的来源是小野，而来日本的人是小张，故答案为A。

- 第2题要求判断会话课是「休講」（停课）还是进行「小テスト」（小测验）。「休講だって」意为"据说要停课"，「先生が出張で東京にいらっしゃる」意为"老师要去东京出差"。

- 第3题是夫妻二人在谈论做家务。根据会话内容可知，由于「午後から天気が悪くなるって言ってたよ」（据说下午开始天气将变得不好），丈夫建议妻子「洗濯を先にしたほうがいい」（最好先洗衣服）。另外，妻子对丈夫说「じゃ、今洗濯をするから、あなたはお皿と茶碗をまず洗っておいてね」（那么，我现在洗衣服，你先洗盘子和碗），故答案为B。

四、会話を聞いて、例のように書いてください。 MP3 9-1-04

听力原文

例 女：この健康食品って何に役立つんですか。

男：健康な体作りに役立つそうです。つまり、体力を高めるということらしいです。

女：っていいますと？

男：ですから、骨を丈夫にするとか、免疫力を上げるとか。

女：なるほどねえ。

男：目にもいいらしいですよ。目がよく見えるようになるんだって聞きました。

1．女：林さん、お久しぶりですね。

男：久しぶりです。

女：鈴木さんから聞いたんですが、林さんはお父さんのお店で手伝っているそうですね。

男：はい。でも月曜日から金曜日まではちゃんと会社の仕事をしますけど。

女：じゃ、土日はお父さんの店で働くってこと？

男：土曜日は休みますが、日曜日だけは父の店で手伝っているんです。

女：ああ、そうですか。

2．男：新聞によると、最近の若者はあまり車を買わないそうですよ。

女：へえ、そうなんですか。みんな車なしでどうやって過ごしてるんでしょうね。

男：近い場合は自転車だそうですよ。

女：ああ、確かに費用のことを考えると、車自体もかなりお金がかかりますし、駐車料金や保険料もばかになりませんよね。

男：そうですね。自転車なら環境にも優しいですし。

答案

1. お父さんのお店で手伝っている　2. あまり車を買わない

解析

　　听录音中表示传闻内容的相关信息，完成填空题。听录音时，注意听表示传闻的助动词「そうだ」之前的内容。

- 第1题中，当听到「鈴木さんから聞いたんですが」（从铃木那听说了）的时候，就要准备好着重听后面表示传闻的内容，即「林さんはお父さんのお店で手伝っているそうですね」（听说小林你正在你父亲的店里帮忙）。

- 第2题在解题时同样首先需要关注表示信息来源的表达方式，然后着重听传闻的具体内容。本题的解题关键句是「新聞によると、最近の若者はあまり車を買わないそうですよ」（据报纸报道，最近的年轻人不买车）。「ばかになりません」是日语惯用句，意为"不是一笔小数目的钱"。

五、会話を聞いて、例のように書いてください。 MP3 9-1-05

听力原文

例 女の人は次の土曜日に何をしますか。

女：ねえ、今度の土曜日、空いていますか。

男：いや、コンビニのバイトがありますけど。

女：実は、友達とボランティアに行くんですけど、ご一緒にどうかなと思って。

男：ボランティアですか。何をしますか。

女：学校の近くにある公園を掃除するそうです。

男：ああ、昨日の台風で、公園もすっかり様子が変わっちゃったんですよね。

1. 女の人がアルバイトを減らす理由は何ですか。

男：店長から聞いたんだけど、来週からアルバイトを一日減らすんだって？

女：うん。そうなの。

男：期末試験が近づいてるもんね。

女：うん。でも、それより日本語能力試験の準備がね。

男：えっ、今度の日本語能力試験を受けるの？

女：来年、日本に留学するつもりなの。もっと日本語の勉強を頑張らなくちゃ。

男：あ、そっか。頑張ってください。

2. 飛行機はどうして遅れますか。

男：今のアナウンス、何だって？

女：東京の方は、天気が悪いって。

男：じゃ、飛行機遅れるかな。

女：そうね。この前大阪に行った時も、台風で飛行機かなり遅れたわよね。

男：そういえば、今朝の天気予報で、東京はひどい雪になるって言ってたな。

女：そっかあ。

答案

1．日本語能力試験の準備　2．ひどい雪になる

解析

听录音，填写关键信息。解题时先阅读题干信息，对录音内容进行预判。听录音时，集中注意力听取需要填空的内容即可。

- 第1题首先要求明确本题会话的主题是什么。通过问题「女の人がアルバイトを減らす理由は何ですか」（女子减少打工的理由是什么）可得出主题是"女子减少打工的理由"。在明确主题的基础上，着重听具体内容并准确填写即可。

- 第2题的主题是飞机晚点的原因。男子问广播刚才播报的内容，女子回答「東京の方は、天気が悪いって」（东京天气不好）。男子由此想到「今朝の天気予報で、東京はひどい雪になるって言ってた」（今早的天气预报说东京下大雪）。

六、録音を聞いて、絵の内容を完成してください。 MP3 9-1-06

听力原文

アルバイトを募集しています。仕事場はホールと洗い場です。勤務時間は午後5時半から深夜0時までです。時給は1000円ですが、高校生の場合は900円です。食事付きで、制服があります。定休日は毎週の月曜日です。元気でやる気のある方、特に学生さんは大歓迎です。週末だけの勤務もOKです。希望の方はぜひスタッフまでご連絡ください。楽しい職場で一緒に働きましょう。

答案

1．1000　2．900　3．月曜日　4．週末

解析

听录音，填写图片中需要填空的内容。解题前要观察图片，明确听力任务，把握关键信息。

本题图片是招工信息。要仔细观察图片中的已知信息和设问信息，明确解题时需要听取的重点信息。听录音时要特别注意听「勤務時間」（工作时间）、「給与」（工资）等与数字相关的信息以及有关招工信息的补充说明。

七、録音を聞いて、_____に適当な言葉を書き入れてください。録音は3回繰り返します。

MP3 9-1-07

🎧🖊 **听力原文及答案**

　　中国の若者は今どんな生活をし、①どんなことを追い求めているのでしょうか。ある調査によると、18歳から35歳までの中国の若者の②消費ランキングトップ3は、旅行、パソコン・スマホなどの③デジタル家電、ヘルスケアでした。18歳から35歳までの④若者の6割以上が、仕事を選ぶ時に給与・待遇により注目すると答えました。その割合は、36歳から59歳までの層を下回っていました。一方、「⑤就職の機会」や「就職のルート」「昇進の可能性」を考える割合は、36歳から59歳までを大きく上回っていました。

💡 **解析**

　　（略）

9-2 ▶ 喫茶店でアルバイトしているらしいです

聞く前に

まず自分で確認しましょう。録音を聞いて質問に答えてみてください。 MP3 9-2-00

答案范例

1. ①A：小野さん、バイトが減っているようですね。
　　B：大学院の受験勉強 をしているらしいんです。
　②A：中村さん、格好がよくなるようですね。
　　B：彼女ができたらしいんです。
2. 私は日本語があまりできないので、ラーメン屋で皿洗いの仕事をしたいです。
　いろいろな人に出会うことができるので、私はコンビニでアルバイトしたいです。

一、録音を聞いて、その内容と合っているものに○を、違うものに×をつけてください。

MP3 9-2-01

听力原文

1. 女：寒気がします。熱があるようです。
2. 男：お風呂に入りたいです。でも、このお風呂は、お湯が出なくて、壊れているようです。
3. 女：朝の電車は、通勤の人で、かなり込んでいるようですね。
4. 女：この店は行列ができていて、人気があるようです。
5. 男：道路が濡れているね。さっき、雨が降ったようだ。
6. 女：昨日残った料理は腐っているようだ。

答案

1. ○　2. ×　3. ○　4. ○　5. ○　6. ○

解析

　判断录音内容与图片所示内容是否一致。

- 第2题的录音中说「このお風呂は、お湯が出なくて、壊れているようです」（这个浴缸不出热水，好像坏了），与图片内容不一致。
- 第3题的录音中说「朝の電車は、通勤の人で、かなり込んでいるようですね」（早上的电车因为上班的人多好像很拥挤），与图片内容一致。
- 第4题图片中的商店前有很多人在排队，录音中说「この店は行列ができていて、人気があるようです」（这家店排队的人很多，好像很受欢迎），与图片内容一致。

二、会話を聞いて、その内容と合っている絵を選んでください。 MP3 9-2-02

🎧 **听力原文**

1. 二人はどんなシャツを買いますか。

   男：ねえ、ねえ、お母さん、お父さんってどんなシャツが好きだと思う？

   女：そうね。この間、ジーンズに合わせるシャツがほしいって言ってたわね。

   男：ええ？そうなの？色は青と黒、どっちが好きかな？

   女：青はあんまり好きじゃないみたいね。

   男：じゃあ、これにしよう。

2. 男の人はどんなお肉を買いますか。

   女：明日太郎の学校で運動会があるの。太郎がね、クラス代表で100メートルに出るらしいのよ。

   男：さすがだな。

   女：それでね、今日の夕食は、肉料理にしようと思ってるの。だから、散歩の帰りに近くのお肉屋さんで鶏肉でも買ってきてほしいの。

   男：鶏肉よりは牛肉のほうがいいよ。

   女：そうね。じゃあ、しゃぶしゃぶにしよう。

3. 二人はどんなケーキを買いますか。

   女：ねえ、祐輔君。良子さんには、どんなケーキがいいと思う？

   男：そうだな。彼女ってあまりチョコレートの味が好きじゃないみたいだよ。

   女：そっか。私はこのチョコレートケーキがおいしそうに見えるんだけど。やめたほうがいいよね。

   男：そうだね。じゃ、チーズケーキとかどう？

   女：チーズケーキ、いいね。私も大好物よ。じゃあ、これにしよう。

4. 男の人はこれからどの出口を出ますか。

   男：すみません。道に迷ったみたいなんですが…。

   女：どちらに行かれるんですか。

   男：区役所に行きたいんですけれども。

   女：あ、駅で出口を間違えたんですね。区役所は、もう一度駅まで戻って、反対側の北口から出ないとだめなんですよ。

   男：あ、そうなんですか。どうもありがとうございました。

📝 **答案**

1. B　2. B　3. A　4. B

💡 **解析**

　　根据录音内容选择相应的图片。解题方法是先判断A与B的区别，然后听录音进行辨别。

- 第1题中，儿子问母亲「色は青と黒、どっちが好きかな」（蓝的和黑的，爸爸喜欢哪个），母亲回答说

「青はあんまり好きじゃないみたいね」（好像不怎么喜欢蓝的），由此可知应选择黑色的衬衫，故答案为B。

- 第2题中，通过「鶏肉よりは牛肉のほうがいいよ」（牛肉比鸡肉好）这个解题关键句，就可以判断两人决定不买鸡肉而买牛肉，故答案为B。

- 第4题中，A为「南口」，B为「北口」。录音中女子先说「駅で出口を間違えたんですね」（你搞错出站口了啊），接下来又说「区役所は、もう一度駅まで戻って、反対側の北口から出ないとだめなんですよ」（去区政府的话，必须重新返回车站，再从相反一侧的北口出去），故答案为B。

三、会話を聞いて、その内容と合っているものを選んでください。 🅜🄿🄟 9-2-03

🎧 听力原文

1. 駅前のスーパーはどうですか。

　　男：家のすぐ近くのスーパー、倒産したそうよ。

　　女：ええ、そんな。

　　男：駅前のスーパーは大丈夫？

　　女：今のところはうまくいっているようですよ。

2. 二人は今どこにいますか。

　　男：外は暑いけど、中はエアコンがあって、とても涼しいよね。

　　女：だから人が来るのよ。若者のほかにお年寄りもいるね。駅へ行くのに、わざわざ中を通っていく人もいるし。

　　男：そういえば、ここで本を買う人は多くないね。漫画なんか読んだり、スマホでゲームしたりして。

　　女：自分のうちにいるみたいね。

3. 電車が止まった原因は何ですか。

　　男：どうしたの？3時って言ってたのに。

　　女：ごめん、実は電車が途中で止まっちゃって。

　　男：事故でもあったの？

　　女：ううん、ここへ来る途中、川を渡るでしょう。雨で川の水が増えたんで橋を調べていたらしいの。

　　男：ああ、この間、台風で水が溢れて、大変だったところだね。

　　女：そうなの。橋の検査が終わるまで1時間ぐらいかかったのよ。ごめんね。

📝 答案

1. A　2. B　3. B

💡 解析

　　判断录音信息与文字信息是否对应，重点听问题涉及的主要内容。

- 第1题要求判断车站前超市的经营情况，录音中说「今のところはうまくいっているようですよ」（现在好像经营得还不错），故答案为A。

- 第2题的录音中说「ここで本を買う人は多くないね。漫画なんか読んだり、スマホでゲームしたりして」（在这里买书的人不多。大多人在看漫画，或者打手机游戏），由此可以推断两人现在在书店，故答案为B。

- 第3题要求判断电车停运是因为事故还是因为在检查桥梁。听录音时，要着重听相关语句，如「雨で川の水が増えたんで橋を調べていたらしいの」（因为下雨河水上涨，工作人员在检查桥梁）以及「橋の検査が終わるまで1時間ぐらいかかったのよ」（检查桥梁花了1小时左右）。由此可知，电车停运的原因是正在检查桥梁，故答案为B。

四、会話を聞いて、例のように書いてください。 ⏩MP3 9-2-04

🎧 **听力原文**

例 男：あ、すごい音ですね。

　　女：何か大きいものが落ちたようですね。

　　男：隣のうちですよ。ちょっと見てきます。

　　女：何でしたか。

　　男：隣のお祖父さんがリビングルームで滑ってしまったんですよ。

1. 男：山田さん、お体の具合はどうですか。

　　女：ええ、やっと良くなりました。

　　男：1か月も入院していて、家のこと、いろいろ心配だったんじゃないですか。

　　女：それがね、夫は料理をしてくれたし、娘は部屋の掃除、息子は洗濯。みんなで家のことをやって、私がいない間、頑張っていたようです。

　　男：へえ、そうだったんですか。よかったですね。

2. 女：あのう、林さん、よろしいですか。

　　男：はい、どうしました？

　　女：先ほどお客様からご連絡をいただきまして、急いでお客様のうちまで来てほしいと。どうやら、エアコンの故障のようで、風の出るところから水が出てしまったとか。

　　男：そうですか。じゃあ、急いで向かいましょう。

📝 **答案**

1. 女の人がいない間、頑張っていた　2. エアコンの故障

💡 **解析**

　　听录音中表示推测的相关信息，完成填空题。解题时只要着重听表示推测的助动词「ようだ」之前的内容即可。

- 第1题的解题关键句是「みんなで家のことをやって、私がいない間、頑張っていたようです」（我不在的时候，大家好像都很努力地做家务）。

- 第2题的解题关键句是「どうやら、エアコンの故障のようで」（好像是空调坏了）。

五、会話を聞いて、例のように書いてください。 MP3 9-2-05

听力原文

例 友達の恵子さんが来られなくなった理由は何ですか。

男：こんにちは。

女：いらっしゃい。さあ、どうぞ。あれっ、恵子さんは？

男：それがね、今朝電話があって、来られないんだって。

女：え？この間、東京へ出張したって言ってたけど。

男：ああ、もう帰ってきたって。そうじゃなくて、今日は取引先との打ち合わせがあるんだって。

女：そうなんだ。けっこう仕事で忙しいらしいね。

1. 男の人はどうしてアルバイトを断ったのですか。

女：ね、スミスさん、私の友達が娘さんの英会話の先生を探してるんだけど、興味ありますか。

男：英会話ですか。僕、週一回ならできますけど。

女：あ、そう。実は、その娘さん今度留学するんで、まず日常会話の勉強から始めたいらしいの。

男：そうなんですね。僕も留学生だし、日本語を勉強した経験があるから、教える自信はちょっとありますよ。

女：でも週二回やってほしいんだって。

男：うーん。大学の授業やサークル活動が忙しいし、二回はちょっと難しいですね。残念だけど、今回はちょっと…。

2. 男の人はどうして今野球を見ておかないといけないと言っていますか。

男：ねえ、幸子、一緒に野球見に行かない？

女：野球？でも、雨降ってるよ。

男：午後には止むらしいよ。もうすぐ野球のシーズンが終わりだよ。今見ておかないと。東京チームの試合、どう？

女：東京チームの試合？じゃ、田中選手が見られるね。

男：うん、一緒に応援に行こう。

女：うん。じゃあ、晩ご飯の前に会って、一緒にご飯食べてから行こう。

男：分かった。

答案

1. 大学の授業やサークル活動が忙しい
2. もうすぐ野球のシーズンが終わりだ

解析

听录音，填写关键信息。解题时先阅读题干信息，对录音内容进行预判。听录音时，集中注意力听取需

要填空的内容即可。

- 第1题要求判断"拒绝打工的理由"。「大学の授業やサークル活動が忙しいし」（因为大学的课程和小组活动很忙）提示了男子拒绝打工的理由。

- 第2题的会话主题是看棒球。只要听懂「もうすぐ野球のシーズンが終わりだよ。今見ておかないと」（棒球联赛马上要结束了，现在不看的话就……）这句话的意思，就可以得知男子想去看棒球比赛的原因了。

六、録音を聞いて、次の文を完成してください。 MP3 9-2-06

🎧 **听力原文**

希望のアルバイトが見つかった場合、「電話のかけ方」「面接の受け方」などのポイントを確認しなければなりません。それでは、「電話での問い合わせ」から「面接の時のマナー」まで、4つのステップを紹介します。

ステップ1「電話での問い合わせ」

電話から面接は始まっています。言葉遣いに気をつけて、あなたのやる気やいいところを最大限に伝えましょう。

ステップ2「履歴書の書き方」

履歴書は会社の人がまず目にするものなのでとても大事です。丁寧に、よく考えて書きましょう。

ステップ3「面接の準備」

迷わないように地図をチェックしたり、電車の時間を調べておきましょう。そして、余裕をもって準備して、面接を迎えます。

ステップ4「面接の時のマナー」

面接の時、あいさつは自分からするのがマナーです。敬語を使うのはもちろん、話を聞く姿勢も大事なポイントです。

✍ **答案**

1. 電話での問い合わせ
2. 履歴書の書き方
3. 面接の準備
4. 面接の時のマナー

💡 **解析**

听录音，完成填空题。解题前要观察图片，明确听力任务，把握关键信息。

解题时注意听面试时的「4つのステップ」（四个步骤），听取各个步骤的要求和注意事项。当然，本题考查的并不是每个步骤的具体内容，而只需要填写四个步骤的名称即可。

七、録音を聞いて、_____に適当な言葉を書き入れてください。録音は3回繰り返します。

MP3 9-2-07

🎧📝 听力原文及答案

　　アニメや漫画などの日本の①若者文化が、海外の若者にも人気があります。しかし、これはなぜなんでしょう。昔は、②日本らしいイメージが外国の人に珍しがられたこともありました。でも、③最近は違うようです。最近のアニメは、どこの国のものか分からないものが多くなっています。だから、どこの国の若者も抵抗なく好きになれます。近年、日本は④外国文化の影響で、日本らしいところがなくなってきていますよね。グローバル化は漫画にもアニメにも現れています。そういうところが、どうも、⑤人気の秘密みたいなんです。

💡 解析

　　（略）

練習問題

問題一、絵を見て、正しい答えをA、B、Cの中から一つ選んでください。 MP3 9-3-01

1.

（　　）

2.

（　　）

問題二、絵を見て、正しい答えをA、B、C、Dの中から一つ選んでください。 MP3 9-3-02

1.

A

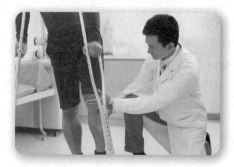

B

C

D

（　）

2.

A

B

C

D

（　）

問題三、録音を聞いて、正しい答えをA、B、C、Dの中から一つ選んでください。 MP3 9-3-03

1.（　）
A　シャツのデザインが違うから
B　ズボンの長さが違うから
C　シャツのサイズが違うから
D　ズボンの色が違うから

2.（　）
A　雰囲気がいいこと
B　給料が高いこと
C　専門を活かせること
D　残業が少ないこと

問題四、次の問題には絵はありません。会話を聞いて、正しい答えを一つ選んでください。　MP3 9-3-04

1. (　　)　　　　　　2. (　　)　　　　　　3. (　　)　　　　　　4. (　　)

問題五、録音を聞いて、次の文を完成してください。録音は3回繰り返します。　MP3 9-3-05

　　夏休みには、定番の①＿＿＿＿＿＿＿＿の求人が増えます。飲食や販売など接客関連のお仕事では、特にいつもより人手がほしい時。例えば、②＿＿＿＿＿＿や③＿＿＿＿＿＿などの飲食関連、④＿＿＿＿＿＿やショッピングモールなどの小売関連、ホテルなどの⑤＿＿＿＿＿＿関連の職種も求人が多くなります。「未経験OK」「⑥＿＿＿＿＿＿」など、働きやすく、お仕事を始めやすい条件の求人もたくさんあります。

スクリプトと解答

問題一、絵を見て、正しい答えをA、B、Cの中から一つ選んでください。　MP3 9-3-01

🎧 **听力原文**

1. 女の人は何のアルバイトをしていますか。
   A　居酒屋でホールの仕事をしています。
   B　スーパーでレジの仕事をしています。
   C　運送屋でドライバーをしています。
2. この雑誌には何の情報が載っていますか。
   A　アルバイトなどの求人情報が載っています。
   B　アパートの情報が載っています。
   C　道路交通情報が載っています。

📝 **答案**

1. B　2. A

問題二、絵を見て、正しい答えをA、B、C、Dの中から一つ選んでください。　MP3 9-3-02

🎧 **听力原文**

1. 正しいのはどれですか。
   男：田中さんが怪我で入院したそうですね。
   女：いいえ、田中さんじゃなくて、奥さんですよ。
   男：あっ、そうですか、足の怪我らしいですね。
   女：いいえ、指ですよ。

男：あっ、そうですか。よく知っていますね。

女：ええ、だって、昨日、お見舞いに行きましたから。

2. 男の人は明日のパーティーに何を持っていくことになりましたか。

女：ね、明日のパーティーに持ち寄るものを決めときたいんだけど。

男：あ、そうだね、何食べるか決まったの？

女：うん、みんなすき焼きがいいって言ってるんだけど、いいかしら。

男：いいよ。じゃ、僕は、肉を持っていこうか。

女：肉は、吉田さんが持ってくるって言ってたから、野菜を、お願いね。重くて悪いけど。

男：OK。酒は？日本酒のもらったのがあるよ。

女：日本酒は女性が飲めないから、もったいないわよ。ワインとビールを、私と山田さんで持っていこうと思っているんだけど、それでどう？

男：分かった。じゃ、そうしよう。

📝 答案

1．C　2．B

問題三、録音を聞いて、正しい答えをA、B、C、Dの中から一つ選んでください。 🎧MP3 9-3-03

🎧 听力原文

1. 息子はどうして着替えなければならないのですか。

女：和夫、これから出かけるの？

男：うん、駅前の中華料理店に行くの。アルバイトが今日からだから。

女：えっ、そんなかっこうで行くの？

男：これでだめかなあ。でも、上は赤いシャツ、下は黒いズボンって言われたよ、店長から。

女：それはいいんだけど、そんなに短いのはだめよ。

男：えっ？膝出しちゃいけないの？

女：もちろんよ。早く着替えたほうがいいわよ。

男：厳しいなあ。でもしょうがないな。

息子はどうして着替えなければならないのですか。

2. 大学生が仕事を選ぶ時、何が一番大切だと思っていますか。

女：大学生が仕事を選ぶ時、何が大切だと思っているでしょうか。ある調査結果によると、会社の雰囲気がもっとも重要だと分かりました。ほかには、給料が高い、自分の専門を活かせることなどの理由もありました。また、残業が少ない会社に勤めたいという意見もたくさんありました。

大学生が仕事を選ぶ時、何が一番大切だと思っていますか。

📝 答案

1．B　2．A

問題四、次の問題には絵はありません。会話を聞いて、正しい答えを一つ選んでください。

MP3 9-3-04

🎧 **听力原文**

1. 女の人はどうして遅刻したんですか。

   男：どうしたの？3時って言ってたのに。

   女：ごめん、実は電車が途中で止まっちゃって。

   男：事故でもあったの？

   女：ううん、ここへ来る途中、川を渡るでしょう。雨で川の水が増えたんで橋を調べていたらしいの。

   男：ああ、この間、台風で水が溢れて、大変だったってところだね。

   女：そうなの。橋の検査が終わるまで1時間ぐらいかかったのよ。ごめんね。

   女の人はどうして遅刻したんですか。

   A　約束の時間を間違えたから

   B　途中で交通事故に遭ったから

   C　橋を調べて、電車が途中で止まったから

   D　台風で水が溢れて、電車が通れなかったから

2. 男の人がアルバイトを断った理由は何ですか。

   女：ね、スミスさん、私の友達が娘さんの英会話の先生を探してるんだけど、興味ありますか。

   男：英会話ですか。僕、週一回ならできますけど。

   女：あ、そう。実は、その娘さん今度留学するんで、まず日常会話の勉強から始めたいらしいの。

   男：そうなんですね。僕も留学生だし、日本語を勉強した経験があるから、教える自信はちょっとありますよ。

   女：でも週二回やってほしいんだって。

   男：うーん。大学の授業やサークル活動が忙しいし、二回はちょっと難しいですね。残念だけど、今回はちょっと。

   男の人がアルバイトを断った理由は何ですか。

   A　留学したいから　　　　　　　B　勉強やサークル活動で忙しいから

   C　教える経験がないから　　　　D　自信がないから

3. 男の人は明日の天気のことをどのようにして知りましたか。

   男：台風の後なのに、また明日も雨が降るそうですよ。

   女：えっ、本当ですか。さっき、田中さんから台風の後は天気がよくなると聞きましたが…。

   男：ええ、普通はそうなんですが、テレビのニュースによると、日本の北と南に高気圧があって、台風はゆっくりとしか動けないそうなんです。

女：だから、雨が多いんですね。こんなに雨が多いと、遊びにも行けませんね。

男：ええ。今年はいつもより雨が多いそうですよ。ラジオで言っていました。

女：へえ、そうですか。

男の人は明日の天気のことをどのようにして知りましたか。

A　田中さんから聞いて知りました。　　B　新聞を読んで知りました。

C　テレビを見て知りました。　　D　ラジオを聞いて知りました。

4. どうして部長はまだ会社に来ていませんか。

男：部長は？

女：昨日会議があったので、一昨日から京都のほうへ出張していますよ。

男：じゃ、今日は？

女：本来は今日から会社へ戻られる予定でしたが、今朝の電話では、「電車の事故があって、次のに乗ることになったから、あと1時間半ぐらい遅れるかもしれない」って言っていました。午後は工場へ行く予定がありますから、また会社からいなくなってしまうようです。

男：そっかあ、分かった。

どうして部長はまだ会社に来ていませんか。

A　出張だから　　B　工場へ行くから

C　次の電車が来るまで待つから　　D　交通事故で怪我をしたから

📝 **答案**

1.　C　2.　B　3.　C　4.　C

問題五、録音を聞いて、次の文を完成してください。録音は3回繰り返します。 🎧 MP3 9-3-05

🎧📝 **听力原文及答案**

　夏休みには、定番の①アルバイトの求人が増えます。飲食や販売など接客関連のお仕事では、特にいつもより人手がほしい時。例えば、②カフェや③レストランなどの飲食関連、④デパートやショッピングモールなどの小売関連、ホテルなどの⑤レジャー関連の職種も求人が多くなります。「未経験OK」「⑥シフト自由」など、働きやすく、お仕事を始めやすい条件の求人もたくさんあります。

できごとの条件

青いボタンを押せばお水が出ます

聞く前に

まず自分で確認しましょう。録音を聞いて質問に答えてみてください。 MP3 10-1-00

答案范例

1. 三人寄れば文殊の知恵（三个臭皮匠顶个诸葛亮）
   噂をすれば影がさす（说曹操，曹操到）
   住めば都（久居则安）
   ちりも積もれば山となる（积少成多）
   犬も歩けば棒に当たる（出门撞运或行事遭灾）
2. ①A ：日本の文化をもっと知るには、どうすればいいと思いますか。
   　B1：もっと日本の映画を見ればいいと思います。
   　B2：日本の小説を読めばいいですよ。
   ②A ：もっと痩せるには、どうすればいいと思いますか。
   　B1：野菜や果物などをたくさん食べればいいですよ。
   　B2：毎日、30分ぐらい早足で歩けばいいですよ。

一、録音を聞いて、その内容と合っているものに○を、違うものに×をつけてください。

MP3 10-1-01

听力原文

1. 男：お水なら、右の青いボタンを押せば出ますよ。
2. 女：新幹線に乗れば、東京から名古屋まで1時間半で行けます。
3. 男：この薬を飲めば、咳が止まります。
4. 女：今、400円しかないですが、このケーキなら、買えます。
5. 男：このロッカーは100円を入れれば、使うことができます。
6. 女：この楽器は難しそうですが、毎日練習すれば、誰でも吹けます。

答案

1. ○ 2. × 3. ○ 4. ○ 5. ○ 6. ×

解析

　　判断录音内容与图片所示内容是否一致。

- 第1题图片中红色按钮处标有「熱湯注意」（注意热水烫手），由此可判断「赤いボタンはお湯で、青いボタンはお水です」（按红键出热水，按蓝键出冷水），图片与录音内容一致。

- 第2题图片中为「飛行機」（飞机），而录音中说的是「新幹線」（新干线），图片与录音内容不一致。

- 第4题图片中与数字相关的信息有「500円」（500日元）、「今日限り100円OFF」（仅限今日优惠100日元），因而今日蛋糕售价为400日元，图片与录音内容一致。

- 第6题图片所示乐器为「ピアノ」（钢琴），弹钢琴的日语说法是「ピアノを弾く」。录音中说「毎日練習すれば、誰でも吹けます」（每天练习的话，谁都能吹），动词「吹く」（吹奏）要和「笛」（笛子）或「トランペット」（小号）等管乐器搭配使用，图片与录音内容不一致。

二、会話を聞いて、その内容と合っている絵を選んでください。 MP3 10-1-02

听力原文

1. 男の人は名前と学部のほかに、何を書く必要がありますか。

　　男：あのう、学生証をなくしてしまったんですが、どうしたらいいでしょうか。

　　女：そうですか。では、再発行の手続きをしますので、この紙にお名前と所属学部を記入していただけますか。

　　男：はい、名前と学部だけ書けばいいんですね。

　　女：ええ、あとは、学籍番号もお書きください。一番下の線にお願いします。

2. 幸子ちゃんにあげるものは何ですか。

　　女：ねえ、あなた、お兄さんの娘の幸子ちゃんがね、4月から大学生になるんですって。

　　男：えっ、幸子ちゃんが、早いね。

　　女：ええ、入学祝い、どんなものをあげたらいいかしら。

　　男：そうだね。女の子だから、ネックレスなんかはどう？

　　女：でも、そういうのは持っていると思うわよ。それに、どんなのが好きか分からないし。

　　男：そうだね。じゃ、図書券は？図書券なら、自分で読みたい本が買えるから。

　　女：うん、そうしよう。

3. プレゼントは、どっちにしますか。

　　女：もうすぐ恵美ちゃんの誕生日ですね。プレゼントは何がいいかしら？ずっと楽しみにしてるみたいですよ。恵美ちゃんは。

　　男：あの子、動物が好きだよね。あれはどう？踊るパンダさん。

　　女：踊るパンダって？

男：ほら、台の上に立っていて、電源を入れると、踊り出すパンダのおもちゃだよ。歌を歌いながら踊るものもあるんだよ。

女：いいわね。動かないぬいぐるみより動くもののほうが小さい子にはいいかもね。

4. 今日のお風呂で使うものはどっちですか。

女：はい、今日のお風呂、これを使ってね。

男：へえ、これ、今、テレビのCMでやってる新商品だよね。

女：ええ、ちょっと嗅いでみて。いい香りでしょう。これね、果物の香りがするものもお花の香りがするものもあるんだって。

男：へえ。いいね。

女：これを使うと、髪の毛の汚れがきれいに落とせるのよ。

男：じゃ、これが一本あれば、毎日のお風呂が楽しみだね。

答案

1. A　2. B　3. A　4. B

解析

根据录音内容选择相应的图片。解题方法是先判断A与B的区别，然后听录音进行辨别。

- 第1题的录音中男子问「名前と学部だけ書けばいいんですね」（只要写名字和院系就可以了吧），对方回复「ええ、あとは、学籍番号もお書きください」（是的，还要写上学号），故答案为A。
- 第3题中，A是站在台子上的熊猫，B是熊猫玩偶。录音中说「動かないぬいぐるみより動くもののほうが小さい子にはいいかもね」，故答案为A。
- 第4题中，解题关键词是「髪の毛」（头发），A为「洗顔料」（洗面奶），B为「シャンプー」（洗发水），故答案为B。

三、会話を聞いて、その内容と合っているものを選んでください。 MP3 10-1-03

听力原文

1. 女の人はこれからどうしますか。

女：もっと痩せたいんですが、どうすればいいですか。

男：そうですね。甘いものを食べなければ、痩せられますよ。

女：そうですか。頑張ってみます。

2. 寝る前にどうすればすぐ寝られますか。

男：最近、寝つきが悪くて、夜なかなか眠れないんですよ。何かいい方法はありませんか。

女：ああ、それなら、寝る前に、温かい牛乳をいっぱい飲めば、すぐ寝られますよ。

男：温かい牛乳ですか。僕は牛乳なら、いつも冷たいのを飲んでいますけど。

3. 山田さんはどんなことを期待していますか。

男：赤ちゃん、いつの予定ですか。

女：来月です。

男：山田さんのお子さんだから、きっと頭のいい子が生まれるでしょうね。

女：いいえ、そんなことはありませんよ。ただ、無事に生まれてくれれば、どんな子でもいいと思っているんですよ。

答案

1. B　2. A　3. A

解析

判断录音信息与文字信息是否对应，重点听问题涉及的主要内容。

- 第1题要求判断动词「食べる」（吃）的形态。录音中说「甘いものを食べなければ」（只要不吃甜的东西），是否定含义，故答案为B。

- 第2题要求判断「牛乳」（牛奶）前面的定语是「温かい」（热的）还是「冷たい」（凉的）。虽然录音中这两个意思相反的形容词都出现了，但结合会话主题，说话人关注的是如何能够一个良好的睡眠。「寝る前に、温かい牛乳をいっぱい飲めば、すぐ寝られますよ」意为"睡觉前，喝一杯热牛奶，就能马上入睡"。「冷たい」（凉的）一词则在「僕は牛乳なら、いつも冷たいのを飲んでいますけど」（牛奶的话，我一般都是喝凉的）这句话中出现，所以「冷たい」不符合"如何能快速入睡"这一问题，故答案为A。

四、会話を聞いて、例のように書いてください。 MP3 10-1-04

听力原文

例 女：ええと、3時頃新宿駅に着きますが、着いたらどうすればいいんですか。

男：新宿に着いたら、2番の出口を出て、右にまっすぐ行ってください。

女：2番の出口を右にですね。

男：ええ、「まぐろ」というおすし屋が見えたら、こちらに電話してください。迎えに行きますから。

1. 女：ねえねえ、聞きましたか。総務課の田中さん、昨日、会社を辞めたらしいですよ。

男：ええ、来月結婚するみたいですね、田中さんは。結婚したら、アメリカへ行くと言っていましたよ。ご主人は今、海外で仕事しているそうです。

女：ああ、それで、仕事を辞めたんですか。

2. 男：今回のゼミ発表の準備なんですが、まず、皆さんそれぞれ図書館で必要な資料を集めてきてください。

女：資料の収集が終わったら、どうしますか。

男：そうですね。資料が集まったら、パソコンにそのテーマとキーワードを入力して保存してください。

答案

1. 辞めました　海外　結婚　アメリカ
2. テーマ　キーワード　入力

解析

　　听录音中有关人物动作先后顺序的信息，完成填空题。「たら」的前后都是动作动词时，表示两个动作的先后顺序，本题以该用法为主进行练习。

- 第1题的会话主要围绕着动作的先后顺序展开。录音中先后出现的动词及词组主要有「結婚する」（结婚）、「アメリカへ行く」（去美国）、「仕事を辞める」（辞职）。

- 第2题的会话涉及动作发生的场所及顺序等信息。「必要な資料を集めてくる」意为"收集所需的资料"。「資料が集まったら、パソコンにそのテーマとキーワードを入力して保存してください」意为"收集完资料后，把题目和关键词输入并保存到电脑里"。

五、それぞれ何の話をしていますか。会話を聞いて、例のように書いてください。 MP3 10-1-05

听力原文

例 女：李さん、昨日教えてもらった中国のスマホ決済の方法ですが、さっそく使ってみました。本当にすごく便利だった！

男：でしょう。ほとんどどこでも使えますよ。お店だけではなく、バスや電車に乗るときもこのアプリだけで済みますよ。

女：いちいち現金を払わなくても、スマホがあれば支払いができるのは、ほんとに便利！

男：ええ。僕は現金を触ったのは何年前のことかな。今はスマホでお店のQRコードを読み取ると、支払いができるんですね。

女：そうなんですね。外国人の私もこれから財布を使わなくなるかもね。

1. 男：お母さん、ここに大きいボタンがあるよ。このボタン、何？押してもいい？

女：あ、それは今はまだ押さない。そのボタンはね、「呼び出しボタン」というの。お店のお姉さんを呼ぶ時に押すのよ。食べたいものを決めたらね。

男：へえー、これを押せば、お姉さんが来てくれるんだ。じゃ、僕、オムライスに決めた。お母さんは？

女：そうね。じゃ、お母さんは、野菜サンドにするわ。

男：じゃ、僕、押すね。

2. 女：すみません。このコピー機の使い方が分からないんですが、ちょっと教えていただけませんか。

男：はい。まず、このスイッチを入れてください。

女：この「ON」というボタンですね。

男：これを押すと、電源が入ります。それから、ここに原稿を置いて、スタートボタンを押すと、コピーができますよ。

女：よく分かりました。ありがとうございます。

答案

1. 呼び出しボタン　お店のお姉さん
2. コピー機の使い方　ON　コピーができます

解析

　　听录音，填写关键信息。解题时先阅读题干信息，对录音内容进行预判。听录音时，集中注意力听取需要填空的内容即可。

- 第1题围绕着「呼び出しボタン」（呼叫按钮）展开。录音中提到「これを押せば、お姉さんが来てくれるんだ」（只要按下这个按钮，店员姐姐就会过来）。

六、録音を聞いて、絵の内容を完成してください。MP3 10-1-06

听力原文

　　奈良を観光する時、皆さんは電車やバス、または自家用車のどちらを利用しますか。最近の調査によると、奈良公園を訪れた人のうち、電車やバスを利用する人が29.3％で、自家用車を使う人よりも7％多いことが分かりました。奈良公園の周りには東大寺や春日神社など、有名な観光スポットがたくさんあります。電車やバスを利用すれば、「渋滞」や「駐車場探し」などに時間を費やすことなく、より楽しく、より多くのスポットを回ることができます。

答案

1. 29.3　2. 自家用車

解析

　　听录音，填写图片中需要填空的内容。解题前要观察图片，明确听力任务，把握关键信息。

　　本题图片是有关旅游观光时所用的交通工具的调查结果。要仔细观察图片中的已知信息和设问信息，明确解题时需要听取的重点信息。本题在解题时要特别注意听「電車やバスの利用者」（乘坐电车、公交车的人）的百分比和「22.3％」所对应的信息。根据录音中「電車やバスを利用する人が29.3％で、自家用車を使う人よりも7％多い」（乘坐电车、公交车的人占29.3％，比使用私家车的人多7％）这句话，即可完成填空。

七、録音を聞いて、＿＿＿に適当な言葉を書き入れてください。録音は3回繰り返します。
MP3 10-1-07

听力原文及答案

　　私のおばあさんは今年90歳で、まだまだ元気です。いつもにこにこしていて、怒ったりしたことは一度もありません。毎朝、①5時になると、必ず起きて庭をゆっくりと20分ぐらい散歩します。②6時になったら、朝ご飯を食べます。毎日の食事はいつも同じ時間に取ります。そして、いつも、食事をしながら「③納豆を食べたら病気にかかりませんよ」と

か「ご飯を食べないと、元気が出ませんよ」とか「野菜をたくさん食べれば、④お肌がき
れいになるよ」とかいろいろ⑤独り言を言っています。

💡 **解析**

　　（略）

10-2 この道をまっすぐ行くとコンビニがあります

聞く前に

まず自分で確認しましょう。録音を聞いて質問に答えてみてください。 MP3 10-2-00

答案范例

1. この橋を渡ってまっすぐ行くと左側に郵便局が見えます。
   一番目の角を右に曲がってください。
2. チャンスがあったら、日本へ行ってみたいです。
   明日天気がよければ、一緒に野球をしませんか。
   お忙しければ、またあとでお伺いします。

一、録音を聞いて、その内容と合っている絵の下にA～Fの番号を書いてください。 MP3 10-2-01

听力原文

A 時間になると、大きい音が出ます。これがあれば、早起きができます。

B これを見たら、一時、車を止めなければなりません。止まらないと、交通違反になります。

C 料理をする時に使うものです。これを入れると、料理の味がすっぱくなります。

D 字が小さくて、はっきり見えない時に使うものです。これを使ったら、小さい字でも大きく見えます。

E 夏の暑い時に使うものです。ボタンを押すと冷たい風が出ます。

F 電車や地下鉄でよく見かけます。この席はお年寄りや体の不自由な人などがよく利用します。

答案

1. B 2. D 3. C 4. E 5. F 6. A

解析

　　选择与录音内容一致的图片。

- 录音A中的解题关键信息为「時間になると」（一到时间）、「早起きができます」（能早起）等，由此可判断本题要求选择与时间、睡眠有关系的事物，故答案为图片6「目覚まし時計」（闹钟）。

- 录音B中的解题关键信息为「これを見たら、一時、車を止めなければなりません」（一看到它就必须暂时停车）、「交通違反になります」（违反交通法规）等，由此可判断本题要求选择与交通标识有关的图片，故答案为图片1。

- 录音C中提到「料理をする時に使うものです」（烹饪时使用的东西）、「これを入れると、料理の味がすっぱくなります」（放了这个东西后，菜肴的味道会变酸），故答案为图片3「酢」（醋）。

- 录音D中提到了两个形容词「小さい」（小的）和「大きい」（大的），以及关键句「字が小さくて、はっきり見えない時に使うものです」（在字太小、看不清楚时使用的东西），故答案为图片2。

二、会話を聞いて、その内容と合っている絵を選んでください。 MP3 10-2-02

🎧 听力原文

1. 女の人が忘れたものは何ですか。
　　男：それでは、こちらに、お名前とご住所、お電話番号を書いてください。
　　女：はい、携帯の番号でもいいですか。
　　男：ええ、大丈夫ですよ。
　　女：ええと、あれ、うまく書けないわ。私ね、あれがないと、よく見えないのよ。今日、持ってくるのを忘れてしまった。
　　男：では、私が代わりに書きましょうか。

2. 男の人が乗る乗り物はどっちですか。
　　男：あ、もうこんな時間！午後1時にお客さんと会うことになっているのに。どうしよう。
　　女：この時間なら、道は空いていると思うよ。タクシーで行ったら？
　　男：うん。タクシーで行けば、間に合うかも。ここ、地下鉄の駅から遠いし。

3. 男の人は何が大事だと言っていますか。
　　男：純子、これ、いつも大事に持っててね。なくなると大変だよ。
　　女：はいはい、分かってます。これをなくしたら、日本へ帰れなくなるんでしょ。
　　男：いや、そんなことはないけど、でも、外国を旅行するなら、これがないと、いろいろ大変だよ。これ、お金よりも大切だからね。

4. 武君が将来、やりたい仕事はどちらですか。
　　女：はい、次は武君です。武君は将来、どんな仕事をしたいですか。
　　男：はい、将来は政治や法律を勉強して、人々を守る仕事をしたいと思っています。また、車を運転して町の安全を守る仕事や困っている人を助ける仕事がしたいです。そうすれば、みんなが安心して暮らせると考えています。

✏ 答案

1. B 2. B 3. A 4. A

💡 解析

　　根据录音内容选择相应的图片。解题方法是先判断A与B的区别，然后听录音进行辨别。

- 第1题中，A是手机，B是眼镜。因为录音中提到「携帯の番号でもいいですか」（可以写手机号码吗），所以A是一个干扰项。而从后文出现的「あれがないと、よく見えないのよ」（没有它我看不清）可以判断说话人提及的物品是与能否看清有关的，由此可知女子忘带的是眼镜，故答案为B。
- 第2题中，「タクシーで行ったら」（那乘出租车去啊）中的句型「～たら（どう）」（做……如何呢）是向他人提建议时常使用的说法，而「うん。タクシーで行けば、間に合うかも」（嗯，乘出租车的话可

能来得及）则表示听话人接受对方的建议。之后男子还给出了接受这一建议的理由，即「ここ、地下鉄の駅から遠いし」（这里离地铁站也很远），故答案为B。

- 第3题中，A是护照，B是日元。录音中说「外国を旅行するなら、これがないと、いろいろ大変だよ」（在国外旅游，没有这个可就麻烦了），并补充说「これ、お金よりも大切だからね」（这个比钱还要重要），故答案为A。

三、会話を聞いて、その内容と合っているものを選んでください。 MP3 10-2-03

🎧 听力原文

1. 男の人はこれからどうしますか。
   女：中村さんのスマホ、使いやすそうでいいね。
   男：そうだね。自分も買うなら、あんなのがほしいなあ。
   女：えっ、買うの？一つ持っているじゃない？
   男：いや、買うならの話ですよ。今持っているのは電池の減りがはやいんだ。

2. 明日の昼食はどこで取りますか。
   女：はい、以上が明日の遠足についての説明です。ほかに何か質問がありますか。
   男：先生、明日のお昼なんですが、上野公園を出るのは午前11時半ですよね。昼食はどうしますか。食べてからスカイツリーに向かいますか。
   女：そうですね。スカイツリーまでは20分ぐらいで行けるので、向こうに着いたらにしましょう。いいですね。明日はスカイツリーに着いてから、お弁当を食べてください。

3. 食事会の時間はどうなりましたか。
   女：田中さん、ゼミの食事会は来週の金曜日でいいですか。
   男：あー、実は僕、来週の金曜日はちょっと都合が悪いんです。再来週の金曜ならいいんですけど。
   女：そうですか。じゃ、皆さんと相談してから決めるので、決まったら、メールしますね。

✍️ 答案

1. B 2. B 3. B

💡 解析

判断录音信息与文字信息是否对应，重点听问题涉及的主要内容。

- 第1题要求判断男子是否决定要买「スマホ」（智能手机）。录音中说「自分も買うなら、あんなのがほしいなあ」（要是我买的话，我就想要一个那种的），表达了购买的愿望，但是当对方再次问他是否要购买时，他回答道「いや、買うならの話ですよ」（不，我是说我要是买的话）。该句表达的语意为"如果我真的要买的话"，所以我们无从得知说话人是否已经决定要购买，故答案为B。
- 第2题要求判断「昼食を取る」（吃午餐）的场所，所以在听录音时要特别注意听与地点相关的信息。

录音中提到「明日<ruby>明日<rt>あした</rt></ruby>はスカイツリーに<ruby>着<rt>つ</rt></ruby>いてから、お<ruby>弁当<rt>べんとう</rt></ruby>を<ruby>食<rt>た</rt></ruby>べてください」（明天我们在到达晴空塔之后，再吃盒饭），故答案为B。

- 第3题要求判断「<ruby>食事会<rt>しょくじかい</rt></ruby>の<ruby>時間<rt>じかん</rt></ruby>」（聚餐时间）。录音中男子说「<ruby>再来週<rt>さらいしゅう</rt></ruby>の<ruby>金曜<rt>きんよう</rt></ruby>ならいいんですけど」（如果是大下周的周五，我有时间），对于这一提议，女子提出「じゃ、<ruby>皆<rt>みな</rt></ruby>さんと<ruby>相談<rt>そうだん</rt></ruby>してから<ruby>決<rt>き</rt></ruby>めるので、<ruby>決<rt>き</rt></ruby>めたら、メールしますね」（那么我和大家商量一下再决定，决定之后给你发邮件）。句型「～たら」表示目前该动作还没有发生，由此可知聚餐的时间还没有最终决定，故答案为B。

四、会話を聞いて、例のように書いてください。 🎧 MP3 10-2-04

🎧 **听力原文**

例）女：李さん遅いですね。もう7時50分ですよ。あと15分で映画が始まっちゃいますよ。

男：そうですね。8時まで待ってもまだ来なかったら、先に行きましょう。

女：ええ、そうしましょう。

1. 女：図書館の会議室は学生でも利用できると聞いていますが、本当ですか。

男：ええ、利用できますが、一週間前までに電話で予約しなければいけないようですよ。

女：なるほど。一週間前までに予約すればいいんですね。インターネットでの予約もできるんですか。

男：はい、ネット予約も可能で、四日前までに手続きをすれば間に合いますよ。

女：そうなんですか。じゃ、早速ネットで申し込んでみます。

2. 男：先生、作文、今週中に出さなければいけませんか。

女：そうですねえ。今週中にできなければ、来週の月曜でもいいですよ。ただし、来週の月曜に出すなら、教室ではなく、研究室のほうに持ってきてください。

男：はい、分かりました。何時ごろ行けばよろしいでしょうか。

女：そうですね。月曜は一日中研究室にいますので、空いている時間なら、何時でもいいですよ。部屋にいなかったら、郵便受けに入れてくれればいいですよ。

📝 **答案**

1. 予約　一週間前まで　四日前までに
2. 来週の月曜日　研究室　郵便受けに入れれ

💡 **解析**

本題各会話中都使用了表示假設或條件的句型，要求準確理解會話中的相關信息，結合題幹信息完成填空題。

- 第1题的会话主要围绕着「<ruby>図書館<rt>としょかん</rt></ruby>の<ruby>会議室<rt>かいぎしつ</rt></ruby>」（图书馆的会议室）展开。题干中出现了「<ruby>電話<rt>でんわ</rt></ruby>での<ruby>予約<rt>よやく</rt></ruby>」（电话预约）和「ネット<ruby>予約<rt>よやく</rt></ruby>」（网上预约）这两条重点信息，听录音时要着重听与它们相关的内容。
- 第2题的会话主要围绕着提交作文的时间和地点展开。对时间的要求是「<ruby>今週中<rt>こんしゅうちゅう</rt></ruby>にできなければ、<ruby>来週<rt>らいしゅう</rt></ruby>

の月曜^{げつよう}でもいいですよ」（如果本周内无法提交，下周一交也可以），对地点的要求是「来 週^{らいしゅう}の月曜^{げつよう}に出^だすなら、教室^{きょうしつ}ではなく、研究室^{けんきゅうしつ}のほうに持^もってきてください」（下周一提交的话，不要带到教室，而是要交到研究室去）。除此之外，录音中还补充说「部屋^{へや}にいなかったら、郵便受^{ゆうびんう}けに入^いれてくれればいいですよ」（如果我不在房间内，将作文放到信箱里即可）。

五、会話を聞いて、例のように書いてください。 MP3 10-2-05

听力原文

例 卒業パーティーの司会はどのように決めましたか。

女：どうしましょうか。卒業パーティーの司会、鈴木さんにやってもらおうか。

男：どうかな。嫌がるかもしれないよ。鈴木さんは。

女：そうですか。でも、本人に聞かないと分からないから、とりあえず、鈴木さんに聞いてみて、だめだったら、林さんに頼みましょうか。

1. 二人はこれからどのように帰りますか。

男：急いでいきましょう。終電は11時半ですよ。

女：でも、今から急いで行っても間に合わないですよ。あと、10分しかないでしょう。

男：とりあえず行って、もし終電に乗れなかったら、タクシーで帰りましょう。

2. 留学生が市民会館に入るには、どうすればいいですか。

女：学校の近くに新しい市民会館ができたんです。中には、スポーツセンターもありますよ。

男：そうですか。いいですね。そこは留学生も入れますか。

女：ええ、学生証を見せれば、入れると思いますよ。

答案

1. 終電　タクシーで帰ります　2. 学生証を見せれば

解析

听录音，填写关键信息。解题时先阅读题干信息，对录音内容进行预判。听录音时，集中注意力听取需要填空的内容即可。

- 第1题是问乘坐何种交通工具回家。录音中说「もし 終電^{しゅうでん} に乗^のれなかったら、タクシーで帰^{かえ}りましょう」（如果坐不上末班车，我们就打车回去吧）。

- 第2题中的主要信息在题干中已经有所体现，再结合录音中出现的「学生証^{がくせいしょう}を見^みせれば、入^{はい}れると思^{おも}いますよ」（出示学生证就可以进）这一信息，即可完成填空。

六、正しい場所はどこですか。会話を聞いて、例のように〇の中に番号を書き入れてください。 🎧 MP3 10-2-06

🎧 听力原文

例 女：すみません。この辺にコンビニはありますか。

男：コンビニですか…あそこに郵便局が見えるでしょう。

女：ああ、あれ。

男：あの郵便局のところを右に曲がって、まっすぐ行ってください。

女：右に曲がって…まっすぐ…。

男：ええ、まっすぐ行くと突き当りにありますよ。

女：まっすぐ行って…突き当りですね。

男：はい。

女：分かりました。ありがとうございました。

1. 女：すみません。あのう、さくら銀行へはどう行けばいいんですか。

男：さくら銀行ですか。ええと、この道をね、まっすぐ行って、二つ目の信号のところを右に曲がってください。

女：二つ目の信号を、右ですね。

男：ええ。それからしばらく行くと、右側に大きいデパートがあるんですけど、さくら銀行はその隣ですよ。

女：デパートの隣ですね。

男：ええ。

女：分かりました。どうもご親切に。

2. 女：あのう、すみません。

男：はい。

女：この辺に映画館は…。

男：あ、ありますよ。この道をね、まっすぐ行って、三つ目の信号の所を左に曲がってください。

女：三つ目の信号を左ですね。

男：はい。それからまたまっすぐ行くと、大きい本屋さんがあるんですけどね。

女：ええ。

男：その本屋さんのところを、ええと、今度は右に曲がって、少し行くと花屋さんがあるんです。その花屋の隣ですよ。

女：本屋さんのところを右ですね。どうもありがとうございました。

答案

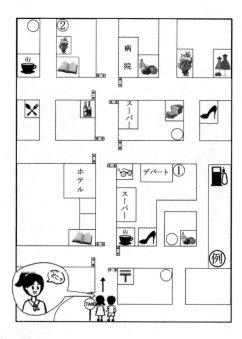

解析

　　听录音，填写图片中需要填空的内容。解题前要观察图片，明确听力任务，把握关键信息。

　　本题图片是一张简易路线图，要仔细观察图片中的已知信息和设问信息，明确解题时需要听取的重点信息。本题在解题时要特别注意听与问路和指路相关的表述，如「道をまっすぐ行く」（顺着路一直走）、「二つ目の信号のところを右に曲がってください」（在第二个红绿灯处向右拐）等。在处理这种地图类听力任务时，当录音中出现表示方向的"左"或"右"时，均要以图中人物的行进方向为基准来判断方向。

七、録音を聞いて、＿＿＿＿に適当な言葉を書き入れてください。録音は3回繰り返します。

MP3 10-2-07

听力原文及答案

　　私は文化大学の留学生です。今、①アルバイトを探しています。大学の授業は毎日9時から12時半までなので、午後しか働けません。できれば②日本語を使う機会の多い仕事をしたいと思っています。例えば、イベントスタッフとか、コンビニの店員とか。そういった仕事なら日本人同士の会話を聞いたり、自分も日本語を話したりすることができるからいいと思います。それに、③食品関係の仕事なら、店で食事が出たり、余った商品を④安く買ったりすることができると聞いたことがあります。⑤もし本当なら、一石二鳥です。

解析

　　（略）

練習問題

問題一、絵を見て、正しい答えをA、B、Cの中から一つ選んでください。 MP3 10-3-01

1.

（　　）

2.

（　　）

問題二、絵を見て、正しい答えをA、B、C、Dの中から一つ選んでください。 MP3 10-3-02

1.

A

B

C

D

（　　）

2.

申込用紙	申込用紙
・名前： ・住所： ・日付： 　　　　　　　○○市民図書館	・名前： ・学校： ・電話番号： 　　　　　　　○○市民図書館
A	B
申込用紙	申込用紙
・日付： ・学校： ・電話番号： 　　　　　　　○○市民図書館	・名前： ・住所： ・電話番号： 　　　　　　　○○市民図書館
C	D

（　　）

問題三、会話を聞いて、正しい答えをA、B、C、Dの中から一つ選んでください。 ⓂⓅ3 10-3-03

1.（　　）
A　コピー室に行って、ノートを探すこと
B　コピー室にノートを持っていくこと
C　会議室でノートを探すこと
D　会議室に電話をかけること

2.（　　）
A　10部　　　　　　B　20部　　　　　　C　30部　　　　　　D　40部

問題四、次の問題には絵はありません。会話を聞いて、正しい答えを一つ選んでください。

ⓂⓅ3 10-3-04

1.（　　）　　　　　　2.（　　）　　　　　　3.（　　）　　　　　　4.（　　）

問題五、録音を聞いて、次の文を完成してください。録音は3回繰り返します。 ⓂⓅ3 10-3-05

　朝が苦手で、いつも①＿＿＿＿＿＿＿人がいっぱいいます。そういう時、②＿＿＿＿＿＿便利です。自分の起きたい時間に③＿＿＿＿＿＿、時間になったら、ベルが鳴ったり音楽が流れたりして、起こしてくれます。でも、多くの人は目覚まし時計が鳴ったら、うるさいと思って、すぐ停止ボタンを押して、音楽やベルを止めてしまいます。そこで、一つ④＿＿＿＿＿＿。夜

寝る前に、目覚まし時計をベッドから遠いところに置く方法です。そうしたら、うるさいと思っても、一度起きて⑤＿＿＿＿＿のので、朝の⑥＿＿＿＿＿には効くそうです。

スクリプトと解答

問題一、絵を見て、正しい答えをA、B、Cの中から一つ選んでください。 MP3 10-3-01

🎧 听力原文

1. 正しい説明はどれですか。
   A　この薬を使ったら、かゆみが止まります。
   B　この薬を使ったら、かゆみがひどくなります。
   C　この薬を使ったら、かゆみが出ます。
2. 正しい説明はどれですか。
   A　この信号が青になると、自転車が止まります。
   B　この信号が青になると、自動車が走ります。
   C　この信号が青になると、歩行者が渡ります。

✍ 答案

1. A　2. C

問題二、絵を見て、正しい答えをA、B、C、Dの中から一つ選んでください。 MP3 10-3-02

🎧 听力原文

1. 女の人と男の人が話しています。どの交通機関を利用しますか。
   女：皆さん、タクシーで行きませんか。
   男：でも、タクシーは高いでしょう。バスで行きましょうよ。
   女：4人で一緒に乗ればタクシーのほうが安いですよ。
   男：あ、そうか。じゃ、そうしようか。
2. 二人が話しています。市民図書館で本を借りる時、どの用紙を使いますか。
   男：あのう、すみません。本を借りたいんですが、何か許可証が要るんですか。
   女：いいえ。住所と名前と電話番号を申込用紙に書いて出せば借りられますよ。簡単ですよ。
   男：はい、じゃ、このように書けばいいんですね。

✍ 答案

1. A　2. D

問題三、会話を聞いて、正しい答えをA、B、C、Dの中から一つ選んでください。 MP3 10-3-03

🎧 **听力原文**

1. 男の人と女の人が電話で話しています。女の人はこの後、すぐ何をしなければなりませんか。

女：はい、ABC商社でございます。

男：もしもし、山田だけど。

女：あ、課長。

男：僕の机の上に、青いノートある？

女：青いノートですか…。いいえ、ありませんが…。

男：あ、やっぱり、コピー室に忘れてしまったかなあ。悪いけど、ちょっとコピー室に行って、ノートがあるかどうか、見てきてくれる？

女：はい。

男：で、あったら、すぐ会議室に持ってきてくれるかな。

女：はい、分かりました。

男：もしなかったら、会議室に電話してくれる？

女：かしこまりました。少々お待ちください。

女の人はこの後、すぐ何をしなければなりませんか。

2. 男の人と女の人が話しています。女の人はコピーを何部用意しますか。

女：部長、このコピーは何部用意すればよろしいでしょうか。

男：そうだね。明日の会議は会社側は20人で、お客さんは10人来ると言ってるよね。

女：ええ、そうです。出席者は全部で30人です。

男：じゃ、それより10部多くコピーしておいてくれる？企画部も何人か参加してくれるかもしれないから。

女：分かりました。

女の人はコピーを何部用意しますか。

📝 **答案**

1. A 2. D

問題四、次の問題には絵はありません。会話を聞いて、正しい答えを一つ選んでください。

MP3 10-3-04

🎧 **听力原文**

1. 男の子とお母さんが話しています。大きいボタンは何のために使いますか。

男：お母さん、ここに大きいボタンがあるよ。このボタン、何？押してもいい？

女：あ、それは今はまだ押さない。そのボタンはね、「呼び出しボタン」というの。お店のお姉さんを呼ぶ時に押すのよ。食べたいものを決めたらね。

男：へえー、これを押せば、お姉さんが来てくれるんだ。じゃ、僕、オムライスに決めた。お母さんは？

女：そうね。じゃ、お母さんは、野菜サンドにするわ。

男：じゃ、僕、押すね。

大きいボタンは何のために使いますか。

A　レストランの店員を呼ぶため　　　B　コンビニの店員を呼ぶため

C　病院の看護師を呼ぶため　　　　　D　レストランのコックさんを呼ぶため

2. 先生は遠足について説明しています。明日の昼ご飯はどうしますか。

女：はい、以上が明日の遠足についての説明です。ほかに何か質問ありますか。

男：先生、明日のお昼なんですが、上野公園を出るのは午前11時半ですよね。昼食はどうしますか。食べてからスカイツリーに向かいますか。

女：そうですね。スカイツリーまでは20分ぐらいで行けるので、向こうに着いたらにしましょう。いいですね。明日はスカイツリーに着いてから、お弁当を食べてください。

明日の昼ご飯はどうしますか。

A　上野公園の中で弁当を食べます。

B　上野公園の近くで食べます。

C　スカイツリーに着いてから、レストランで食べます。

D　スカイツリーに着いてから、弁当を食べます。

3. 女の人はいつ先生と会うことにしましたか。

女：先生、ちょっとご相談したいことがあるんですが…。

男：ええと、相談って、何の話？

女：実は、卒業後の進路のことなんです。来年大学を卒業したら、どうしたらいいのか分からなくて、ちょっと困っているんです。

男：あ、そうですか。じゃ、今、ちょっと、忙しいので、明日の午前中に、もう一度研究室に来てください。

女：あ、すみません。午前中は、11時まで試験があるので、試験の後でもよろしいでしょうか。

男：それなら、試験の後、午後の1時半に来てください。

女：はい、分かりました。お願いします。

女の人はいつ先生と会うことにしましたか。

A　明日の午前11時です。　　　　B　明日の午後1時半です。

C　今日の午前11時です。　　　　D　今日の午後1時半です。

4. 二人は今どこにいますか。

女：この部屋がいいわ。南向きだし、ベランダがついているし。

男：あ、本当だ。洗濯物がよく乾きそうだね。でも、家賃がちょっとね。

女：一か月、4万5千円、高いわね。もう少し安ければ…。

男：それに、ここ、学校から遠いでしょう。

二人は今どこにいますか。

A 八百屋です。 B クリーニング屋です。

C 不動産屋です。 D 学校です。

答案

1. A 2. D 3. B 4. C

問題五、録音を聞いて、次の文を完成してください。録音は3回繰り返します。 MP3 10-3-05

听力原文及答案

　朝が苦手で、いつも①起きられない人がいっぱいいます。そういう時、②目覚し時計があれば便利です。自分の起きたい時間に③セットしておけば、時間になったら、ベルが鳴ったり音楽が流れたりして、起こしてくれます。でも、多くの人は目覚まし時計が鳴ったら、うるさいと思って、すぐ停止ボタンを押して、音楽やベルを止めてしまいます。そこで、一つ④いい方法があります。夜寝る前に、目覚まし時計をベッドから遠いところに置く方法です。そうしたら、うるさいと思っても、一度起きて⑤止めなければならないので、朝の⑥寝坊を防ぐのには効くそうです。

第11課

話題の前提設定

11-1 冬の楽しみなら、温泉です

聞く前に

まず自分で確認しましょう。録音を聞いて質問に答えてみてください。 MP3 11-1-00

答案范例

1. 冬の旅行なら、温泉がお勧めです。

アルバイトなら、コンビニの店員がいいですよ。

ダイエットをしたいなら、毎日運動をしたほうがいいですよ。

2. 京都にある観光スポット：金閣寺　清水寺

東京にある観光スポット：スカイツリー　浅草　浅草寺

大阪にある観光スポット：大阪城

奈良にある観光スポット：東大寺

一、録音を聞いて、その内容と合っている絵の下にA〜Fの番号を書いてください。 MP3 11-1-01

听力原文

A　家を探すなら、ここへ行けばいいです。

B　車のことなら、ここに電話すればいいです。

C　保険のことなら、ここに任せてください。

D　パソコンを買うなら、ここへ行けばいいです。

E　小包を出すなら、ここへ行くといいです。

F　旅行の相談なら、ここへ行けばいいです。

答案

1. F　2. A　3. B　4. E　5. D　6. C

解析

　　选择与录音内容一致的图片。解题时要依据录音内容中提示的话题条件来判断应该去哪个地方。解答本题需要学生掌握一些日本社会的常识。

- 录音A中的解题关键信息为「家_{いえ}を探_{さが}すなら」（要找房源的话），故答案为图片2。「不動産_{ふどうさん}」意为"房地产"。
- 录音B中的解题关键信息为「車_{くるま}のことなら」（购车的话），与汽车相关的图片只有图片3。
- 录音C中的解题关键信息为「保険_{ほけん}のこと」（买保险的话），故答案为图片6。
- 录音D中的解题关键信息为「パソコンを買_かうなら」（买电脑的话），故答案为图片5。

二、会話を聞いて、その内容と合っている絵を選んでください。 🎵 11-1-02

🎧 **听力原文**

1. お正月の旅行について、女の人はどっちを勧めていますか。

   男：今度のお正月、どこかへ旅行に行きたいんですが…。

   女：お正月ですか。お正月の旅行なら、やっぱり海南島がいいと思いますね。海が青くてきれいですし、暖かいですし。

   男：確かにそうですね。東北地方の雪まつりより海辺でバーベキューしたりするほうが楽しいかもしれませんね。

2. 紅葉を見るなら、どっちがいいですか。

   女：もうすぐ秋ですね。今年は紅葉を見たいんですが、どこかいい所がありますか。

   男：紅葉ですか。紅葉なら、奈良公園がいいですよ。奈良公園へ行けば、長い時間楽しむことができますよ。

   女：奈良公園ですか。

   男：ええ、鹿がたくさんいる有名な公園ですよ。周りに東大寺や正倉院などの有名な観光スポットがいっぱいあるし。

3. 桜を見るなら、どっちがいいですか。

   女：もう春ですね。春といえばお花見ですよね。京都には、どこか桜の名所がありますか。

   男：桜ですか。桜なら、嵐山がお勧めですよ。そこへ行けば夜桜も楽しむことができますよ。夜桜のライトアップは大変ロマンチックで美しいですよ。

4. 今度の冬休みに行きたいのはどっちですか。

   女：日本って、いいですね。春は桜、秋は紅葉、季節の楽しみがそれぞれありますね。冬の楽しみは何でしょうか。

   男：冬の楽しみなら、やっぱりスキーか温泉でしょうね。今度の冬休み、一緒に温泉に行きましょうか。

   女：温泉ですか。いいですね。ぜひ行きたいです。

📝 **答案**

1. B 2. A 3. A 4. B

解析

根据录音内容选择相应的图片。解题方法是先判断A与B的区别，然后听录音进行辨别。

- 第1题中，A是雪景，B是蓝天碧海。录音中说「やっぱり海南島がいいと思いますね。海が青くてきれいですし、暖かいですし」（还好是去海南岛好啊，那里既有蔚蓝的大海，天气也暖和），故答案为B。

- 第2题中，「紅葉なら、奈良公園がいいですよ」（赏红叶的话，奈良公园不错）中指出一个关键信息「紅葉」（红叶）。而两幅图中都有"红叶"，但录音中说奈良公园的特点是「鹿がたくさんいる有名な公園ですよ」（就是有很多鹿的那个很出名的公园），故答案为A。

- 第3题中，A是夜晚的樱花，B是白天的花田。录音中的解题关键句是「夜桜も楽しむことができますよ」（那里可以欣赏到夜晚的樱花）。除此之外，录音中还说「夜桜のライトアップは大変ロマンチックで美しいですよ」（夜间的樱花打上灯光之后，特别浪漫漂亮）。

三、会話を聞いて、その内容と合っているものを選んでください。 MP3 11-1-03

听力原文

1. 王さんは何を注文しますか。

   女：王さんはお刺身、食べられますか。

   男：お刺身はちょっと…。でも、てんぷらなら食べられます。

   女：そうですか。じゃ、てんぷらを注文しましょう。

2. いつ映画を見に行きますか。

   女：今度の土曜日、映画を見に行きませんか。

   男：土曜日はちょっと…。日曜日なら行けるんですが…。

   女：日曜ですか。午前中はバイトがあるので、だめですけど、午後なら大丈夫です。

   男：じゃ、日曜の午後、例のところでね。

3. 男の人はどんな料理を作ることができますか。

   女：望くんは何か料理が作れますか。

   男：そうですね。簡単な料理なら作れます。

   女：簡単な料理って？チャーハンとか？

   男：いや、チャーハンはちょっと…。味噌汁ぐらいですね。

答案

1. A 2. A 3. B

解析

判断录音信息与文字信息是否对应，重点听问题涉及的主要内容。

- 第1题要求判断小王是点了「てんぷら」（天妇罗）还是「刺身」（生鱼片）。解题关键句是「お刺身はちょっと…。でも、てんぷらなら食べられます」（生鱼片的话，我吃不来，但可以吃天妇罗）和「じゃ、てんぷらを注文しましょう」（那么我们就点天妇罗吧），故答案为A。在听录音时要特别注意听「じゃ」等表示最终决定的表述。另外，如「お刺身はちょっと」这样的「名词＋ちょっと」的形式多

表示对该名词持否定态度。

- 第3题要求判断男子能做「チャーハン」（炒饭）还是「味噌汁」（大酱汤）。录音中说「チャーハンはちょっと…。味噌汁ぐらいですね」（炒饭我不会做，也就能做个大酱汤之类的），故答案为B。

四、会話を聞いて、例のように書いてください。　MP3 11-1-04

🎧 听力原文

例　女：田中さん、電気製品を安く買いたいんですが、どこがいいですか。

男：そうですね。安い電気製品を買いたいなら、秋葉原がいいですよ。電気屋さんがたくさんあって、いろいろ選べますよ。

女：秋葉原ですね。分かりました。どうもありがとうございました。

1. 女：学校の近くにBOOK太郎という大きなお店ができたんですが、そこは本屋さんですか。

男：ええ、古い本を売るお店ですが、小説や漫画などがいっぱいあって、とても安く買えますよ。

女：古い本を安く買えるお店ですか。

男：ええ、それから、もし自分の読まなくなった本や要らない本があったら、そのお店に持っていくと、買ってくれますよ。

女：へえ、本当ですか。自分の要らない本を買ってくれるんですか。いいですね。

2. 女：すみません。雑誌でアルバイトの広告を見て電話をしたんですが…。

男：はい。学生さんですか。

女：ええ、そうです。あのう、その仕事は「楽器の演奏」って書いてありますが。

男：はい、ホテルのホールで楽器の演奏をする仕事です。ピアノとかバイオリンとかの演奏ですけど。

女：そうですか。バイオリンなら弾けますが、ピアノはちょっと…。

男：バイオリンが弾けるんですね。じゃ、ぜひいらしてください。

✎ 答案

1. 小説　漫画　読まなくなった　要らない
2. ホテルのホール　ピアノ　バイオリン　バイオリン　ピアノ

💡 解析

　　本题各会话中都使用了表示假设或条件的句型，要求准确理解会话中相关信息，结合题干信息完成填空题。

- 第1题主要围绕着「BOOK太郎という大きなお店」（BOOK太郎这家大型书店）展开。参考题干「古い本が安く買えます」（能买到便宜的二手书）和「自分の要らない本を買ってくれるんですか」（收购自己不需要的图书）这两条信息，并重点听录音中与此相关的内容，即可完成填空。

- 第2题主要围绕着打工的工作内容展开。招工广告中写有「楽器の演奏」（演奏乐器），男子进一步说明

是「ホテルのホールで楽器の演奏をする仕事です」（在宾馆大堂演奏乐器的工作），并问女子是否会弹钢琴或拉小提琴。前来应聘的女子表示「バイオリンなら弾けますが、ピアノはちょっと…」（会拉小提琴，可是不会弹钢琴）。

五、結婚についてのインタビューです。それぞれどう思っていますか。会話を聞いて、例のように書いてください。 MP3 11-1-05

🎧 **听力原文**

例 女：すみません。

男：はい、何ですか。

女：あのう、日本人の結婚観について調査をしているんですけれど、ご協力いただけますか。

男：あ、はい。

女：ありがとうございます。ええと、結婚するなら、何歳までにしたいと思いますか。

男：そうですね。35歳ぐらいまでにはしたいと思いますね。

1. 男：あのう、ちょっとよろしいですか。

女：はい、何でしょうか。

男：日本人の結婚観のアンケートをしています。ご協力いただけますか。

女：いいですよ。

男：ありがとうございます。では、結婚するなら、どんな人がいいですか。

女：結婚ですか。ええと、それは、やっぱり親切で思いやりのある人がいいと思いますね。一緒にいると安心感を与えてくれますから。

2. 女：すみません。今、お時間よろしいですか。

男：はい、いいですよ。

女：あのう、日本人の結婚観について、アンケート調査をしているんですが…。

男：はい。

女：ええと、最近、結婚をしない日本人が多くいるんですが、これについてどう思いますか。

男：いや、人それぞれで別にいいんじゃないですか。ただ、私は結婚したいですよ。だって、若いうちはいいですけど、ずっと一人だと、寂しいでしょう。

📝 **答案**

1. 親切で思いやりのある人がいい　2. 結婚したい

💡 **解析**

　　听录音，填写关键信息。本题会话围绕与结婚相关的话题展开。解题时先阅读题干信息，对录音内容进行预判。听录音时，集中注意力听取需要填空的内容即可。

- 第1题要求听对结婚对象的要求。要注意听表达个人观点的部分，如「やっぱり親切で思いやりのある人

がいいと思いますね」（我认为最好是待人热情、体贴他人的人）。

- 第2题要求听有关结婚意愿的内容。录音中出现了表示个人愿望的句型「～たい」，「私は結婚したいですよ」（我想结婚）是该题的解题关键句，表达了说话人的观点。

六、録音を聞いて、次の文を完成してください。 MP3 11-1-06

听力原文

　皆さんは日本で火事に遭ったり病気になったりしたことがありますか。困った時に知っておくと便利な電話番号をご存知ですか。例えば、一人で病気になって、困ったら119番に掛ければ、助けてもらえますよ。火事の時にも119番に掛けるんです。泥棒に入られたりしたら、110番に、お店の電話番号を知りたければ、104番に掛けるといいです。また、177番に掛ければ、今の時間や天気予報などを教えてくれます。

答案

1. 119番　2. 110番　3. 177番

解析

　听录音，完成填空题。解题前要阅读题干信息，明确听力任务，把握关键信息。

　本题是一张电话号码查询表，要仔细观察表中的已知信息和设问信息，明确解题时需要听取的重点信息。在解题时要特别注意听在不同情况下，应该拨打哪些电话号码，如「一人で病気になって、困ったら」（一个人生病或有困难的时候）和「火事の時」（发生火灾的时候），要「119番に掛けるんです」（拨打119）。表中的单词「救急車」意为"救护车"。表中的已知信息「盗難」（盗窃），对应录音中「泥棒に入られたりしたら」（如果有小偷进来的话）这句话。听录音时只要听清假设会发生的各种情况以及该情况下应拨打的电话号码，即可完成填空。

七、録音を聞いて、_____に適当な言葉を書き入れてください。録音は3回繰り返します。

MP3 11-1-07

听力原文及答案

　皆さんは日本を旅行したことがありますか。日本は細長い島国で、一年中、①どの季節に来ても楽しめます。桜を見るなら春ですが、紅葉を見るなら秋がいいですよ。②お寺や神社を見るなら、関西の京都や奈良を回ったらいいと思います。京都には、清水寺、金閣寺、銀閣寺などの有名な③観光名所がたくさんあります。奈良の東大寺は大仏が有名で、毎年多くの観光客が訪れています。買い物や④遊園地で楽しみたいなら、東京がお勧めです。浅草寺やスカイツリーなどの⑤人気スポットは全部東京にあります。他には、温泉やお祭りなど、いろいろな⑥旅の楽しみがありますが、もし日本に来たら、ぜひ楽しんでください。

解析

　（略）

11-2 窓を開けたら、富士山が見えました

聞く前に

まず自分で確認しましょう。録音を聞いて質問に答えてみてください。 MP3 11-2-00

答案范例

1. もうすぐ試験だから、よく復習したほうがいいですよ。しっかり勉強しないと合格できませんよ。
   バスの中で電話しないほうがいいですよ。こんな大きな声で電話したら、隣の人に迷惑をかけますよ。
2. 早寝早起きすれば健康な体が作れます。
   野菜や果物をたくさん食べたらいいです。
   夜更かしばかりをすると体を壊すことになりますよ。あまり夜更かしをしないほうがいいです。

一、録音を聞いて、その内容と合っている絵の下にA～Fの番号を書いてください。 MP3 11-2-01

听力原文

A　車を運転するなら、これを飲んではいけませんよ。

B　コーヒーを甘くしたいなら、これを少し入れればいいです。

C　知らない単語の意味を調べるなら、これを使えばいいです。

D　部屋の温度を知りたいなら、これで測れば分かります。

E　重さを知りたいなら、これで量れば分かります。

F　長さを知りたいなら、これで測れば分かります。

答案

1. E　2. F　3. A　4. B　5. D　6. C

解析

　　选择与录音内容一致的图片。解题时要听清录音中假设的前提条件，结合图片进行判断。

- 录音A中的解题关键信息为「車を運転するなら」（要是开车的话），结合后半句「飲んではいけません」（不可以喝），可得出答案为图片3。
- 录音B中的解题关键信息为「甘くしたいなら」（如果想弄甜一点的话）和「入れれば」（放入……的话），由此可以判断出应放些与甜度有关的东西在咖啡里，故答案为图片4。
- 录音C中的解题关键信息为「知らない単語の意味を調べるなら」（查不认识的单词的话），故答案为图片6。

- 录音D、E、F中，各有不同的关键信息。「部屋の温度」「重さ」「長さ」分别意为"房间的温度""重量""长度"，各题录音的后半句中都出现了动词「はかる」，意为"测量"。动词「はかる」的日语汉字会因测量对象不同而各不相同。观察图片，可以判断出与D一致的是图片5，与E一致的是图片1，与F一致的是图片2。

二、会話を聞いて、その内容と合っている絵を選んでください。 🎧 11-2-02

🎧 听力原文

1. 女の人はどっちがいいと言っていますか。

女：あのう、来週、友達が東京へ来るので、二人でいろいろ回ってみたいんですが、東京を回るなら、どんな切符がいいですか。

男：そうですね。一日でたくさん回りたいなら、一日乗車券を買うといいですよ。

女：「一日乗車券」って？

男：ああ、地下鉄や電車に乗る乗車券のことです。それを使えば一日に何度でも乗り降りすることができますね。

女：へえ、使いやすそうですね。

男：ええ、東京メトロだけを使うなら600円ですね。900円のは東京メトロと都営地下鉄の両方が乗れます。

女：そうですね。900円のほうがもっと多くのところへ行けるからいいですね。

2. 女の人がたくさん飲んだほうがいいものはどっちですか。

女：ねえ、あなた、今日、健康診断をしてきたわよ。

男：うん、どうだった？去年は確か、血圧がちょっと高かったよな。

女：ええ、今回は血圧は大丈夫なんだけど、ちょっと、骨がね、カルシウム不足だって言われたの。

男：じゃ、これをたくさん飲めばいいでしょう。

女：そう、あと、チーズとか、ヨーグルトなどを食べるといいとお医者さんが言っていたわ。

3. 女の人が忘れたものはどっちですか。

女：よし、できた。ハワイ旅行の準備、これで全部終わりました。

男：荷物、全部入れた？傘も入れた？

女：ええ、傘も帽子も全部入れました。あと、日焼け止めのクリームも2本入れておきました。

男：うん。ああ、そうだ。あれ、入れたの？向こうはまぶしいから、かけないと目がきついよ。

女：あ、忘れていました。今、すぐ入れます。

4. 二人は何を探していますか。

女：あった、あった。ここなら大丈夫でしょう。

男：ああ、やっと見つかった。この辺りで、ここだけだよな。自転車の止められる場所。オートバイなららいっぱいあるんだけどね。

女：やっぱりこの町、坂が多いから、自転車はきついよね。

答案

1. B　2. B　3. A　4. B

解析

　　根据录音内容选择相应的图片。解题方法是先判断A与B的区别，然后听录音进行辨别。

- 第1题中，A的价格为成人600日元，B的价格为成人900日元。解题关键句是「900円のほうがもっと多くのところへ行けるからいいですね」（900日元的票能去更多地方，真好啊），故答案为B。

- 第2题中，「これをたくさん飲めばいいでしょう」（多喝这个就可以啊）是一种向对方提出建议的表达方式。观察图片可以发现，只有B图中的牛奶才可以「飲む」（喝）。另外录音中还说「あと、チーズとか、ヨーグルトなどを食べるといいとお医者さんが言っていたわ」（另外，医生说还可以吃奶酪或喝酸奶），结合前文提到的「カルシウム不足」（缺钙），故答案为B。

- 第4题中的两幅图都是停车场的指示牌，A是「オートバイ専用」（摩托车专用）的「駐車場」（停车场），而B是「自転車、原付バイク」（自行车、电动自行车）使用的「駐輪場」（自行车停车场）。录音中说「ああ、やっと見つかった。この辺りで、ここだけだよな。自転車の止められる場所。オートバイならいっぱいあるんだけどね」（啊，终于找到了！这附近也就只有这地方能停自行车了。要是摩托车的话，倒是有很多停车场），由此可以判断他们要找的是能停自行车的地方。后句又补充说这里自行车停车场少的原因是「やっぱりこの町、坂が多いから、自転車はきついよね」（这个小镇坡路太多，骑自行车太累），故答案为B。

三、会話を聞いて、その内容と合っているものを選んでください。 🎧 MP3 11-2-03

听力原文

1. 女：武君、サッカーの試合は今週の土曜日だよね。楽しみにしてるよ。

   男：うん。それが、実は、今度のサッカーの試合なんだけど。出ないことにしたんだ。

   女：えっ、本当？武君が出ないなら、応援に行くのはやめにするわ。

   男：うん、ごめんね…最近怪我をしてて、まだ完全に治ってないんだ。

   女：それは残念ね。ゆっくり治して、次の試合で頑張ってね。応援してるから。

2. 男：駅前の電気屋さん、明日から、開店セールをやるそうですよ。

   女：へえ、じゃ、安かったら、テレビ、新しいのを買いましょうよ。家のは古くて、きれいに映らないもの。

   男：そうだね。新しいテレビで、ワールドカップを見たいね。よし、明日、行ってみようか。それで、安かったら、買いましょう。

3. 男：良子、このセーター、どうしたの？ずいぶん、短くなったよね。

   女：そうなのよ。昨日、洗濯機で洗ったら、こんなに縮んじゃったの。

   男：それは縮みますよ。セーターはやっぱり、クリーニングに出さなくちゃ。

答案

1. B　2. B　3. A

解析

　　判断录音信息与文字信息是否对应，重点听问题涉及的主要内容。

- 第1题要求判断女子去不去加油。录音中男子先说「今度のサッカーの試合なんだけど。出ないことにしたんだ」（这次的足球赛，我决定不参加了），之后女子说「武君が出ないなら、応援に行くのはやめにするわ」（既然你不参加了，那我也不去加油了）。此处「なら」表达的是一种事实关系，可译为"既然"，是以确定的事实为前提条件从而提出自己的决定或判断。

- 第2题要求判断因果关系的真实性，要求判断是「安いから買おうと考えている」（因为便宜，我考虑买），还是「安ければ買おうと考えている」（如果便宜，我考虑买）。录音中说「安かったら、テレビ、新しいのを買いましょう」（如果便宜就买台新电视吧），其中「たら」表示假设，即"如果……"。「安ければ」和「安かったら」可以互换使用。

- 第3题要求判断是「このセーターを洗ったので、縮んだ」（这件毛衣洗过后缩水了），还是「このセーターは洗ったら縮むので、洗わなかった」（这件毛衣洗了的话会缩水，所以没有洗），即"洗毛衣"这一动作是事实还是假设。录音中说「昨日、洗濯機で洗ったら、こんなに縮んじゃったの」（昨天我用洗衣机洗了这件毛衣，结果缩水了），此处使用的「たら」可以用于叙述已经发生的事实，表示出现了某种令人意外的结果等。

四、次は町の皆さんにインタビューした「最近うれしかったこと」の内容です。録音を聞いて、例のように書いてください。 MP3 11-2-04

听力原文

例 女：私、先週の土曜日に、バスに乗ったら、高校時代のクラスメートに会ったんです。20年ぶりの再会なので、大変うれしかったです。

1. 男：先週、家族4人で、旅行に行ってきました。小さくて古い旅館に泊まったんですが、部屋に入って窓を開けたら富士山が見えました。家族の喜んだ顔を見て、大変うれしかったです。

2. 女：先月から、毎日40分ぐらいジョギングをすることにしています。一か月走ると、5キロも痩せました。昔の着られなくなった服がまた着られるようになって、大変うれしかったです。

答案

1. 富士山が見えました　家族の喜んだ顔を見た
2. 5キロも痩せました　着られるようになった

解析

　　本题录音内容都是在叙述已经发生的事。「たら」或「と」可用于表示说话人一种意外的语气，后半句一般要用过去时。本题要求准确理解录音中的相关信息，结合题干信息完成填空题。

- 第1题要理清因果关系。首先是「部屋に入って窓を開けたら富士山が見えました」（进入房间打开窗户后，发现能看见富士山），之后为「家族の喜んだ顔を見て、大変うれしかったです」（看到家人开心的样子，自己也很高兴）。

- 第2题中，「一か月走ると、5キロも痩せました」（跑了一个月后，〈没想到〉瘦了5公斤）这句话表述了一个事实，其结果是「昔の着られなくなった服がまた着られるようになって」（过去穿不上的衣服，现在又能穿上了），而这件事情令女子很高兴。

五、会話を聞いて、例のように書いてください。 MP3 11-2-05

🎧 **听力原文**

例 女：田中さんは、太陽電機の藤田さんという方に会ったことがありますか。

男：いいえ、電話でだったら、一度話したことがありますけど。仕事の相談で。

女：ああ、そうですか。実は、先週、新商品の展示会で初めて藤田さんとお会いしたんですよ。いろいろお話をしたんですが、とても親切な方でした。

1. 女：林さん、どうしたんですか。困った顔をして。

男：本当に困ったなあ。僕、また電車に忘れ物をしてきちゃった。今日で、今月三回目だよ。今回は部活のかばんなんだ。

女：えっ、今月三回目ですか。

男：そうなんだよ。僕は電車に乗ると、2、3分したら、必ず、眠ってしまうんだよ。今日も、目が覚めたら、もう駅に着いていたんだ。それで急いで電車を飛び降りたんだ。

女：ああ、それで、また電車に忘れ物をしたんですか。

2. 女：見て見て、これ、うちの「リサ」ちゃんの写真ですよ。

男：へえ、真っ白でかわいいワンちゃんですね。

女：そうでしょう。すごく頭がいいの。「リサ」ちゃんは。テレビを見るのが大好きみたいで、好きな番組の時間になると、いつも静かに待つんですよ。テレビの前で。

男：へえ、そうなんですか。

女：そう、そして、その番組が終わったら、また、すぐ部屋に戻っちゃうんです。

✏️ **答案**

1. 眠ってしまう　部活　三回
2. 真っ白で　テレビの前　部屋に戻ってしまう／戻っちゃう

💡 **解析**

听录音，填写关键信息。解题前要先阅读题干信息，明确听力任务，把握关键信息。

- 第1题需要听取的关键信息共有三处，分别为「電車に乗る」（乘坐电车）之后的习惯行为、「忘れ物」（遗忘的物品）、遗忘东西的次数。「部活」意为"社团活动"。

- 第2题要求听的关键信息已经在题干中有所体现，解题关键词是「番組」（节目）。录音中出现了「好き

な番組の時間になると、いつも静かに待つんですよ。テレビの前で」（一有它喜欢的电视节目，它就会一直静候在电视机前），以及「その番組が終わったら、また、すぐ部屋に戻っちゃうんです」（节目结束后，它就会马上回到房间）等信息，结合题干信息按照时间顺序对这些信息进行梳理，即可完成填空题。

六、録音を聞いて、絵の内容を完成してください。 _{MP3} 11-2-06

🎧 听力原文

これは路線情報の乗り換え案内の検索画面です。使い方は簡単ですよ。まず、出発と到着の入力欄に駅の名前などを入力します。それから、日時のところから、出発の日付や時刻などを指定します。カレンダーのマークをクリックすると、カレンダーが表示されますので、そこから日付の指定もできます。利用したい乗り物は一番下のところにチェックを入れて選びます。どんな乗り物がいいか分からない時は、全てにチェックを入れてもいいですよ。そのあと、検索のところをクリックすればいいです。

それでは、例えば、5月6日の朝9時半ごろ、東京駅から出発して、鎌倉に行きたい時は、どこに何を入力すればいいでしょうか。また、日時の指定はどのようにしたらいいでしょうか。

📝 答案

1. 東京駅　2. 鎌倉　3. 5　6　4. 9　30

💡 解析

听录音，填写图片中需要填空的内容。解题前要观察图片，明确听力任务，把握关键信息。

本题图片是搜索乘车路线的操作界面。要仔细观察图片中的已知信息和设问信息，明确解题时需要听取的重点信息。在解题时要特别注意与搜索方法相关的表述。如「まず、出発と到着の入力欄に駅の名前などを入力します」（首先在出发和到达栏中输入车站的名称）、「日時のところから、出発の日付や時刻などを指定します」（在「日時」那个地方指定出发的日期和时刻）、「利用したい乗り物は一番下のところにチェックを入れて選びます」（在最下方打钩选择想使用的交通工具）。

七、録音を聞いて、＿＿＿＿に適当な言葉を書き入れてください。録音は3回繰り返します。

_{MP3} 11-2-07

🎧📝 听力原文及答案

子どもにもっと励ましの言葉をかけたらどうでしょうか。子どもの成長を応援するには積極的なメッセージが大切です。もちろん「早く起きないと①学校に遅れるよ」とか、「歯は3分間しっかりと磨かないと②虫歯になるよ」とか、「そんなに近くでテレビを見ると、目が悪くなるよ」のような注意も必要ですが、「もうちょっと練習すれば、きっと上手になるよ」とか、「もっと③牛乳を飲めば体が大きくなるよ」とか、「④一生懸命頑張れば、夢が叶うよ」のような励ましの言葉のほうが子どもたちのモチベーションを高めた

りすることができます。⑤ポジティブな力で子どもたちの成長を応援しましょう。

💡 **解析**

（略）

練習問題

問題一、絵を見て、正しい答えをA、B、Cの中から一つ選んでください。 🎵 11-3-01

1.

（　　）

2.
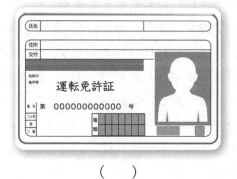
（　　）

問題二、絵を見て、正しい答えをA、B、C、Dの中から一つ選んでください。 🎵 11-3-02

1.
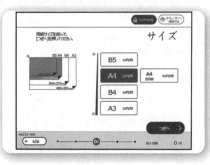
A

B

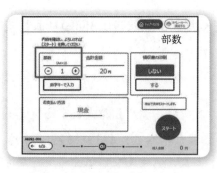
C

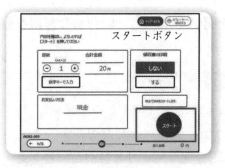
D

（　　）

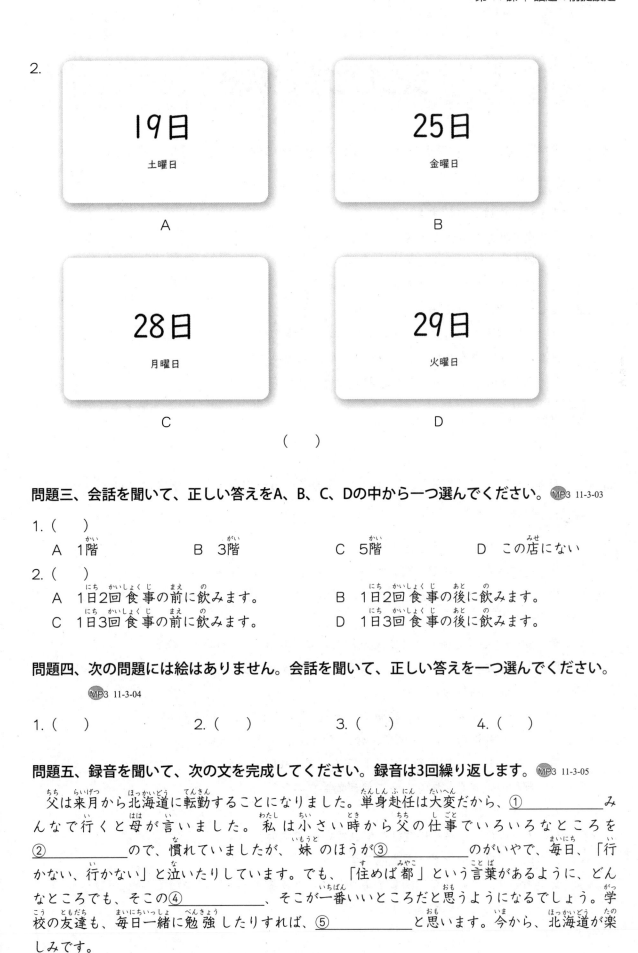

2.

19日
土曜日
A

25日
金曜日
B

28日
月曜日
C

29日
火曜日
D

( )

問題三、会話を聞いて、正しい答えをA、B、C、Dの中から一つ選んでください。 MP3 11-3-03

1. ( )
　A　1階　　　　　　　B　3階　　　　　　　C　5階　　　　　　　D　この店にない

2. ( )
　A　1日2回食事の前に飲みます。　　　　B　1日2回食事の後に飲みます。
　C　1日3回食事の前に飲みます。　　　　D　1日3回食事の後に飲みます。

問題四、次の問題には絵はありません。会話を聞いて、正しい答えを一つ選んでください。

　　　MP3 11-3-04

1. ( )　　　　　2. ( )　　　　　3. ( )　　　　　4. ( )

問題五、録音を聞いて、次の文を完成してください。録音は3回繰り返します。 MP3 11-3-05

　父は来月から北海道に転勤することになりました。単身赴任は大変だから、①＿＿＿＿＿＿みんなで行くと母が言いました。私は小さい時から父の仕事でいろいろなところを②＿＿＿＿＿＿ので、慣れていましたが、妹のほうが③＿＿＿＿＿＿のがいやで、毎日、「行かない、行かない」と泣いたりしています。でも、「住めば都」という言葉があるように、どんなところでも、そこの④＿＿＿＿＿＿、そこが一番いいところだと思うようになるでしょう。学校の友達も、毎日一緒に勉強したりすれば、⑤＿＿＿＿＿＿と思います。今から、北海道が楽しみです。

スクリプトと解答

問題一、絵を見て、正しい答えをA、B、Cの中から一つ選んでください。 MP3 11-3-01

🎧 **听力原文**

1. 正しい説明はどれですか。
    A　歯を磨くなら、これを使ってください。
    B　顔を洗うなら、これを使ってください。
    C　靴を磨くなら、これを使ってください。
2. 正しい説明はどれですか。
    A　外国へ行くなら、これを取らなければならない。
    B　地下鉄に乗るなら、これを取らなければならない。
    C　車を運転するなら、これを取らなければならない。

✍ **答案**

1. A　2. C

問題二、絵を見て、正しい答えをA、B、C、Dの中から一つ選んでください。 MP3 11-3-02

🎧 **听力原文**

1. 女の人はこれからどうしますか。
    女：吉田さん、これで印刷したいんだけど、やり方が分からなくて…。
    男：ええと、USBメモリでプリントするの？それともスマホから直接プリントするの？
    女：USBメモリを持ってきたんだけど、どこに差し込めばいいの？
    男：ちょっと待って、ここだよ。ほら、ファイルが出てきたよ。カラーにするの？
    女：ううん。白黒でいいの。
    男：次は、サイズですね。片面で、普通のA4サイズでいいよね。
    女：うん、片面のA4サイズで、合っているよ。
    男：うん。じゃ、これでスタートをタップすればいいよ。あっ、ちょっと、その前に、部数の設定をしなくちゃ。何部必要なの？
    女：1部でいいよ。
2. 女の人はいつ、図書館に電話をすればいいですか。
    男：はい、文化センター図書館です。
    女：あのう、「みんなで読書しよう」という読書イベントについてお聞きしたいんですが、今度、いつやりますか。

男：ええと、19日の土曜日にありますよ。

女：そうですか。何時からですか。

男：午後の2時から3時までですね。

女：午後ですか…うーん。あのう、じゃ、19日の次はいつやりますか。

男：本館では、19日が最後になりますが、南館なら、今月の29日に一回あります。そちらは午前中の10時から11時までです。よろしかったら、そちらのほうに申し込んでください。ええと、南館では、電話で申し込めば、参加できますよ。ええと、申し込みは20日から27日までです。

女：はい、分かりました。27日までに電話すればいいですね。どうもありがとうございました。

答案

1. C 2. B

問題三、会話を聞いて、正しい答えをA、B、C、Dの中から一つ選んでください。 MP3 11-3-03

听力原文

1. 男の人が本屋で店員さんに聞いています。男の人がほしいものはどこにありますか。

   男：すみません、地図とかはどこにありますか。

   女：地図ですか。ええと、日本の地図は5階にあります。世界地図やほかの国の地図は3階です。

   男：あ、5階ですか。あのう、実は、バスがどこを通っているか、知りたいんですが…。

   女：あ、バスのですか。すみません、当店には置いていないです。地下鉄や電車のでしたら、1階の入り口にございます。

   男：そうですか。

   男の人がほしいものはどこにありますか。

2. 女の人と男の人が話しています。男の人は薬をどのように飲まなければなりませんか。

   女：山田さん、これがお薬です。1日3回、食事の後に、飲んでください。

   男：分かりました。あの、私は朝ご飯を食べない時もあるんですが、その時は2回でもいいですか。

   女：薬はきちんと1日3回飲まなければ、治りませんよ。朝ご飯もちゃんと食べてくださいね。

   男：はい、分かりました。

   男の人は薬をどのように飲まなければなりませんか。

答案

1. D 2. D

問題四、次の問題には絵はありません。会話を聞いて、正しい答えを一つ選んでください。

MP3 11-3-04

🎧 **听力原文**

1. 女の人が忘れたものは何ですか。

　　女：よし、できた。ハワイの旅行の準備、これで全部終わりました。

　　男：荷物、全部入れた？傘も入れた？

　　女：ええ、傘も帽子も全部入れました。あと、日焼け止めのクリームも2本入れておきました。

　　男：うん。ああ、そうだ。あれ、入れたの？向こうはまぶしいから、かけないと目がきついよ。

　　女：あ、忘れていました。今、すぐ入れます。

　　女の人が忘れたものは何ですか。

　　A　傘　　　　　　　　　　　　　　　B　帽子

　　C　日焼け止めのクリーム　　　　　　D　サングラス

2. 武さんは今週の土曜日、どうしますか。

　　女：武君、サッカーの試合は今週の土曜日だよね。楽しみにしてるよ。

　　男：うん。それが、実は、今度のサッカーの試合なんだけど。出ないことにしたんだ。

　　女：えっ、本当？武君が出ないなら、応援に行くのはやめにするわ。

　　男：うん、ごめんね…最近怪我をしてて、まだ完全に治ってないんだ。

　　女：それは残念ね。ゆっくり治して、次の試合で頑張ってね。応援してるから。

　　武さんは今週の土曜日、どうしますか。

　　A　試合に出ます。　　　　　　　　　B　試合に出ません。

　　C　試合の応援に行きます。　　　　　D　試合の応援に行きません。

3. 女の人はパーティーで何をしますか。

　　男：山下さん、今度のパーティーで歌でも歌ってくれませんか。

　　女：えー？歌？私は歌はちょっと。

　　男：そう？私はピアノを弾くことにしたんですよ。

　　女：そうですか。じゃ、ギターなら。

　　男：ああ、いいですね。じゃあ、あとは、誰かに踊りでも踊ってもらいたいですね。

　　女の人はパーティーで何をしますか。

　　A　ピアノを弾きます。　　　　B　歌を歌います。

　　C　ギターを弾きます。　　　　D　踊りを踊ります。

4. 図書館では一人何冊借りられますか。

　　女：これ、全部は借りられませんよ。先週何冊か借りられましたよね。

　　男：あっ、先週、3冊借りていたんだ。じゃ、これとこれの2冊お願いできますか。

　　女：はい、2冊までなら、大丈夫です。

図書館では一人何冊借りられますか。

A　2冊です。　　B　3冊です。　　C　4冊です。　　D　5冊です。

答案

1. D　2. B　3. C　4. D

問題五、録音を聞いて、次の文を完成してください。録音は3回繰り返します。 MP3 11-3-05

听力原文及答案

　　父は来月から北海道に転勤することになりました。単身赴任は大変だから、①家族みんなで行くと母が言いました。私は小さい時から父の仕事でいろいろなところを②回ってきたので、慣れていましたが、妹のほうが③友達と別れるのがいやで、毎日、「行かない、行かない」と泣いたりしています。でも、「住めば都」という言葉があるように、どんなところでも、そこの④生活に慣れれば、そこが一番いいところだと思うようになるでしょう。学校の友達も、毎日一緒に勉強したりすれば、⑤いっぱいできると思います。今から、北海道が楽しみです。

体験（受身）

12-1 先生に叱られました

聞く前に

まず自分で確認しましょう。録音を聞いて質問に答えてみてください。 MP3 12-1-00

答案范例

1. ①A：作ったサンドイッチを友達に食べてもらいました。（请朋友吃了我做的三明治。）

   B：作ったサンドイッチを友達に食べられました。（我做的三明治被朋友吃了。）

   ②A：昨日、友達が来て、みんなでパーティーをしました。（昨天朋友来了，大家一起聚会了。）

   B：昨日、友達に来られて、パーティーに行けませんでした。（昨天来了个朋友，我没能去参加聚会。）

2. 犬に噛まれたことがあります。

   駅の階段で後ろの人に押されて転んだことがあります。

一、録音を聞いて、その内容と合っている絵の下にA～Fの番号を書いてください。 MP3 12-1-01

🎧 听力原文

A　外国人に道を聞かれました。

B　雨に降られて、びしょぬれになりました。

C　駐車違反なので、警察官に注意されました。

D　子どもに泣かれて、困りました。

E　「よくできました」と褒められました。

F　友達に誕生日パーティーに誘われました。

✍ 答案

1. B　2. E　3. F　4. D　5. C　6. A

💡 解析

选择与录音内容一致的图片。

- 录音B说「雨<ruby>雨<rt>あめ</rt></ruby>に<ruby>降<rt>ふ</rt></ruby>られて、びしょぬれになりました」（被雨淋成了个落汤鸡）。
- 录音C中出现了「<ruby>駐車違反<rt>ちゅうしゃ い はん</rt></ruby>」（违章停车）、「<ruby>警察官<rt>けいさつかん</rt></ruby>」（警察），图片5中有驾车、警察等相关信息，故答案为图片5。
- 录音F中的解题关键信息为「<ruby>誕生日<rt>たんじょう び</rt></ruby>パーティー」，故与图片3的生日聚会的场景相对应。

二、会話を聞いて、その内容と合っている絵を選んでください。 MP3 12-1-02

🎧 **听力原文**

1. 武さんのお父さんはどんな人ですか。

   女：武さんのお父さんは学校の先生ですよね。どんな方ですか。

   男：ええ、そうですね。学校では厳しい先生だとよく言われていますが、実際は家では穏やかなんですよ。

   女：そうなんですか。うちはお父さんは怒りっぽい人なので、弟がいつも叱られているんですよ。

2. 林さんはどうしましたか。

   女：あ、田中さん、どこかへお出かけですか。

   男：ええ、ちょっと、林さんのお見舞いに行くんです。

   女：えっ、林さんのお見舞い？

   男：ええ、昨日、学校の前の大きい道路で、車にはねられて、足の骨を折ったそうです。

   女：え、そうなんですか。

   男：そうなんですよ。林さんが乗っていた自転車も壊れてしまったんです。今、修理に出しているそうですよ。

3. 良子さんが眠そうな顔をしているのはどうしてですか。

   男：良子さん、どうしたんですか。眠そうな顔をして。もしかして、また、夜中に子どもに泣かれて、よく眠れなかったんですか。

   女：ううん。実は、子どもじゃなくて、昨日の夜、近所の若者が夜遅くまで、近くの公園でダンスをしたりして騒いでたんですよ。もう、困るわよ。

   男：ええ？それで、よく眠れなかったの？じゃ、誰かが注意すればいいのに。注意されれば、止めるでしょう。

4. 王さんは、昨日どうしましたか。

   女：王さんは日本に来て、もう半年ぐらいになりましたね。どうですか。日本の生活はだいぶ慣れましたか。

   男：ええ、食べ物とかたたみ生活とかはもうすっかり慣れましたが、朝の電車はなかなか弱いですね。

   女：ああ、ラッシュアワーのことですね。それは確かに、大変ですね。

男：そうそう、ひどかったよ。昨日も、電車を降りようとした時に、乗る人にまた押されて、なかなか降りられなかったんだ。

答案

1. A 2. B 3. B 4. B

解析

　　根据录音内容选择相应的图片。解题方法是先判断A与B的区别，然后听录音进行辨别。

- 第1题的两幅图片都是在家里发生的场景。应关注的关键信息是「武さんのお父さん」（小武的爸爸），会话中提到「学校では厳しい先生だとよく言われていますが、実際は家では穏やかなんですよ」（虽然在学校大家都说他很严厉，但实际上在家里他是很温和的人），因此答案为A。

- 第2题的两幅图片区别在于有无自行车。录音中说「林さんが乗っていた自転車も壊れてしまったんです。今、修理に出しているそうですよ」（听说小林骑的自行车也被撞坏了，送去修理了），故答案为B。

- 第4题中，A为日本料理，B为高峰时的乘车场景。解题关键信息为「食べ物とかたたみ生活とかはもうすっかり慣れましたが、朝の電車はなかなか弱いですね」（饮食和榻榻米生活都已经习惯了，只是早高峰的电车还是很不习惯），故答案为B。

三、会话を聞いて、その内容と合っているものを選んでください。 MP3 12-1-03

听力原文

1. 王さんは日曜日に何をしましたか。
　　女：王さん、日曜日、どこかへ行きましたか。
　　男：いえ、実はその日、友達のうちでパーティーがあって、「来てください」と呼ばれていたんですけど、風邪を引いてしまって、一日中家で寝ていたんですよ。
　　女：あー、残念でしたね。

2. 女の人は昨日、どうして弟さんと喧嘩をしたのですか。
　　女：昨日、弟と喧嘩をしたのよ。
　　男：どうして？いつも仲がいいじゃない？まだ、小学生ですよね、弟さんは。
　　女：実は、昨日買ったばかりのノートパソコンにジュースをこぼされたのよ。あの子、いつも何か飲みながら、パソコンゲームをしているんですよ。何度も注意したのに、ぜんぜん聞いてくれないんですよ。

3. 田中さんの目が赤いのはどうしてですか。
　　女：田中さん、目が赤いですね。また夜遅くまで勉強したんでしょう。今日は試験だもんね。
　　男：いやー、実は、試験の前だけでも頑張ろうと思ったんですが、7時から友達に来られて、ぜんぜん勉強できなかったんですよ。
　　女：あ、そうだったんですか。何時までいたんですか。お友達は。
　　男：12時までずっといられて、もう、眠くて眠くて、試験が心配だな。

答案

1.Ｂ　2.Ｂ　3.Ｂ

解析

　　判断录音信息与文字信息是否对应，重点听问题涉及的主要内容。

- 第1题要求判断小王在周日做了什么。解题关键句是「風邪を引いてしまって、一日中寝ていたんです」（感冒了，在家躺了一天）。虽然录音中出现了「友達のうちでパーティーがあって、『来てください』と呼ばれていたんですけど」（朋友家举办宴会，本来我也受邀参加，可是……）这一干扰信息，但是后面使用了表示转折的接续词「けど」，由此可以判断A是错误的，B才是本题答案。

- 第3题中提到「7時から友達に来られて」（朋友7点就来了），此处使用了动词的被动态，表示该行为给他人带来了麻烦或不便。「12時までずっといられて」（一直待到12点）中也同样使用了自动词的被动态，用来表示消极的语气，故答案为B。

四、会話を聞いて、例のように書いてください。 MP3 12-1-04

听力原文

例 女：中村さん、嬉しそうな顔をして、何かあったんですか。

　　男：今、先生に呼ばれたんです。そして、大学院に推薦されたんですよ。京都大学の。来年の4月から大学院生活が始まるんです。

　　女：へえ、すごいですね。京大の大学院生になるんですか。

　　男：ええ、法学部です。

　　女：おめでとうございます。頑張ってください。

1. 女：あなた、今日ね、武の先生に呼ばれて、学校へ行ってきたんですよ。

　　男：え？武、学校で何かあったのか。

　　女：ええ、あの子、授業中、ずっと居眠りをしていたそうよ。

　　男：夜、遅くまで起きていたからなあ。

　　女：それで、宿題をやる時間とか、寝る時間とか、いろいろ家でのことを先生に聞かれたんですよ。武がだいたい11時ごろに寝るって言ったら、遅いと言われたの。

　　男：でも、遅いと言われても、学校の宿題が多いんだから、しかたないだろう。

2. 男：幸子さん、何かいいことでもあったんでしょう？朝からずっと幸せそうな顔をして。

　　女：ええ、実は、昨日、「結婚してください」とプロポーズされたの。彼氏に。

　　男：そうなんですか。で、どうしますか。結婚するんですか。

　　女：うーん。実はね、「結婚したら一緒にカナダに行こう」と言われたの。私、寒いところは苦手でね。ねえ、どうしたらいいと思う？

　　男：大丈夫よ。好きな人と一緒にいれば寒くないでしょ。

📝 答案

1. 居眠りをした　宿題をやる時間　寝る時間
2. 結婚したら一緒にカナダに行こう

💡 解析

　　本题各会话中都使用了表示被动的句型。解题时要准确理解会话中与被动句型相关的信息，特别要把握谁是动作的发出者，谁是动作的接受者。

- 第1题主要围绕着「武」（小武）的情况展开。参考题干信息「授業中」（上课的时候）和「お母さんが…いろいろ聞かれました」（妈妈被问了很多事情），重点听会话中与其相关的内容，然后填空。
- 第2题中出现了两句被动句，分别是「『結婚してください』とプロポーズされたの」（被求婚说"跟我结婚吧"）和「『結婚したら一緒にカナダに行こう』と言われたの」（和我说"结婚后，咱们一起去加拿大吧"）。「ねえ、どうしたらいいと思う」表示说话人不知如何是好的矛盾心情，这句话与题干中的已知信息「どうしたらいいか迷っています」（很犹豫该怎么办才好）相对应。

五、次は、困ったことについての体験談です。それぞれどんなことに遭ったんですか。録音を聞いて、例のように書いてください。 MP3 12-1-05

🎧 听力原文

例 女：外国を旅行していた時、かばんを取られて、困りました。パスポートや財布などの大事なものが全部そのかばんに入っていたので、もう、大変でした。その後、警察に連絡したり、大使館に行ったりしましたが、結局見つかりませんでした。

1. 男：二十歳の誕生日のことです。その日は雨でした。傘を持っていなかったので、雨に降られて、びしょぬれになってしまいました。さらに、冷たくて強い風に吹かれて大変でした。家に帰ったら、ひどい風邪になってしまいました。でも、一番、辛かったのは、その日に、恋人に「別れましょう」と言われて、振られたことです。僕の二十歳の誕生日は本当に最悪の日でした。

2. 男：僕は小学校5年生の鈴木太郎です。昨日は、ついていない一日でした。朝、学校へ行く時、急いでいたので、玄関で花瓶を割っちゃって、おばあちゃんに怒られました。学校に着いたら、宿題のノートを家に忘れて、先生に叱られました。その後、授業中に居眠りをして寝言を言って、クラスのみんなに笑われました。さらに、学校の帰りに、傘を落としちゃって、家へ帰ったら、お母さんに叱られました。本当にアンラッキーな一日でした。

📝 答案

1. 降られ　吹かれ　風邪　別れましょう　振られました
2. 花瓶を割った　宿題のノートを家に忘れた
　 居眠りをして寝言を言った　傘を落とした

💡 **解析**

　　听录音，填写关键信息。本题中，说话人叙述了一些令自己感到难堪或难过的经历。解题前先阅读题干信息，对录音内容进行预判。听录音时，集中注意力听取需要填空的内容即可。

- 第1题是说话人在20岁生日时发生的一段经历。录音中提到了「雨に降られて」（被雨淋）、「風に吹かれて」（被风吹）、「恋人に『別れましょう』と言われて、振られた」（被恋人甩了，说"咱们分手吧"）等令人不快的经历。在听录音时一定要注意听与被动句型相关的部分。

- 第2题讲的是「鈴木太郎君のついていない一日の話です」（铃木太郎不走运的一天）。解题时要边听录音边记笔记，并注意以时间顺序来整理笔记。「寝言を言って」意为"说梦话"，「傘を落としちゃって」意为"把伞弄丢了"。

六、録音を聞いて、絵の内容を完成してください。 🎵 12-1-06

🎧 **听力原文**

　　これはさっき、地下鉄の駅でもらってきたチラシです。ここには盗まれた自転車についての情報がいろいろ書かれています。例えば、盗まれた時間とか。ええと、これは、7月22日の日曜日の7時半から9時半までの間ですね。そして、盗まれた場所、ええと、四谷三丁目の交差点ですね。それから、目印になる情報、ええと、白いハンドルに白いタイヤ、それから、白いサドル、詳しく書かれていますね。また、自転車の写真も載せられています。赤ペンで書かれているのはええと、それぞれの部品の特徴などです。でも、一番大事なことが忘れられているみたいですね。そう、連絡方法が書かれていないんです。

✏️ **答案**

1. 7　22　2. 7　9　3. ハンドル　タイヤ　4. 連絡方法

💡 **解析**

　　听录音，填写图片中需要填空的内容。解题前要观察图片，明确听力任务，把握关键信息。

　　本题图片是一张寻物启事，要仔细观察题干中的已知信息和设问信息。本题共设有4个问题，图上就有3题。「目印になる情報」意为"有特征的信息"。

七、録音を聞いて、_____に適当な言葉を書き入れてください。録音は3回繰り返します。

🎵 12-1-07

🎧✏️ **听力原文及答案**

　　鈴木さんは最近、①アパートを探していました。今のアパートは家賃も高くないし、近くにスーパーや郵便局があって、便利です。しかし、少し困ったことが起きました。隣に大家族が②引っ越してきたのです。夜になっても騒いでいて、よく勉強できません。また、小さい赤ちゃんがいて、よく夜中に③泣かれて、あまり眠れないのです。大家さんに話してみましたが、「お子さんが多いから、仕方がない」と④言われました。そこで、今と同じ家賃のアパートを探しましたが、駅から遠くて、歩いて⑤30分もかかります。バス

もあることはあるのですが、1時間に1、2本しか通りません。お金もないので、引っ越しはもう少し⑥我慢することにしました。

💡 **解析**

　　（略）

12-2 黒いかばんが発見されました

聞く前に

まず自分で確認しましょう。録音を聞いて質問に答えてみてください。 MP3 12-2-00

答案范例

1. 製紙技術は中国の後漢時代に、蔡倫という人によって発明されました。
   絹の製造技術は中国によって発明されました。
   絹の製造技術は中国で始まり、シルクロードによって世界に伝えられるようになりました。
2. 豆腐と醤油と味噌は大豆から作られたものです。
   ワインは葡萄から作られたものです。
   パンとビールと焼酎は麦や米から作られたものです。

一、録音を聞いて、その内容と合っている絵の下にA～Fの番号を書いてください。 MP3 12-2-01

听力原文

A　この動物は世界中の人々に愛されています。

B　このお酒は麦から作られています。

C　このお酒は葡萄から作られています。

D　誰かにケーキを食べられました。

E　この建物は2008年の北京オリンピックでメインスタジアムとして使われました。

F　これは大豆から作られた食べ物です。

答案

1. D　2. E　3. A　4. B　5. C　6. F

解析

　　选择与录音内容一致的图片。

- 录音A中的解题关键信息为「動物」（动物），图片3是大熊猫，符合题意。中国的大熊猫深受世界人民的喜爱，也是中日友好的象征。

- 录音B和录音C的内容都与饮品有关，不同之处是饮品的原料不同。B为「麦から作られています」（用麦子做的），C为「葡萄から作られています」（用葡萄做的）。通过观察图片并结合常识，便可作出正确判断，B对应图片4，C对应图片5。

- 录音F中说「これは大豆から作られた食べ物です」（这是由大豆加工而成的食品），故答案为图片6「豆腐」（豆腐）。

二、会話を聞いて、その内容と合っている絵を選んでください。 MP3 12-2-02

🎧 **听力原文**

1. 二人が今見ているのはどちらですか。

女：へえ、これが世界初の携帯電話ですか。ずいぶん重そうですね。

男：ええ、1973年にアメリカで発明されたそうです。さっき見たのと同じ会社で作られたんです。

女：ああ、さっき見たのは折り畳み式のスマホでしたよね。

2. 女の人が勧めているのはどちらですか。

女：田中さん、元気なさそうですね。この前、腰が痛いとおっしゃいましたが、どうでしたか。

男：うーん、しばらくマッサージに通ってみたんだけど、腰の痛みがなかなか引かなくて。座っている時や寝ている時は特につらいんです。

女：それはつらいですね。漢方の「鍼灸」（しんきゅう）を受けてみたら？この間、テレビで紹介されたんですよ。

男：鍼灸？聞いたことがあるね。確か、中国の伝統医学で使われているものだよね。

女：ええ、そうなんです。細い針を特定のツボに刺して、痛みを和らげたり、体のエネルギーを調整したりするんだって。肩こりや腰痛などによく効くらしいんですよ。

3. 二人が見ているのはどちらですか。

男：はい、こちらを見てください。このコーナーはロボット関係の製品です。

女：あのう、これもロボットですか。おもちゃみたいですね。

男：ああ、犬の形をしているロボットですね。それは、ペットロボットです。とても頭がいいですよ。一緒に遊んでくれるし、歌を歌ったり、話をしたりすることもできます。お年寄りや子どもたちに大変愛されているみたいです。

4. 男の人が勧めているのはどちらですか。

女：どっちにしましょうか。迷ってしまいますね。どちらも有名な小説ですよね。

男：うーん。でも、王さんは日本の歴史に興味がありますよね。それなら、こっちがお勧めです。内容は昔の貴族の生活について書かれていますけど。

女：でも、古い言葉がたくさん使われているでしょう。

男：大丈夫ですよ。現代語に訳されたものを読めばいいんです。本屋へ行けばたくさんありますから。

✏️ **答案**

1. A　2. B　3. A　4. B

💡 **解析**

　　根据录音内容选择相应的图片。解题方法是先判断A与B的区别，然后听录音进行辨别。

- 第1题的两幅图片是两种样式不同的「携帯電話」（けいたいでんわ）（手机），A为老式手机，B为可折叠型手机。录音中提

到「さっき見たのは折り畳み式のスマホでしたよね」，说明他们刚刚看过的是"可折叠型智能手机"，而本题要求选择的是他们正在看的是哪一种，故答案为A。

- 第2题中的解题关键信息有「しばらくマッサージに通ってみたんだけど、腰の痛みがなかなか引かなくて」（虽然去按摩了一段时间，但是腰部的疼痛没有缓解），故可以排除选项A。后文女子提议「漢方の『鍼灸』（しんきゅう）を受けてみたら」（您试试针灸如何）。此外，「細かい針」（细针）、「ツボ」（穴位）、「刺す」（针刺）等词都是解题关键词。

- 第4题的两幅图片分别是日本的现代名著和古典名著，A是曾获诺贝尔文学奖的现代小说『雪国』（《雪国》），作者是「川端康成」（川端康成）；B是日本第一部由女性作家写成的古典名著『源氏物語』（《源氏物语》），作者是「紫式部」（紫式部）。录音中提到「内容は昔の貴族の生活について書かれています」（内容是描写古代日本贵族生活的），故答案为B。从录音中出现的「現代語」（现代文）一词并不能推测出答案，它是一条干扰信息，因为录音中男子想表达的内容是"虽然是用日语古语写的小说，但是可以读现代日语的版本"。

三、会話を聞いて、その内容と合っているものを選んでください。 MP3 12-2-03

🎧 听力原文

1. 男の人はどうしてよく眠れなかったんですか。

　　女：田中さん、目が赤いですね。夕べよく眠れましたか。

　　男：実は、夜中に電話で起こされて、それから朝まで眠れなかったんだよ。

　　女：夜中に電話？誰から？

　　男：それが、間違い電話だったんだよ。同じ人から何度もかかってきて、ぜんぜん眠れなかったんだよ。

　　女：そうだったんですか。大変でしたね。

2. 二人が旅行に行けなくなったのはなぜですか。

　　女：来週の温泉旅行、楽しみですね。

　　男：あのう、真理子、実は、休みがちょっと取れなくて、行けなくなっちゃったんだよ。ごめん。

　　女：えっ？来週なら休みが取れそうってこの前、言ったじゃない？

　　男：うん。でも、同僚に会社を辞められてから、急に、仕事が増えちゃって、休みが取れなくなっちゃったんだ。ごめん。また、今度にしよう。

3. 女の人がカメラを落としたのはどうしてですか。

　　女：あのう、このカメラ、ちょっと調子がおかしいんです。なかなかフラッシュがつかないんです。ちょっと見てもらえませんか。

　　男：ああ、ここのふたが閉まらないようですね。一度、修理に出したほうがいいんですけど。

　　女：やっぱり、壊れたんですね。実は、今朝、近くの公園で花の写真を取ろうとしたら、近所の犬に吠えられたんです。それで、あまりにもびっくりして、カメラを落としちゃったんですよ。

答案

1. B 2. B 3. A

解析

　　判断录音信息与文字信息是否对应，重点听问题涉及的主要内容。听录音时要明确听力任务，把握关键信息。

- 第2题要求判断「会社を辞めた」（辞职）的主语。解题关键句是「同僚に会社を辞められてから、急に、仕事が増えちゃって、休みが取れなくなっちゃったんだ」（同事辞职后，我的工作一下子多了起来，请不了假），故答案为B。
- 第3题要求判断是「吠えられた」（被狗叫），还是「噛まれた」（被狗咬）。解题关键句是「近所の犬に吠えられたんです。それで、あまりにもびっくりして、カメラを落としちゃったんですよ」（邻居家的狗叫了，我被吓了一跳，把照相机摔了），故答案为A。

四、会話を聞いて、例のように書いてください。 MP3 12-2-04

听力原文

例 女：田中さん、今日は、地下鉄で来たんですね。いつも車でしょう？

　　男：ええ、息子に車の鍵をなくされましてね。

1. 男：あれ、おかしいなあ。

　　女：どうしたんですか。さっきからずっと何か探しものをしていますね。

　　男：教科書だよ。家でも探したんだけど、見つからなかったんだ。昨日、教室で、誰かに持っていかれたのかなあ。夕べは試験勉強がぜんぜんできなかったよ。

2. 男：王さん、今日はコンタクトレンズをしていますね？

　　女：ええ、妹に眼鏡を壊されたのよ。それで、久しぶりにコンタクトをしているの。

　　男：そう？でも、コンタクトの王さんもすてきね。

答案

1. 誰か　教科書　2. 妹　眼鏡

解析

　　本题各会话中都使用了表示被动的句型。解题时要准确理解会话中与被动句型相关的信息。本题主要考查在被动句中谁是动作的发出者，谁是动作的接受者。

- 第1题中，「持っていかれた」是「持っていく」（拿走）的被动形式，意为"被……给拿走了"。
- 第2题中，要求判断动作的发出者和宾语。「コンタクトレンズ」意为"隐形眼镜"。

五、会話を聞いて、例のように書いてください。 MP3 12-2-05

听力原文

例 二人は何の番組について話していますか。

女：ねえ、今度の海外旅行、中国の敦煌へ行こうかな。あの美しい風景と歴史的な遺跡、自分の目で見てみたいんだよね。

男：いいけど、どうして急にそこに行きたいと思ったの？

女：実は最近『シルクロード』のドキュメンタリーを見てて、すごく魅力的で感動しちゃったの。

男：ああ、あのシリーズはいつもおもしろいよね。初めて放送されたのは僕の小学生の頃だったんだよ。

女：そうそう、あれは日本と中国が共同で制作した番組で、一年間放送されて、大ヒットしたよね。今見てるのはその続編の『新シルクロード』なんだ。

男：へえ。初めてのシルクロードの旅なら、敦煌よりまず西安かな。西安から西へ旅すればいいんじゃない？シルクロードって、長安に始まり、長安に終わると言われているから。

女：ああ、楽しみ！今年はまず西安の旅にしようね。

1. 世界初の携帯電話はどんなものですか。

女：皆さん、これを見てください。これは世界初の携帯電話ですよ。アメリカ人が発明したんです。

男：へえ、ずいぶん大きくて、重そうですね。

女：ええ、これは1973年に作られたものですが、重さは1キロ以上もあるんですよ。

2. 「清明上河図」はどんな絵巻ですか。

女：はい、この絵を見てください。この絵にはいろいろな建物や人物、動物が描かれていますね。これは北宋時代に中国の画家によって描かれた「清明上河図」という絵巻物です。

男：へえ、ずいぶん長い絵巻ですね。

女：ええ。今見ているのは、幅は24.8センチで、長さは528.7センチもあります。清明節の頃の北宋の都と郊外の風景を描いたと言われています。

答案

1. 1973　アメリカ人　1　2. 絵巻物　528.7　都　郊外

解析

　　听录音，填写关键信息。解题时先阅读题干信息，对录音内容进行预判。听录音时，集中注意力听取需要填空的内容即可。

- 第1题要求听取时间、生产者、产品重量等信息。解题时注意听会话中与生产、制造等相关的被动句。
- 第2题要求听取作品创作的时间、作品的尺寸，以及画中主要内容等信息。

六、録音を聞いて、次の表を完成してください。 MP3 12-2-06

🎧 **听力原文**

　　6時のニュースです。今日、午後4時ごろ、現金5000万円の入ったかばんが福岡県の山の中で発見されました。発見したのは、外国人登山客のトーマスさんです。トーマスさんの話です。

　　「今日、友達と山登りに行ったんですが、雨に降られたので、木の下に入りました。すると、木のそばに何か黒いものが見えました。近くに行って、よく見るとそれは黒いかばんでした。かばんの中を見て、びっくりしました。中には、一万円札がたくさん入っていたんです。そのかばんをよく見ましたが、持ち主の名前はどこにも書いてありませんでした。それで、友達と一緒に警察に行ったんです。」

　　警察では、誰かに盗まれて捨てられたものかもしれないと言っています。

📝 **答案**

1．4　2．5000万円　かばん　3．福岡県　山の中
4．外国人登山客　5．黒い　6.どこにも書いてありません

💡 **解析**

　　听录音，完成填空题。解题前要观察图片，明确听力任务，把握关键信息。

　　本题要求在听取新闻后，填写主要信息。要仔细观察表中的已知信息和设问信息，明确解题时需要听取的重点信息，注意合理记录、筛选信息。本题的录音中使用了被动句的表述，请注意思考被动句的使用场景及其特点，熟悉新闻类语篇的特点。

七、録音を聞いて、＿＿＿＿に適当な言葉を書き入れてください。録音は3回繰り返します。
MP3 12-2-07

🎧📝 **听力原文及答案**

　　ノーベル賞とは、人類に最大の貢献をもたらした人々に贈られる賞のことです。スウェーデンの発明家であるアルフレッド・ノーベルの遺言をもとに①創設されました。ノーベル賞の種類は「②物理学」「化学」「生理学・医学」「文学」「③平和」「経済学」です。ノーベル物理学賞、ノーベル化学賞とノーベル生理学・医学賞は、それぞれの分野で偉大な④発見や発明をした人に与えられます。ノーベル文学賞は、文学の分野において最も良い作品を⑤生み出した人に与えられる賞です。ノーベル平和賞は、平和活動に貢献した人や国と国との⑥友好関係を推進した人に与えられます。ノーベル経済学賞は、家計や企業の経済の仕組みや国の経済活動などの研究に貢献した人が対象です。

💡 **解析**

　　（略）

練習問題

問題一、絵を見て、正しい答えをA、B、Cの中から一つ選んでください。 MP3 12-3-01

1.

（　　）

2.

（　　）

問題二、絵を見て、正しい答えをA、B、C、Dの中から一つ選んでください。 MP3 12-3-02

1.

A

B

C

D

（　　）

2.

ガラスが割れた！

A

B

C

D

( )

問題三、会話を聞いて、正しい答えをA、B、C、Dの中から一つ選んでください。 MP3 12-3-03

1. ( )

　A　テストの成績が悪かったからです。　　B　アルバイトで疲れているからです。
　C　先生に注意されたからです。　　　　D　病気になったからです。

2. ( )

　A　サッカーの試合で怪我をしたから　　B　階段から落ちて怪我をしたから
　C　足を犬に噛まれたから　　　　　　　D　オートバイの事故にあったから

問題四、次の問題には絵はありません。会話を聞いて、正しい答えを一つ選んでください。

　　　MP3 12-3-04

1. ( )　　　　　2. ( )　　　　　3. ( )　　　　　4. ( )

問題五、録音を聞いて、次の文を完成してください。録音は3回繰り返します。 MP3 12-3-05

　最近は、インターネットのおかげで、平日も会社に行かないで、家でパソコンを使って会社の仕事をする人が①＿＿＿＿＿＿＿そうです。このような働き方はリモートワークと②＿＿＿＿＿＿＿。リモートワークとは、会社のオフィス以外の所で働くことを指します。また、テレワークという言葉もほぼ同じ意味で③＿＿＿＿＿＿＿。リモートワークの導入によって、社員は④＿＿＿＿＿＿＿ことができますし、⑤＿＿＿＿＿＿＿、すぐに自分の時間を持てます。しかし、一日中誰にも会わないで、⑥＿＿＿＿＿＿＿仕事をするというのは少し寂しい気がします。

スクリプトと解答

問題一、絵を見て、正しい答えをA、B、Cの中から一つ選んでください。 MP3 12-3-01

🎧 **听力原文**

1. 正しい説明はどれですか。

   A　これをつけたら、蚊に刺されません。

   B　これを食べたら、蚊に刺されません。

   C　これをつけたら、熱が出ません。

2. 正しい説明はどれですか。

   A　犬が猫を噛みました。

   D　犬が猫を殴りました。

   C　犬が猫に噛まれました。

✍ **答案**

1. A　2. C

問題二、絵を見て、正しい答えをA、B、C、Dの中から一つ選んでください。 MP3 12-3-02

🎧 **听力原文**

1. 女の人が話しています。女の人が盗まれたものはどれですか。

   女：昨日、留守の間に、泥棒に入られたんです。買ったばかりのテレビは盗まれなかっ
   　　たし、引き出しに入れてあったお金もそのままだったんですけどね、パソコンが…。
   　　まあ、軽くてノートのように薄いから、簡単に持っていかれたんですね。テレビ
   　　だったら、そんなに困らないんですけど…。あーあ。

   女の人が盗まれたものはどれですか。

2. 女の人の家の窓ガラスはどうしましたか。

   男：あれ、この窓ガラス、どうしたの？こんなに割れて。泥棒にでも入られたの？

   女：ああ、健ちゃんですよ。学校から帰ってきて、体操の練習をしていたの。窓のすぐ
   　　前で足が滑って転んじゃって。もう、危なかったのよ。幸い怪我はなかったんだけど。

   男：あの子、本当に、おっちょこちょいだね。先週、庭で野球をして、隣の家の窓ガラ
   　　スを割ったでしょう。

   女の人の家の窓ガラスはどうしましたか。

✍ **答案**

1. C　2. C

問題三、会話を聞いて、正しい答えをA、B、C、Dの中から一つ選んでください。 (MP3) 12-3-03

🎧 **听力原文**

1. 男の人と女の人が話しています。女の人はどうして元気がないですか。

   男：小野さん、どうしたんですか。元気なさそうですね。またテストの成績が悪くて先生に注意されたんですか。

   女：いいえ、最近、毎日アルバイトをしているんですよ。それで疲れているんですよ。

   男：そうですか。病気にならなければいいですね。

   女の人はどうして元気がないですか。

2. 男の人と女の人が話しています。男の人はどうして怪我をしましたか。

   女：どうしたの？その足、また事故？

   男：違うよ。

   女：じゃ、サッカーの試合？

   男：違うよ。

   女：階段から落ちたの？

   男：違う。

   女：ああ、分かった。犬に噛まれたんでしょう。

   男：まさか、そんなことないよ。

   女：なんだろう。やっぱり事故でしょう。オートバイばっかり乗っているから、そうでしょう。

   男：まあね、実はそう。

   女：ほら、やっぱり。

   男の人はどうして怪我をしましたか。

✏️ **答案**

1. B 2. D

問題四、次の問題には絵はありません。会話を聞いて、正しい答えを一つ選んでください。

(MP3) 12-3-04

🎧 **听力原文**

1. 女の人は昨日、どうして弟さんと喧嘩をしたのですか。

   女：昨日、弟と喧嘩をしたのよ。

   男：どうして？いつも仲がいいじゃない？まだ、小学生ですよね、弟さんは。

   女：実は、昨日、買ったばかりのノートパソコンにジュースをこぼされたのよ。あの子、いつも何か飲みながら、パソコンゲームをしているんですよ。何度も注意したのに，ぜんぜん聞いてくれないんですよ。

   女の人は昨日、どうして弟さんと喧嘩をしたのですか。

A　弟がジュースを飲んだからです。

B　弟がゲームをしたからです。

C　弟がジュースをノートパソコンにこぼしたからです。

D　弟が買ったばかりのパソコンを使ったからです。

2. 良子さんが良く眠れなかったのはどうしてですか。

男：良子さん、どうしたんですか。眠そうな顔をして。もしかして、また、夜中に子どもに泣かれて、よく眠れなかったんですか。

女：ううん。実は、子どもじゃなくて、昨日の夜、近所の若者が夜遅くまで近くの公園でダンスをしたりして騒いでたんですよ。もう、困るわよ。

男：えっ？それで、よく眠れなかったの？じゃ、誰かが注意すればいいのに。注意されれば、止めるでしょう。

良子さんが良く眠れなかったのはどうしてですか。

A　夜中に子どもが泣いたから　　　B　近所の若者が騒いでいたから

C　病気だったから　　　　　　　D　誰かが注意したから

3. 殺された人は誰ですか。

男：今朝、会社へ行ったら、入り口の近くに警官が何人もいたんですよ。

女：どうしたんですか。

男：最初泥棒にでも入られたのかと思ったんですけどね、実は、殺人事件だったんですよ。

女：えっ、誰が殺されたんですか。山田さんの知っている人ですか。

男：ええ、会社の同僚なんです。ほんとにショックでした。

女：刑事にいろいろなことを聞かれたでしょう。

男：ええ、交友関係なんかを聞かれましたね。でも、あの人、みんなに好かれていたんですよ。

女：そうですか。早く犯人が逮捕されるといいですね。

殺された人は誰ですか。

A　警官です。　　　　　　　　　B　山田さんです。

C　山田さんの同僚です。　　　　D　刑事さんです。

4. 田中さんは今晩どうしますか。

女：田中さん、今晩、飲みに行かない？

男：あ、今から会議なんだ。今日は、それが済んだら、帰らないと。子どもが熱出したっていうから。

女：そりゃ早く帰らなくちゃね、じゃ、また今度行こう。お大事にね。

男：ありがとう。

田中さんは今晩どうしますか。

A　会議に出ないで、すぐ帰ります。

B　会議に出て、そのあとすぐ帰ります。

C　会議に出ないで、すぐお酒を飲みに行きます。

D　会議に出て、そのあとすぐお酒を飲みに行きます。

答案

1. C　2. B　3. C　4. B

問題五、録音を聞いて、次の文を完成してください。録音は3回繰り返します。 MP3 12-3-05

听力原文及答案

　　最近は、インターネットのおかげで、平日も会社に行かないで、家でパソコンを使って会社の仕事をする人が①増えているそうです。このような働き方はリモートワークと②言われています。リモートワークとは、会社のオフィス以外の所で働くことを指します。また、テレワークという言葉もほぼ同じ意味で③使われています。リモートワークの導入によって、社員は④通勤のストレスをなくすことができますし、⑤仕事が終われば、すぐに自分の時間を持てます。しかし、一日中誰にも会わないで、⑥パソコンに向かって仕事をするというのは少し寂しい気がします。

第13課

指示・順序（使役）

13-1 先生は子どもたちに折り紙をさせます

聞く前に

まず自分で確認しましょう。録音を聞いて質問に答えてみてください。 MP3 13-1-00

答案范例

1. 先生は学生に教室の掃除をさせます。
   お母さんは子どもに家事を手伝わせます。
2. 幼稚園の先生は子どもに歌を歌わせます。
   お父さんは息子に好きなおもちゃを買わせます。

一、録音を聞いて、その内容と合っているものに○を、違うものに×をつけてください。

MP3 13-1-01

听力原文

1. 男：先生は子どもたちを幼稚園で走らせました。
2. 女：幼稚園の給食嫌いにならないように、うちでは娘にミルクを飲ませる練習をしています。
3. 男：男の子はおもしろいことを言って、女の子を笑わせます。
4. 女：我が家では一日1時間ぐらい子どもにゲームをさせています。
5. 男：昨日は天気が良かったので、子どもを一日中外で遊ばせました。
6. 女：部活のあと、先輩が後輩にサッカーのユニフォームを洗濯させました。

答案

1. ○ 2. ○ 3. × 4. × 5. ○ 6. ○

解析

　　判断录音内容与图片所示内容是否一致。本题主要练习日语使役句的表达方式。听录音时，注意把握使役句的基本功能，并熟悉动词的使役形。

- 第2题是「娘にミルクを飲ませる練習をしています」（让女儿尝试着喝牛奶）。日本的幼儿园和小学

会提供午餐，为了增加儿童乳制品的摄入，午餐时往往会提供牛奶或酸奶等。为了防止儿童偏食，家长需要在家里逐步改变孩子的饮食结构，以适应学校午餐。

- 第6题中，「部活」是学校公认并有教师指导的学生课外活动，而「サークル活動」一般是指学生自发组织的社团。「ユニフォーム」是比赛用的队服或者一般的运动服，由「洗濯」（洗）可以判断录音内容涉及洗衣服。

二、会话を聞いて、その内容と合っている絵を選んでください。 🎧MP3 13-1-02

🎧 听力原文

1. 男：幼稚園で、先生は何か教えているのか。
   女：ええ、歌を歌わせたり、踊らせたりするとか、けっこういろいろ教えているよ。来週、先生は子どもたちに折り紙をさせますよ。
   男：そうか。じゃ、ケンちゃんたちは今、何か折れるのか。
   女：ええ、ウサギとか、お花とか折れますよ。

2. 男の人の家では犬をどこに寝かせていますか。
   女：お宅のワンちゃんは、いつもどんなところに寝かせていますか。
   男：妻が手作りでベッドを作ってあげたんです。だからうちの子犬たちは、いつもその上で寝ているよ。
   女：えっ、ワンちゃんのベッド？どんな感じなんですか。
   男：ええと、レースがたくさんついていて、かわいくて、まるで赤ちゃんのベッドのようですよ。

3. 女の人の家では、買い物の時、誰が運転してくれますか。
   男：山田さんは、車を運転しますか。
   女：いいえ、私は免許を取っていませんから、週末、たくさん買い物をする時は、いつも娘に運転させています。
   男：ご主人は運転してくれないの？
   女：主人は、せっかくの休みなのにとか、いつもうるさいから、あまり頼みません。

4. 女の人の家では、子どもたちをどこに通わせていますか。
   男：最近、子どもを予備校や塾に通わせる親が多いですね。お宅では、どこか行かせていますか。
   女：ええ。うちの子は、週に3回、毎回1時間の英語の塾に通っています。
   男：それで、成績は上がりましたか。
   女：うーん。まあ、だんだんやる気が出てきたように見えますけど。

✏️ 答案

1. A　2. A　3. B　4. B

解析

　　根据录音内容选择相应的图片。解题方法是先判断A与B的区别，然后听录音进行辨别。

- 第1题中，A是「折り紙をする」（折纸），B是「英語を習う」（学英语）。录音中出现了「折り紙」（折纸）和「折れます」（能折）这两个词，故答案为A。一般日本的幼儿园或小学都会教孩子折纸，来培养孩子的动手能力。

- 第2题中的两幅图片都是宠物狗的窝，A是床形状的窝，B是沙发形状的窝。解题关键句为「レースがたくさんついていて、可愛くて、まるで赤ちゃんのベッドのようですよ」（有很多蕾丝花边特别可爱，简直像个婴儿床），故答案为A。

- 第4题中，A是预备校，日本的预备校是为在校高中生补习以备高考的补习班；B是面向儿童的英语培训班。日本的「塾」主要是面向中小学生的课外补习班，除了补习文化课以外，还可以教授学生各种技能，主要有「学習塾・英語塾・書道塾・算盤塾」（学习班、英语班、书法班、珠算班）等。录音中提到「英語の塾に通っています」（去英语班学习），故答案为B。

三、会話を聞いて、その内容と合っているものを選んでください。 🎧 MP3 13-1-03

听力原文

1. チームが優勝したのはなぜですか。

　　女：山田監督、優勝おめでとうございます。

　　男：ありがとうございます。

　　女：今、どんなお気持ちでしょうか。

　　男：「ああ、みんながやってくれたんだ！」と、まだ信じられないね。

　　女：そうですか。ところで、今回勝った一番の原因はどこにあるとお考えですか。

　　男：やっぱり選手一人一人に体力をつけさせるために、訓練の前に、まず5キロを走らせることかな。

2. 田中一郎くんはよくどんなことをして先生を困らせますか。

　　女：ねえ、お父さん、うちのクラスの田中一郎くん、いつも先生を困らせているのよ。

　　男：一郎くん？あ、あのおもしろそうな顔をしている子か。どんないたずらをするの？

　　女：あのね、授業中、先生が黒板に字を書いているうち、変な顔をしたりして、みんなを笑わせるの。それで、よく先生に叱られるの。

3. 男の人の会社では、新入社員の教育にまずどんなことをさせますか。

　　女：うちの会社の新入社員教育は、まずあいさつから始まるんです。

　　男：ビジネスマナーは大切ですよね。

　　女：そうですね。先輩に「マナーの基本はあいさつに始まりあいさつに終わる」とよく言われています。

　　男：うちの会社では、まず社員全員の名前を覚えさせます。これがよい人間関係の基本です。名前で呼びかければ、皆さん、笑顔で迎えてくれますね。

答案

1. B　2. A　3. B

解析

　　判断录音信息与文字信息是否对应，重点听问题涉及的主要内容。

- 第1题中，A是"通过饮食增加体力"，B是"在训练之前让队员跑步"。当记者问教练他们队取胜的最主要的原因是什么时，教练说「やっぱり選手一人一人に体力をつけさせるために、訓練の前に、まず5キロを走らせることかな」（为了让每位队员增强体力，在训练之前先让他们跑五公里），所以增强体力不是通过饮食，而是通过跑五公里得以实现的，故答案为B。

- 第2题问的是"田中一郎做什么让老师棘手的事了"。根据录音可知，田中在上课时趁老师在黑板写字的时候对同学做鬼脸使大家发笑，故答案为A。

- 第3题问的是男子公司的新员工培训首先教授什么内容。录音中女子说自己的公司先教授寒暄方式，而男子说自己的公司是让新员工记住公司每位员工的名字，故答案为B。

四、親が子どもにいろいろな習い事をさせる理由について話しています。会話を聞いて、例のように書いてください。 MP3 13-1-04

听力原文

例 女：最近では、小さな子どもにいろいろ勉強させる親が多くなりましたね。

男：そうですね。うちも息子にサッカーをさせています。

女：スポーツですか。

男：ええ、別に選手になってほしいとか思っていませんが、ただ、男の子だから、丈夫な体作りにはいいだろうなという感じですね。

1. 女：ねえ、山田さんの家では、子どもを英語塾に通わせているそうよ。うちはどうしましょう？

男：ひろしは、まだ4歳だし、英語は早すぎるよ。

女：でも、早めにやっておいて損はないでしょう。

男：まあ、たしかに、子どもが好きになって続けてくれたらいいかなあ。

2. 女：お友達の洋子さんは、3歳の子どもにピアノを始めさせたそうよ。うちもさせましょうよ。

男：ピアノ？そんなでっかいものを買って、後でやりたくなくなったら、どうするの？それに、うちの子にそんな才能はないだろう。

女：でも、才能があるかどうかは試さないと分からないでしょう。子どもの才能を伸ばすのは親の務めじゃない？

男：まあ、たしかにそうだね。じゃ、体験レッスンでも受けさせようか。

答案

1. 早めにやっておいて損はない　英語塾

2. 子どもの才能を伸ばす　ピアノ

解析

　　本题的会话是围绕着孩子的早期教育问题展开的。会话中使用了使役句。解题时要求准确理解会话中出现的与使役句相关的信息，听录音时要特别注意听家长是出于什么考虑以及让孩子学习什么内容。

- 第1题围绕着是否该让4岁的儿子学习英语展开。爸爸的意见是4岁开始学英语为时过早，但妈妈还是坚持让孩子早点开始学英语，原因是「早めにやっておいて損はない」（早学不吃亏）。

- 第2题围绕着是否该让孩子学钢琴展开。爸爸持否定意见，一是因为钢琴太占地方，如果以后学不下去了没办法处理，二是他认为孩子没有天赋；而妈妈则坚持自己的观点，认为「才能があるかどうかは試さないと分からないでしょう」（是否有天赋，不试不知道），而且认为「子どもの才能を伸ばすのは親の務め」（父母的职责就是发掘孩子的天赋）。所以答案是以"发掘孩子的天赋"为由，让孩子学"钢琴"。

五、電話による子どもの悩み相談についての内容です。会話を聞いて、例のように専門家の意見を書いてください。 MP3 13-1-05

听力原文

例 女：先生、うちの子ども、小学三年生で、クラスの中では一番背が低くて、心配なんです。寝る前に、子どもにミルクを飲ませると背が伸びると聞いたことがありますが、どうなんでしょうか。

　　男：お子さんは、ミルクはお好きですか。

　　女：好きどころか、飲んだら吐いてしまうぐらい嫌いです。

　　男：それなら、子どもに嫌なものを飲ませないでください。その代わり、魚とか、カルシウムがたくさん含まれているものを食べさせたほうがいいですよ。

1. 女：先生、うちの子、希望している国立大学に合格したんですけど、後で考えが変わって、もっと専門の勉強ができる有名な私立大学へ行くと言い出したんです。

　　男：何か問題があるんですか。

　　女：ええ、私としては国立のほうに進んでほしいんです。

　　男：うーん。まあ、お気持ちは分かりますが、やはり子どもの行きたいところへ行かせたほうがいいんじゃないかと思いますよ。

2. 女：先生、子どもの発達の問題ですが、うちは2歳になる男の子がいて、どうも周りの子どもたちより言葉が遅いような気がするんだよなあ。

　　男：まあ、最初の言葉が出てくる時期は、9か月からとか1歳半からとか、いろいろあるんですよ。ご家族の声かけが少なかったり、テレビばかりつけていたり、ということはありませんか。

　　女：それはないと思うんですけど。ただ、うちの子は家の中で遊ぶのが大好きで、外へ出たらよく泣くんです。

　　男：子どもにとってその言葉の環境にいることが必要です。できれば子どもを外へ出して、ほかの子どもたちと遊ばせたほうがいいと思いますよ。

答案

1. 子どもの行きたいところ
2. （子どもを外へ出して）ほかの子どもたち

解析

听录音，填写关键信息。本题的会话主要是围绕着孩子的教育问题展开的。解题时先阅读题干信息，对录音内容进行预判。听录音时，集中注意力听取需要填空的内容即可。

- 第1题来自一位母亲的咨询。女子的孩子考上了国立大学，但是孩子想去能够学到专业知识的私立大学。我们需要判断是要坚持妈妈的意见还是尊重孩子的选择。专家给出的意见是「やはり子どもの行きたいところへ行かせたほうがいい」（还是让孩子去想去的地方比较好）。其中的「やはり」（还是）也可以成为解题关键词，一般以「やはり・やっぱり」开始的句子都是表示结论性质的句子。
- 第2题涉及「子どもの発達の問題」（孩子的成长发育问题）。录音中，家长就2岁男孩说话晚的问题咨询专家。专家首先指出孩子说话早晚因人而异。之后，针对孩子喜欢独处、一到外面就经常哭的情况，专家建议「子どもを外へ出して、ほかの子どもたちと遊ばせたほうがいい」（让孩子出去和别的孩子玩比较好）。

六、録音を聞いて、次の文を完成してください。 MP3 13-1-06

听力原文

子どもの英語学習について、社会人はどのように考えているのでしょう。次のようなアンケート調査の結果があります。子どもたちに英語力が「必要になるだろう」と答えた人に、その理由を尋ねると、「コミュニケーションの輪を広げるため」と答えた人が39.3％で一番多かったです。そのほかに、「仕事でチャンスを広げるため」と答えた人は31.5％、また「グローバルな考え方を持つため」と答えた人は12.3％でした。このように英語力は今後ますます必要性が高まって、小学校以外での学習も必要とされるでしょう。

答案

1. コミュニケーションの輪を広げる
2. 仕事でチャンスを広げる
3. グローバルな考え方を持つ

解析

听录音，完成填空题。解题前要先理解图中的文字「現在の子どもたちが社会人となった時、英語力が必要だと思う最も大きな理由は何ですか」（现在的孩子们进入社会后必须具备英语能力。你认为最重要的理由是什么），如果能读懂这个有价值的提示，那么就可以推测出1、2、3中的三个百分比可能就对应理由。根据录音我们可以知道39.3％对应「コミュニケーションの輪を広げる」（扩展交际圈），31.5％对应「仕事でチャンスを広げる」（在工作中增加机遇），12.3％对应「グローバルな考え方を持つ」（拥有国际视野）。

七、録音を聞いて、_____に適当な言葉を書き入れてください。録音は3回繰り返します。

MP3 13-1-07

🎧📝 **听力原文及答案**

　　子どもの教育は親にとって大きな①課題となります。日本は②学歴社会で、子どもをよい学校に行かせるために、小さい時からいろいろ③勉強させたり、塾へ④通わせたりする親が多いです。そのほかに、ピアノや習字を⑤習わせたりするので、子どもの遊ぶ時間が少なくなってしまいます。でも、私は、子どもをもっと楽しく友達と⑥遊ばせたり、好きなことをさせたりする必要があると思います。

💡 **解析**

　　（略）

13-2 紙パックは洗ってから乾燥させてください

聞く前に

まず自分で確認しましょう。録音を聞いて質問に答えてみてください。 MP3 13-2-00

答案范例

1. 子どもの頃、人参のような嫌な野菜を無理に食べさせられて、大変でした。
   上海タワーから見た上海の夜景に驚かされました。
2. テレビのリモコンに電池を入れます。
   炊飯器のスタートボタンを押します。

一、録音を聞いて、その内容と合っている絵の下にA～Fの番号を書いてください。 MP3 13-2-01

听力原文

A　飛行機が苦手なのに、海外出張に行かされました。

B　昨日は山田さんと4時に約束したのに、駅前でずいぶん待たされました。

C　子どもの時、朝ご飯はいつも嫌いな納豆を食べさせられました。

D　アルバイト先で店長に重い箱を運ばされたりして大変でした。

E　入社したばかりの時、毎日会社でコピーのようなことばかりさせられていました。

F　あの温泉旅館の料理は、味だけでなく、見た目もきれいで、本当に感心させられました。

答案

1. D　2. B　3. E　4. C　5. F　6. A

解析

选择与录音内容一致的图片。注意听使役被动句「～（さ）せられる/される」的用法。

- 录音A中的解题关键信息是「飛行機」（飞机）和「海外出張」（去国外出差），故答案为图片6。录音中的「行かされました」是使役被动态的用法，表示"不得不去"。「行かされる」是「行かせられる」中的「せら」约音成「さ」而形成的。

- 录音C中说「嫌いな納豆を食べさせられました」（被迫吃不喜欢吃的纳豆）。图片4是女孩在吃纳豆。纳豆是由大豆发酵制成的，内含纳豆菌，据说对缓解心血管疾病、调节胃肠功能、壮骨、减肥等都有一定功效。但是纳豆有一种特殊的臭味和黏性，令一些人难以接受。本题意为孩子不愿意吃却不得不吃，所以用了使役被动句。

- 录音E的意思是"刚入职的时候每天在公司干一些复印之类的工作"，故答案为图片3。此处的使役被动句表示无可奈何。

- 录音F中的「感心させられました」，意为"不由得令人感动、钦佩"。此处的使役被动句表示使人不由自主地产生某种情感，这一类表达方式常有「考えさせられた」（令人深思）、「痛感させられた」（深感）、「感動させられた」（不禁感动）等。

二、会話を聞いて、その内容と合っている絵を選んでください。 🎧 MP3 13-2-02

🎧 **听力原文**

1. 女の人はこれからまず何をしますか。

   女：店長、開店まであと40分ありますが、もう外で待っていらっしゃるお客様がいます。

   男：もう？お客様は長く待たされると、いらいらするんだから、とりあえず椅子を外へ並べて！それから、今日暑いから、待ってる方に冷たいお茶を出して。

   女：はい。あのう、椅子はもう出してあります。

   男：そう？ありがとう。じゃ、お茶をお願いね。そうそう、それが終わったら、おしぼりの準備をしておいて！

   女：はい、分かりました。

2. 会社で男の人と女の人が会議の準備で打ち合わせをしています。女の人はこのあと、まず何をしますか。

   男：これ、午後の会議の資料なんですが、12部コピーしてください。その前に、間違いがないか、もう一度チェックしといてくれますか。

   女：はい、分かりました。確認してみます。

   男：さっき、佐藤さんに会議の時間が1時間遅くなったことを全員に連絡させましたけど。

   女：あ、佐藤さんからすでにご連絡がありました。

3. パン屋で男の人が手の洗い方を説明しています。石けんで手を洗ってから何をしますか。

   男：パン屋が食中毒を防ぐために、手の洗い方に十分に気を付けなければなりません。

   女：はい。

   男：仕事の前に、まず石けんで手を洗ってください。そして水で流す前に、ブラシで手をきれいにしてください。

   女：はい。では、洗い終わったら、タオルで手を拭きますか。

   男：いいえ、あそこの機械で乾かしてください。

4. 男の人が健康診断を受けています。男の人はこれからまず何の検査を受けますか。

   男：あの、血圧検査が終わったんですが…。

   女：えっと、あとはレントゲン検査と血液検査ですね。それでは、着替えてからレントゲン検査を受けてください。

   男：はい。

女：あ、申し訳ございません。今、採血室が空いていますから、先に採血をさせていただきます。どうぞこちらへ。

答案

1．A　2．B　3．A　4．B

解析

　　根据录音内容选择相应的图片。解题方法是先判断每幅图片的内容，然后根据录音判断图片的顺序。

- 第2题的三幅图片是职场工作的三个场面。首先预测一下三幅图片的日语说法，关键词分别是「電話」（电话）、「書類」（材料）、「コピー」（复印）。上司让女职员在复印材料之前先确认有没有错误，而打电话通知已经让伊藤做了，跟女职员无关。所以女职员首先是确认材料，故答案为B。

- 第3题的三幅图片是面包店员工洗手的三个步骤。首先预测一下三幅图片的日语说法，关键词分别是「手洗い乾燥機」（干手器）、「タオル」（毛巾）、「石けん」（香皂）。录音中说，首先用香皂洗手，在冲洗之前一定要用刷子把手刷干净，最后不要用毛巾擦手，而是用干手机吹干，故答案为B。

- 第4题的三幅图片是体检中的三个环节。首先预测一下三幅图片的日语说法，关键词分别是「レントゲン検査」（拍胸片）、「採血」（采血）、「血圧」（血压）。男子说血压已经测完了，然后女子说接下来是拍胸片和验血，后又改口说「採血室が空いていますから、先に採血をさせていただきます」（现在采血室没人，先给您采血吧），故答案为B。

三、会話を聞いて、その内容と合っているものを選んでください。 MP3 13-2-03

听力原文

1．男の人はどんな順番で就職活動をしましたか。

　　女：山田先輩、就職内定おめでとうございます。

　　男：あ、ありがとう。

　　女：就職活動って大変そうですが、先輩の場合どうでしたか。

　　男：いや、けっこう大変だったよ。会社の説明会に出る前に、会社についていろいろ調べたり、書類を出したりして、説明会が終わると、今度は面接。1次面接と2次面接、また最終面接は結果を1か月以上も待たされたよ。

　　女：でも、やっといい会社に就職できて本当によかったですね。私も早く内定をいただけるように頑張ります。

2．男の人が経験したアルバイトの順番はどのようになっていますか。

　　女：山田さんは、大学時代アルバイトをしたことがありますか。

　　男：ええ、生活費を稼ぐために、土日は6時間以上働かされたこともあるんですよ。

　　女：ええ、大変でしたか。

　　男：いいえ。大学3年の時は、図書館のバイトをしていて、たくさんの本に出会えました。

　　女：図書館のようなバイトは楽でいいですね。

男：ええ、でも、その他につらいバイトもいろいろやっていましたよ。大学2年の時、ラーメン屋のバイトは時間が長くてきつかったし、その前のピザの配達も大変でした。

3. 天気予報の内容と合っているのはどれですか。

女：ねえ、さっきの天気予報で、午前中は曇りのち雨、昼過ぎから晴れるって言ってたわよ。健ちゃんに傘を持たせたほうがいいかな。

男：今、曇ってるけどまだ降っていないでしょ。昼過ぎから晴れるんだから、大丈夫だよ。

答案

1．B　2．A　3．B

解析

判断录音信息与文字信息是否对应，重点听动作或事物发展的先后顺序。

- 第1题要求对「説明会、面接、書類提出」（说明会、面试、提交材料）这三个步骤进行排序。录音中，男子说在参加企业说明会之前需要查资料以及提供自己的应聘材料；参加说明会之后，会进行初试、复试和最终面试，故答案为B。

- 第2题问的是男子先后打过什么工。几个关键信息是「大学3年の時は、図書館のバイト」（大学3年级在图书馆打工）、「大学2年の時、ラーメン屋のバイト」（大学2年级在拉面店打工）、「その前のピザの配達」（在那之前送过比萨饼）。由此可知正确的顺序是「ピザの配達、ラーメン屋、図書館」（送比萨饼、拉面店、图书馆）。

- 第3题是关于天气预报的内容。关键信息是「午前中は曇りのち雨、昼過ぎから晴れる」（上午阴转雨，下午转晴），故答案为B。天气预报涉及的信息量很大，一般包括全国和地方的天气、气温、降水、风力、气压、湿度等基本信息，也包括台风、梅雨、霜冻等各种警报。在此只对天气预报中出现的常用词汇进行简单介绍，如「今日・今夜・明日・明後日・明け方・朝の内・昼前・昼過ぎ・夕方・夜遅く・午前・午後・日中」（今天、今夜、明天、后天、黎明、早上、上午、午后、傍晚、夜间、上午、下午、白天）；「3・6時間ごとの天気予報・週間天気予報」（3小时天气预报、6小时天气预报、一周天气预报）；「曇りのち雨・曇り時々雨」（阴转雨、阴有时有雨）。

四、会話を聞いて、例のように書いてください。 MP3 13-2-04

听力原文

例　男：日本では地震など災害が発生した場合、災害用電話「171」を使ってください。

女：「171」番ですね。

男：はい。それでは、使い方を簡単にご説明させていただきます。まず「171」に電話をかけてください。その後、音声ガイダンスに従ってください。

女：はい。

男：録音の場合は「1」を、再生の場合は「2」を押してください。

女：分かりました。ありがとうございました。

1. 女：あのう、新しいノートパソコンを買ったんですけど、会社のプリンターでカラー印刷する場合、どうしたらいいでしょうか。

　　男：まず、パソコンとプリンターを接続させる必要があります。

　　女：あ、それはすでに済ませました。今、インターネットにも接続しています。

　　男：じゃ、次は印刷設定ですね。メニューから「プリンター」を選びます。それを右クリックして「印刷設定」、それから「カラー印刷」を選びます。

　　女：これ、必ず毎回やるんですか。

　　男：常にカラー印刷したい場合、この「カラー印刷」を「自動カラー」に変えれば、毎回しなくてもいいんですよ。

　　女：よく分かりました。どうもありがとうございました。

2. 女：暑いからクーラーをつけましょうか。

　　男：そうだね。

　　女：あれ、リモコンのスイッチを入れても全然動かないけど。どうしたのかな？お父さん。

　　男：どれどれ。じゃ、もう一回、リモコンの設定をしよう。えっと、まず、この「運転切替」のボタンで「冷房」を選んで、温度を28度にする。それから「風量設定」を「自動」のモードにしておけばもう大丈夫だ。あと、10分ぐらい運転させたら、部屋が涼しくなるよ。

📝 答案

1. 印刷設定　カラー印刷　2. 冷房　28　自動

💡 解析

　　本题介绍的是如何操作打印机和空调。首先阅读题干给出的信息，在听录音之前，根据已有的生活常识预测空白处可能出现的内容。

- 第1题根据录音，设置彩色打印时，需要从电脑菜单选打印机，然后右键点击「印刷設定」（打印设置），最后选择「カラー印刷」（彩色打印）。并且男子补充说如果设定成「自動カラー」（自动彩色打印），以后就不用每次都重复设定了。

- 第2题中，男子说首先通过「運転切替」（运转模式切换键）设定「冷房」（冷风）；接着把温度设定为28度；最后通过「風量設定」（风量设定键）设定「自動」模式。日本空调遥控器上的文字通常有：「入・切・温度・タイマー・風量・風速・運転切替・運転・停止」（打开、关闭、温度、时间、风量、风速、运行模式切换、运行、停止）。

五、録音を聞いて、例のように書いてください。　🎧 MP3 13-2-05

🎧 听力原文

例　ゼミ旅行のことで、女の人はこれから何をしますか。

男：今度のゼミ旅行だけど、そろそろ準備を始めなきゃ…。

女：私も手伝うよ。何すればいいの？

男：ゼミ生は全部で23人だけど、何人参加できるか、まず人数をはっきりさせないと
　　いけないから、悪いけど、メールでみんなに聞いてもらえる？

女：うん、いいわよ。早速みんなにメールをするね。

男：人数が決まったら、ホテルを調べといてね。

女：うん。じゃ、バスの予約は？

男：大丈夫、あとのことは僕がしとくから。

1. 大学で先生が話しています。学生はこの後、何をしなければなりませんか。

　　女：先週も言いましたが、今日はこの授業が終わったら、加藤先生の講演会がありま
　　　　す。全員必ず出席するようにしてください。講演会はすぐ始まりますから、遅れな
　　　　いようにしてください。講演会の後、会場で加藤先生に講演の内容について質問す
　　　　ることもできますよ。明日の授業で感想を聞かせてもらいます。レポートを書く必
　　　　要はありません。

2. 男の人が何のために子どもに野球をさせていますか。

　　男：明日、子どもの野球の試合に、うちの子も参加するんだよ。

　　女：頑張ってください。お宅は、お子さんに小さい時から運動させているんですね。

　　男：うん、そうだよ。男の子だから、まず健康な体を作ろうと思って。それからほかの
　　　　人と何かを一緒にやるってことを学ばせたいと思ってね。

　　女：なるほど、力を合わせるってことですね。

　　男：そうだね。さらに、何かに一生懸命頑張るってことを経験させたいんだけど。

答案

1. 講演会　（講演会の）感想
2. 健康な体　ほかの人と何かを一緒にやる　何かに一生懸命頑張る

解析

　　听录音，填写关键信息。首先阅读题干信息，对录音内容进行预判。听录音时，集中注意力听取需要填空的内容即可。

- 第1题要求听取是活动顺序。老师要求现在所有学生都要出席加藤老师的演讲，并在明天的课堂上阐述感想。至于演讲后的提问环节并不是要求填空的内容。

- 第2题中，男子表示希望孩子通过参加体育运动，使其强身健体，培养其与别人配合的社会性，让孩子体验如何努力做好一件事。通过录音中具有代表性的提示词「まず」「それから」「さらに」，可知男子对孩子寄予的三个希望。

六、録音を聞いて、次の文を完成してください。 MP3 13-2-06

🎧 **听力原文**

　　日本のごみの出し方に悩んでいる外国の方が多いようですが、今日は資源ごみの出し方について絵を見ながら簡単にご説明させていただきます。ペットボトルはこのように蓋を取って洗ってください。それから、足などで潰してください。紙パックは洗ってから乾燥させてください。また、衣類は紐で縛ってください。ダンボールは必ず開いて畳んでください。そのまま出してはいけませんよ。

📝 **答案**

1. 足などで潰してください　　2. 乾燥させてください
3. 紐で縛ってください　　　　4. 開いて畳んでください

💡 **解析**

　　听录音，完成填空题。本题的信息量很大，首先要理解四幅图片上的文字内容。第一幅图是饮料瓶，扔前需要取下瓶盖清洗后用脚踩扁。第二幅图是纸质饮料盒，扔前需要用水清洗后并晾干。第三幅图是衣物，扔前需要叠好后用绳子捆好。第四幅图是纸箱，扔前需要拆开后叠好。参考图上的文字和箭头，集中注意力听空白处对应的内容即可。通过本题，我们也可以了解日本对垃圾分类的细致要求。

七、録音を聞いて、_____に適当な言葉を書き入れてください。録音は3回繰り返します。
MP3 13-2-07

🎧📝 **听力原文及答案**

　　睡眠で悩んでいる方がいらっしゃると思いますが、寝る前に①いらいらした気分を落ち着かせたい時など、この「478呼吸法」を②試してはいかがでしょうか。つまり、「息を吸う」「息を止める」「息を吐く」という動作をそれぞれ4秒、7秒、8秒を数えてやる方法です。まず心の中で1から4まで数えて、静かに③鼻から息を吸います。それから、そのまま7秒間、④息を止めます。続いて、「ふぅ…」と音を立てながら、8秒かけて、ゆっくりと⑤口から息を吐きます。

💡 **解析**

　　（略）

練習問題

問題一、絵を見て、正しい答えをA、B、Cの中から一つ選んでください。 MP3 13-3-01

1.

（　　）

2.

（　　）

問題二、絵を見て、正しい答えをA、B、C、Dの中から一つ選んでください。 MP3 13-3-02

1.

A

B

C

D

（　　）

2.

A

B

C

D

（　　）

問題三、会話を聞いて、正しい答えをA、B、C、Dの中から一つ選んでください。 MP3 13-3-03

1.（　　）
　A　日本語の新聞を読むこと
　B　英語の新聞を覚えておくこと
　C　日本語の新聞を読んでから英語に翻訳すること
　D　英語の新聞を読んでから日本語に翻訳すること

2.（　　）
　A　上司と合わないから　　　　　　　B　仕事が忙しいから
　C　給料が安いから　　　　　　　　　D　新しい家を買ったから

問題四、次の問題には絵はありません。会話を聞いて、正しい答えを一つ選んでください。
　　　　MP3 13-3-04

1.（　　）　　　　　2.（　　）　　　　　3.（　　）　　　　　4.（　　）

問題五、録音を聞いて、次の文を完成してください。録音は3回繰り返します。 MP3 13-3-05

　　「引越し」は「大変！」という①＿＿＿＿＿＿がありますよね。②＿＿＿＿＿＿はもちろん、いろいろな手続きや届け出など、引越しには、やることがたくさんあります。そんな面倒な引越しでも、③＿＿＿＿＿＿、④＿＿＿＿＿＿少しずつ準備をすれば大丈夫です。ここでは、引越しが決まってから、引越し後の手続きまでを、⑤＿＿＿＿＿＿ご説明させていただきます。

スクリプトと解答

問題一、絵を見て、正しい答えをA、B、Cの中から一つ選んでください。 MP3 13-3-01

🎧 **听力原文**

1. お母さんは娘に何をやらせますか。

   女：ねえ、うちの恵と同じ小学校に通っている洋子ちゃんは、バレエをやっているのよ。で、洋子ちゃんのお母さんに一緒にやらないかって、誘われたのよ。なんとなく断りにくいね。

   A　バレエをやらせます。

   B　小学校に通わせます。

   C　洋子を誘わせます。

2. 先生は学生に何をさせますか。

   男：皆さん、生の日本語に慣れるために、毎日2時間から3時間、とにかく日本語のドラマを聞き流してください。

   A　先生は学生に日本語で話させます。

   B　先生は学生に日本語のドラマを聞かせます。

   C　先生は学生に日本に慣れさせます。

📝 **答案**

1. A　2. B

問題二、絵を見て、正しい答えをA、B、C、Dの中から一つ選んでください。 MP3 13-3-02

🎧 **听力原文**

1. 銀行で男の人と女の人が話しています。女の人はこのあと、まず何をしますか。

   男：お待たせしました。

   女：あのう、引っ越したので、住所変更をしたいんですが…。

   男：住所変更ですね。はい、では、まずこちらの申し込み用紙に新しい住所を書いていただきます。

   女：それは昨日もらったんで、もう書いてきたんです。

   男：そうですか。では、あちらの番号の札を取ってお待ちください。

   女：はい、分かりました。あの、待っている間に、現金を下ろしたいんですが…。

   男：それなら、あちらのATMをご利用ください。

   女の人はこのあと、まず何をしますか。

2. 男の人と女の人が話しています。女の人は最初にどんなことをさせられましたか。

　　男：入社式は市民会館だったの？それで式だけだったんだろう？昨日は。

　　女：式は市民会館だったけど、そのあと、10時頃、会社に戻って、いきなりみんなの前で英語で自己紹介させられたのよ。

　　男：えー、そうだったんだ。

　　女：それに午後、資料のコピーやお茶汲み、あと会議室の準備までさせられたのよ。

　　男：それはちょっと。

　　女：でしょう。これから大変だなとちょっと不安なんですけど。

　　女の人は最初にどんなことをさせられましたか。

答案

1. B　2. B

問題三、会話を聞いて、正しい答えをA、B、C、Dの中から一つ選んでください。 MP3 13-3-03

听力原文

1. 男の人は面接でどんなことをさせられましたか。

　　女：先輩、この間、商社の面接に行ったそうですね。いかがでしたか。

　　男：なかなか大変でした。

　　女：と言いますと…。

　　男：いきなり英語の新聞を読まされて、それを日本語に翻訳させられてさ。英語が苦手なのに…。

　　女：それは英語と日本語の実力が試されますね。わー、難しそうですね。

　　男の人は面接でどんなことをさせられましたか。

2. 男の人と女の人が話しています。男の人はどうして会社を辞めますか。

　　男：今の会社を辞めようかなと思っているんだ。

　　女：えっ、辞めるの？もしかして辞めさせられるんじゃないでしょうね。

　　男：いや、自分からだよ。

　　女：そういえば、上司と合わないって言ってたわよね。

　　男：まあ、それは我慢できるんだけど。仕事が忙しいわりに給料がちょっとね…。

　　女：そうよね。新しい家を買ったことだし、大変よね。

　　男の人はどうして会社を辞めますか。

答案

1. D　2. C

問題四、次の問題には絵はありません。会話を聞いて、正しい答えを一つ選んでください。

MP3 13-3-04

🎧 **听力原文**

1. 先生とお母さんが話しています。お母さんは娘に毎日どんなことをさせていますか。

   男：お子さんに家での勉強は毎日させていますか。

   女：ええ、2時間ぐらいはさせています。

   男：買い物もさせていますか。

   女：ええ、忙しい時は、コンビニで買ってもらいます。

   男：いいですね。それから掃除もさせますか。

   女：ええ、させています。自分の部屋だけ、週2、3回ですけどね。

   男：洗濯物は自分で洗っていますか。

   女：うちは、洗濯物は洗濯機で洗うからやらせません。

   お母さんは娘に毎日どんなことをさせていますか。

   A　勉強すること　　　　　　　　　B　買い物をすること

   C　掃除すること　　　　　　　　　D　洗濯すること

2. お母さんとお父さんが話しています。来月から、二人の子どもに何を習わせますか。

   女：来月から、一郎に英語を習わせることにしたよ。

   男：一郎はもう水泳教室と算数の塾に行かせているんだろう。

   女：ええ、でもこれから英語も大事だから。それから里香も来月から習字を習いに行か
   せるよ。

   男：里香はもう水泳とピアノを習っているじゃないか。今度は習字か。

   女：里香は字が下手だから、もっと練習させないと大人になってから困るね。

   男：お金が大変だな。

   女：ええ、ですから、あなたのお小遣いを来月から2万円少なくさせていただきます
   よ。

   男：ええ！

   来月から、二人の子どもに何を習わせますか。

   A　水泳と算数　　　　　　　　　　B　水泳とピアノ

   C　英語と習字　　　　　　　　　　D　英語とピアノ

3. 男の人の会社では、新入社員の教育にまずどんなことをさせますか。

   女：うちの会社の新入社員教育は、まずあいさつから始まるんです。

   男：確かに、ビジネスマナーは大切ですよね。

   女：そうですね。先輩に「マナーの基本はあいさつに始まりあいさつに終わる」とよく
   言われています。

   男：うちの会社では、まず社員全員の名前を覚えさせます。これこそよい人間関係の基
   本です。名前で呼びかければ、皆さん、笑顔で迎えてくれますからね。

男の人の会社では、新入社員の教育にまずどんなことをさせますか。

A　みんなの前であいさつをすること　　　B　ビジネスマナーを教えること

C　社員全員の名前を覚えること　　　　　D　笑顔であいさつすること

4. 大学生二人はゼミ旅行のことで話しています。女の人はこれからまず何をしますか。

男：今度のゼミ旅行だけど、そろそろ準備を始めなきゃ…。

女：私も手伝うよ。何すればいいの？

男：ゼミ生は全部で23人だけど、何人参加できるか、まず人数をはっきりさせないといけないね。悪いけど、メールでみんなに聞いてもらえる？

女：うん、いいわよ。早速みんなにメールをするね。

男：人数が決まったら、ホテルを調べといてね。

女：うん。じゃ、バスの予約は？

男：大丈夫。あとのことは僕がしとくから。

女の人はこれからまず何をしますか。

A　みんなに電話して参加者を確認する。

B　みんなにメールをして参加者を確認する。

C　ホテルを予約する。

D　バスを予約する。

答案

1. A　2. C　3. C　4. B

問題五、録音を聞いて、次の文を完成してください。録音は3回繰り返します。 MP3 13-3-05

听力原文及答案

「引越し」は「大変！」という①イメージがありますよね。②荷造りはもちろん、いろいろな手続きや届け出など、引越しには、やることがたくさんあります。そんな面倒な引越しでも、③スケジュールを立てて、④余裕を持って少しずつ準備をすれば大丈夫です。ここでは、引越しが決まってから、引越し後の手続きまでを、⑤順を追ってご説明させていただきます。

第14課

敬意表現

14-1 送別会の件でご連絡いたします

聞く前に

まず自分で確認しましょう。録音を聞いて質問に答えてみてください。 （MP3 14-1-00

答案范例

1. 初めまして、王と申します。大連外国語大学日本語学院の一年生です。どうぞよろしくお願いいたします。

   山田です。これからお世話になります。
2. 先生、お忙しいですね。お手伝いしましょうか。

   田中部長、タクシーをお呼びいたしますのでどうぞこちらで少々お待ちください。

一、録音を聞いて、その内容と合っているものに○を、違うものに×をつけてください。

（MP3 14-1-01

听力原文

1. 女：会社のほうには、何時ごろお戻りになりますか。
2. 女：お宅の課長の鈴木にお目にかかりたいんですが…。
3. 女：申し訳ございませんが、課長の鈴木は今、席をはずしております。
4. 男：先生、辞書を貸してあげましょうか。
5. 男：お母さん、来週の授業参観ですが、いらっしゃいますか。
6. 男：先生、来週の授業参観ですが、母がいらっしゃいます。

答案

1. ○ 2. × 3. ○ 4. × 5. × 6. ×

解析

　判断录音内容与图片所示内容是否一致。

- 第1题是公司内部下级向上级询问时的场景，应使用尊敬语。「お戻りになりますか」（您回到……吗）

是尊敬语的表达方式，故判断为正确。

- 第2题是言及其他公司的领导时的场景，应使用尊敬语，称呼对方公司的科长为「鈴木課長」（铃木科长）。而录音中说的「課長の鈴木」（科长铃木），是向公司外部人员言及自己所属公司的科长时所使用的表达方式。

- 第3题是向其他公司的人言及自己所属公司的科长时的场景，应使用自谦语。录音中，「課長の鈴木」（科长铃木）和「席をはずしております」（不在）都是自谦语的表达方式，故判断为正确。

- 第4题是学生与老师对话时的场景，虽然「貸してあげましょうか」表示主动借给某人，但是有施恩于人的语气，不适合对自己的长辈或地位、身份高于自己的人说。此处应该使用自谦语「お貸ししましょうか」（我借给您吧），表示主动提出为对方做某事，故判断为错误。

- 第5题和第6题中，对自己家人不能使用尊敬语，故判断为错误。

二、会話を聞いて、その内容と合っている絵を選んでください。 **MP3** 14-1-02

🎧 **听力原文**

1. 山本さんは今、何をしていますか。

     女：山本さんにお目にかかりたいんですが…。

     男：申し訳ございません。山本はただいま会議に出ております。よろしければ課長がご用件を伺いますが…。

     女：そうですか。じゃ、よろしくお願いいたします。

2. 男の人は何を持ってきますか。

     女：すみません。スプーンを落としちゃったんです。

     男：あ、すぐ、新しいのをお持ちします。少々お待ちください。

     女：ああ、よろしくお願いします。

3. 二人は、これからどうなりますか。

     男：あ、雨だ。困ったな。

     女：私、傘、2本持っていますから、お貸しします。

     男：それは助かるな。じゃ、貸してもらうよ。

     女：事務室にありますので、すぐお持ちします。ここで少々お待ちください。

4. プレゼントをどうしますか。

     男：このネックレスをください。誕生日プレゼントなんですが…。

     女：では、プレゼント用の包装紙でお包みしてリボンをおかけいたします。

     男：ええ、お願いします。

✍ **答案**

1. B 2. A 3. A 4. B

💡 **解析**

　　根据录音内容选择相应的图片。解题方法是先判断A与B的区别，然后听录音进行辨别。

- 第1题中，「山本はただいま会議に出ております」意为"山本现在正在开会"。A是正在吃饭，B是正在

开会，故答案为B。

- 第2题中，「スプーンを落としちゃった」意为"勺子掉在地上了"，故答案为A。B是咖啡洒了，日语表述应是「コーヒーをこぼす」。
- 第3题中，「傘、2本持っていますから、お貸しします」意为"我有两把伞，借给你一把"，而B是两个人共打一把伞，故答案为A。
- 第4题中，「プレゼント用の包装紙でお包みしてリボンをおかけいたします」意为"我帮您用礼品包装纸包好，然后系上丝带"。A没有外包装，故答案为B。

三、会話を聞いて、その内容と合っているものを選んでください。🎧 MP3 14-1-03

🎧 **听力原文**

1. 田中さんと中村さんが初めて会ったのはいつですか。

   男：失礼ですが、中村さんじゃありませんか。

   女：ええ、そうですが…。

   男：田中です。ニューヨークのジョンさんのお宅でお目にかかったことがあるでしょう。

   女：ああ、田中さんですか。失礼いたしました。お元気ですか。

   男：ええ、おかげさまで、元気にしています。

   女：ああ、あれから、もう4年になりますね。実は先月仕事でニューヨークに行ってきたんです。ジョンさんにも会って、とてもお元気でしたよ。

   男：それはよかったですね。

2. 今、部屋にあるものは何ですか。

   男：いらっしゃいませ。

   女：予約した山田ですが…。

   男：あ、山田様。お待ちしておりました。お荷物をお持ちいたします。それでは、お部屋までご案内します。こちらでございます。

   女：わあ、明るい部屋ですね。

   男：タオルと浴衣はこちらでございます。ドライヤーは後で持ってまいりますので。

3. 女の人はどうしますか。

   男：いらっしゃいませ。

   女：すみません。マレーシアに行きたいんですが、何かいいコースがありますか。

   男：こちらはいかがでしょうか。AコースとBコースがございますが…。

   女：来週の月曜日から3泊の予定ですが…。

   男：あー、来週から冬休みに入りますので、空きは少ないですね。お調べしますので少々お待ちください…。大変お待たせしました。あいにくですが、Aコースはもう空きがございませんが、Bコースならまだ大丈夫なんですが…。

女：Bコースしかないですか。じゃ、このコースをお願いします。

答案

1．B　2．A　3．B

解析

判断录音信息与文字信息是否对应，重点听问题涉及的主要内容。

- 第1题中，会话在刚开始就提到二人以前在纽约的约翰家见过面，后又提到「もう4年になります」（已经过去4年了），表示二人是在4年前见过，故答案为B。
- 第2题中，男子刚开始说房间里有「タオルと浴衣」（毛巾和浴袍），随后又说「ドライヤーは後で持ってまいります」（吹风机马上给您送过来），也就是说现在房间里还没有吹风机，故答案为A。

四、次は初対面のあいさつです。例にならって、女の人の自己紹介の内容を書いてください。 MP3 14-1-04

听力原文

例 女：初めまして、孫と申します。

男：あ、初めまして、三浦と申します。どうぞよろしく。

女：こちらこそ。よろしくお願いいたします。

男：孫さん、ご出身はどちらですか。

女：中国の大連です。今年1月に日本にまいりました。

男：そうですか。日本語、お上手ですね。お住まいはどちらですか。

女：品川です。

1．女：初めまして、アンナでございます。どうぞよろしくお願いいたします。

男：初めまして、上北と申します。どうぞよろしくお願いします。アンナさんのご出身はどちらですか。

女：アメリカのニューヨークでございます。5年前、日本にまいりました。

男：あー、そうですか。お住まいはどちらですか。

女：横浜でございます。今、横浜中学校で英語を教えております。

男：あ、英語の先生ですか。

2．女：初めまして、アイラと申します。タイのバンコクからまいりました。どうぞよろしくお願いいたします。

男：初めまして、山崎です。どうぞよろしくお願いします。アイラさんはいつ日本に来たんですか。

女：おととしの9月にまいりました。今、上智大学で勉強しております。

男：あー、そうですか。今どこに住んでいるんですか。

女：市川に住んでおります。市川駅の近くでアルバイトをしております。

男：そうですか。近くていいですね。

答案

	名前	出身地	日本に来た時間	住所
1	アンナ	アメリカ・ニューヨーク	５年前	横浜
2	アイラ	タイ・バンコク	おととしの９月	市川

解析

（略）

五、得意先との会話です。その会話を聞いて、例のように書いてください。 MP3 14-1-05

听力原文

例 女：はい、B社でございます。

男：あ、もしもし、A社の山田でございますが…。

女：あ、山田様ですか。いつもお世話になっております。田中です。

男：こちらこそ。田中課長、部長の本村が来週にでもお目にかかりたいと申しておりましたが、ご都合はいかがでしょうか。

女：えっと、いつがよろしいでしょうか。

男：木曜以外でしたらいつでも結構でございます。

1. 女：はい、鈴木商事でございます。

男：もしもし、さくら商事の井上でございますが…。

女：あ、井上様、いつもお世話になっております。木村です。

男：あ、こちらこそ。いつもお世話になっております。

女：先日ご依頼のあった書類、お送りしましたが、もうご覧いただけたでしょうか。

男：はい、さっそく拝見しました。それで、少しお聞きしたいことがあるんですが、よろしいでしょうか。

2. 女：佐藤様、お待たせしまして、大変申し訳ございません。課長の鈴木はもうすぐまいりますので、こちらの設計図でもご覧になって、お待ちいただけますか。

男：ええ。では、拝見させていただきます。

女：すぐにお茶をお入れしますので、少々お待ちください。

答案

1. さくら商事の井上さん　鈴木商事の木村さん
2. 佐藤さん　鈴木課長

解析

• 第1题中来电的人是「さくら商事」（櫻花商业公司）的井上。他打电话的目的是想询问一些事情。录音中木村说「先日ご依頼のあった書類、お送りしましたが」（前几天我给您邮寄了您要的资料），因为这

句话用的是自谦语，也就表明寄送文件的人是「鈴木 商事」（铃木商业公司）的木村。

- 第2题的录音中女子对佐藤说「課長の鈴木はもうすぐまいりますので」（铃木科长马上就来），说明佐藤想见的是铃木科长。「お待ちいただけますか」（请您稍等）是自谦语，用于请求别人做某事，因此是客人佐藤在等铃木科长。

六、録音を聞いて、絵の内容を完成してください。 MP3 14-1-06

🎧 听力原文

　　ゼミの皆様、石田先生の送別会の件でご連絡いたします。石田先生は来週の3月8日から中国の大学で教えることになりました。そのため、ゼミの皆さんで3月5日の午後6時に石田先生の送別会を開くことにしました。場所はもつ鍋の家康で、会費は8000円に決まりました。当日会場でいただきますので、よろしくお願いします。なお、ご参加のお返事は2月10日までに幹事の小野一郎までお願いいたします。たくさんのご参加をお待ちしております。取り急ぎお知らせまで失礼いたします。

📝 答案

1. 石田先生　2. 3月5日の午後6時　3. 8000円　4. 小野一郎

💡 解析

　　听录音，完成填空题。解题前要观察图片，明确听力任务，把握关键信息。

　　本题图片是送别会的相关信息，具体为送别会的时间、送别对象、费用以及答复的方法。题意为石田老师3月8日要去中国任教，所以研究小组定于3月5日下午6点，在「もつ鍋の家康」饭店举行送别会。每人需缴纳会费8000日元，并于2月10日之前告诉干事小野一郎是否出席。尤其需要注意的是，此题中出现了3个时间点，不要混淆。

七、録音を聞いて、＿＿＿に適当な言葉を書き入れてください。録音は3回繰り返します。
MP3 14-1-07

🎧📝 听力原文及答案

　　①ごぶさたしております。その後皆様お変わりございませんか。私どもも元気に②暮らしております。時が経つのは早いもので、札幌でお会いしてからもう半年になりますね。その節はおかげさまで楽しい旅行をすることができました。円山動物園へ③案内していただいたり、懐石料理のお店に④連れて行っていただいたりしたことなど、写真を見ながら懐かしく⑤思い出しております。本当にありがとうございました。本日心ばかりのものですが、⑥お送りいたしましたので、お納めくださいませ。

💡 解析

　　（略）

14-2 お休みになる前に召し上がってください

聞く前に

まず自分で確認しましょう。録音を聞いて質問に答えてみてください。 MP3 14-2-00

答案范例

1. 先生はよくスキーをなさいますか。
   鈴木さんはよく絵をお書きになりますか。
2. お茶でも入れますから、どうぞお上がりください。
   どうぞおくつろぎください。

一、録音を聞いて、その内容と合っているものに○を、違うものに×をつけてください。

MP3 14-2-01

听力原文

1. 男：先生はもう家にお帰りになったはずですよ。研究室においでになりませんから。
2. 女：課長は新しい携帯を買われました。
3. 男：部長は朝、パンとコーヒーを召し上がるそうです。
4. 女：鈴木さん、お疲れのようですね。少し休まれたほうがいいですよ。
5. 男：社長はよく映画をご覧になります。
6. 女：山田先生は毎日6時半から散歩されるそうです。

答案

1. ○ 2. × 3. ○ 4. × 5. ○ 6. ×

解析

- 第2題中说科长买了一部新手机，而图片是「ノートパソコン」（笔记本电脑），故图片与录音内容不一致。
- 第4題中，「お疲れのようです」意为"看起来很疲惫"，而图片中的男人精神焕发，故图片与录音内容不一致。
- 第6題中，「散歩される」（散步）是尊敬语的表达方式，而图片中的人正在跑步，故图片与录音内容不一致。

二、会話を聞いて、その内容と合っている絵を選んでください。 MP3 14-2-02

听力原文

1. 二人はどこで話していますか。

男：ごめんください。

女：はい、どちらさまでしょうか。

男：井上です。

女：ああ、井上さん、よくいらっしゃいました。どうぞお上がりください。

男：では、失礼いたします。

女：こちらへどうぞ。

男：はい。

女：どうぞ楽になさってください。主人をすぐ呼んでまいりますので。

2. 男の人がすごいと言ったのはどちらですか。

女：あ、山本さん、こんにちは。どうぞ、お入りになってください。

男：お邪魔します。

女：さあ、どうぞこちらにお座りください。

男：あ、失礼します。

女：山本さんはお酒を召し上がりますか。

男：いえ、今日はジュースをいただきます。

女：あ、はい。

男：わあ、すごい。おいしそうですね。

女：私が作ったんですよ。どうぞ、たくさん召し上がってくださいね。

男：どうもありがとうございます。

3. 女の人はどんなスポーツをしていましたか。

男：アンナさんはよくスポーツをなさいますか。

女：国ではよくしましたけど、今はあまりしませんね。時間がありませんので。

男：そうですか。お国ではどんなスポーツをしていらっしゃったんですか。

女：仕事が終わってから、友達とよくバレーボールをしていましたね。中村さんは何か
　　スポーツは？

男：実は僕、今、テニスを習っているんです。仕事などで疲れた時、思い切りボールを
　　打つと、気分がすっきりしますよ。

女：いいですね。私もテニスをやりたいなあ。

4. 女の人の趣味はどちらですか。

男：こんにちは。

女：あ、山田さん。よくいらっしゃいました。どうぞ、お入りください。

男：お邪魔します。

女：ここ、すぐお分かりになりましたか。

男：ええ。大丈夫でした。

女：そうですか。さあ、こちらにお掛けください。

男：どうもありがとうございます。あ、このお花の写真、なかなかきれいですね。

女：あ、これですか。実は最近、写真を始めたんですよ。

男：えっ。これ、自分でお撮りになったんですか。すごいですね。

答案

1．B　2．A　3．B　4．A

解析

　　根据录音内容选择相应的图片。解题方法是先判断A与B的区别，然后听录音进行辨别。

- 第1题中，「どうぞお上がりください」（请进）与「失礼いたします」（那就打扰了）是两个惯用表达方式，这是家里来客人时主人与客人之间的常用语，故答案为B。

- 第2题中，「召し上がってください」（请您用餐）是「食べてください」（吃吧）的尊敬语。客人刚开始就说了不喝酒，因此客人夸奖的是饭菜，故答案为A。

- 第3题中提到女子以前下班后经常和朋友去打排球，而男子现在在学打网球，女子也有些想打网球。本题是询问女子以前做什么运动，故答案为B。

- 第4题的录音中出现了「お花の写真」（花的照片）这一信息，所以可以判断女子的兴趣不是插花，而是摄影，且后文又说「最近、写真を始めたんですよ」（我最近开始摄影了），故答案为A。

三、会話を聞いて、その内容と合っているものを選んでください。 MP3 14-2-03

听力原文

1．男の人のお母さんは今何をしていますか。

　　女：吉田さんのお父さんは弁護士でいらっしゃいますね。お母さんもお仕事をしていらっしゃるんですか。

　　男：母は先月まで中学校の教師でしたが、今は大学に行っています。

　　女：ああ、大学の先生でいらっしゃるんですか。

　　男：いや、そうじゃなくて、弁護士になりたいと言って、今、勉強しているんです。

　　女：へえ、それはすごいですね。

2．今、本を持っている人は誰ですか。

　　女：あの、本村さん。この間お貸しした本、もうご覧になりましたか。

　　男：すみません、まだなんです。

　　女：あのう、実は私の友達が読みたがっているので返していただきたいんですが…。

　　男：ごめんなさい。本当は私、友達に貸してしまったんです。

　　女：えっ！

3．女の人はいつ電話をしましたか。

　　男：はい、森田でございます。

　　女：あの、山下ですが、こんな時間に申し訳ございません。

　　男：いえ、大丈夫ですよ。

　　女：もうお休みでしたか。

　　男：いいえ、日曜は寝坊してもいいので、今日はまだ起きていましたよ。

　　女：あ、すみません。実は…。

答案

1．B　2．B　3．A

解析

　　判断录音信息与文字信息是否对应，重点听问题涉及的主要内容。

- 第1题的录音中提到吉田的母亲上个月以前是中学老师，但现在他母亲去大学了。这很容易让人联想到母亲是去大学当老师了。但之后吉田解释说他母亲是为了当律师而去大学学习，因此吉田的母亲现在不是大学老师，而是学生。

- 第2题的录音中女子想让男子把书还给自己，这很容易让人以为书现在在男子手里。但是后来男子说自己把书借给了朋友，所以现在书在男子的朋友的手里。

- 第3题的录音中说「日曜(にちよう)は寝坊(ねぼう)してもいいので、今日(きょう)はまだ起(お)きていましたよ」（星期天早上可以睡懒觉，所以现在还没睡），说明次日是星期天，所以可知现在是周六晚上。

四、会話を聞いて、例のように男の人が間違ったところを書いてください。 MP3 14-2-04

听力原文

例 男：井上さん、日本語は難しいですね。

　　女：そうですか。でも、スミスさんはお上手ですよ。

　　男：いいえ、そんなことはありませんよ。この前も間違えてしまったんです。

　　女：どんなことですか。

　　男：この前ね、パーティーがあったんです。その時、隣に先生がいらっしゃったんで、「先生、コーヒーを飲みたいですか」と聞いたんです。

　　女：うん、目上の人に対して「コーヒーを飲みたいですか」って言うのは文法は正しいかもしれませんが、失礼ですよね。そんな時は普通、「コーヒーを召し上がりますか」って言いますよね。

　　男：そうですよね。難しいなあ。

1．男：この前、敬語の使い方を間違ってしまったんです。

　　女：どんなふうにでしたか。

　　男：あのね、昨日会社で電話をとった時に、得意先の人に「社長さん、いらっしゃいますか」って言われたので、「社長は今いらっしゃいません」って言ったんですよ。

　　女：えっ、それは失礼ですよ。

　　男：それで笑われちゃって。

　　女：そうでしょうね。日本では、会社の中の人と話す時は尊敬語を使ってもいいけど、自分の会社以外の人、例えば、得意先の人とかに対して謙譲語を使うんですよ。

　　男：ええ。「社長はただいま外出しております」と言えばよかったんですね。

2. 男：日本語の敬語って本当に難しいですね。この前、また失敗しちゃって。

女：え、何かあったんですか。

男：昨日、バスがなかなか来なくてどうしようかなあと思っているところへ、大家さんが来たんです。「バスをもうだいぶ待っていらっしゃるんですか」って聞かれたから「ええ、30分もお待ちしているんですよ」って答えちゃった。それで、変な顔をされちゃったんです。

女：そうだったんですか。待っていたのはバスだから、ただ、「もう30分も待っていたんですよ」って言えばよかったのよ。

男：そうなんですか。難しいですね。

📝 **答案**

	誤	正
1	社長は今いらっしゃいません。	社長はただいま外出しております。
2	（バスを）30分もお待ちしているんですよ。	（バスを）30分も待っているんですよ。

💡 **解析**

（略）

五、会話を聞いて、例のように書いてください。 MP3 14-2-05

🎧 **听力原文**

例 女の人は誰と一緒に沖縄へ行きますか。

男：中村さん、冬休みにどこかへ行かれますか。

女：ええ、二人の妹と三人で沖縄へ行きます。

男：へえ、沖縄ですか。いいですね。ご姉妹三人で行かれるのも楽しいでしょうね。ご両親は一緒にいらっしゃらないんですか。

女：ええ、80歳の祖父がいて、大変だから。

1. 写真に写っている人は誰ですか。

女：部長、そこの写真、拝見してもよろしいでしょうか。

男：ああ、いいよ。

女：お子さんの写真ですね。

男：ああ。

女：おいくつですか。

男：上の子は18で、下の子は15。

女：こちらの右に写っているのはどなたですか。

男：それはね、僕の弟だよ。

女：そうなんですね。よく似ていらっしゃいますね。お子さんはお二人とも高校生ですか。

男：そう。でも、上の子はこの春、高校を卒業するんだ。

女：大学はもうお決まりですか。

男：まあ、何とかね。

女：それはおめでとうございます。

2. 男の人は昨日何をしましたか。男の人の家族は何人ですか。

女：加藤さん、昨日、きれいな女の方と一緒に銀座を歩いていらっしゃったでしょう。

男：え、昨日ですか。

女：そうですよ。お昼ごろ。

男：ああ、昨日妹と銀座へ買い物に行ったんですよ。

女：へえ、妹さんがいらっしゃるんですか。

男：ええ。兄弟二人です。

女：そうですか。加藤さんの妹さん、おきれいなんですね。お母さんもきれいだし。

男：え、そうですか。でも、父も私もあまりハンサムじゃありませんよ。

📝 **答案**

1. 弟さん　二人　2. 銀座　買い物　四人

💡 **解析**

• 第1题中，「僕の弟だよ」（是我弟弟）、「よく似ていらっしゃいますね」（跟您真像啊）说明与部长长得像的是部长的弟弟。「お子さんはお二人とも高校生ですか」（您的两个孩子都是高中生吗）、「そう。でも、上の子はこの春、高校を卒業するんだ」（是的，但长子今年春天将要高中毕业）说明部长的两个孩子目前都是高中生。

• 第2题中，女子问男子昨天和谁去了银座，男子解释说是和妹妹去买东西。谈到家里人时，女子说男子的妈妈和妹妹很漂亮，但男子说自己和爸爸不帅气，这表明男子家里有四口人。

六、次の文章はマッサージ機についての話です。録音を聞いて、絵の内容を完成してください。 🎵 MP3 14-2-06

🎧 **听力原文**

　　肩こりでお悩みの方、マッサージ機を10日間無料でお試しいただけます。はがきに住所、氏名、年齢をご記入の上、お送りいただければ、さっそくお届けいたします。お買い上げの場合は、代金を15日以内に下記へお送りください。お気に召さない場合は必ずお届けの日から10日以内にご返品ください。

📝 **答案**

1. 無料　2. 氏名　3. 代金　4. 10日

解析

听录音，完成填空题。解题前要观察图片，明确听力任务，把握关键信息。

本题图片是按摩仪的推销广告。听录音时，要注意听录音中提及的时间与购买、退货的手续等。解题关键句为「マッサージ機を10日間無料でお試しいただけます」（按摩仪可以免费试用10天）、「お買い上げの場合は、代金を15日以内に下記へお送りください」（需要购买的顾客，请在15天之内将费用寄到以下地址）、「お気に召さない場合は必ずお届けの日から10日以内にご返品ください」（不需要的顾客请务必在收到产品10天内寄回）。

七、ガイドの話を聞いて、_____に適当な言葉を書き入れてください。録音は3回繰り返します。 MP3 14-2-07

听力原文及答案

バスはまもなく次の目的地、旭山動物園に到着いたします。皆様には動物園の前にあります駐車場で降りていただきまして、①入り口までご案内いたします。その後は自由行動となりますので、②ごゆっくりご見学ください。お昼ご飯もこちらでとります。園内の中央に③レストランがございますので、12時半に1階④入り口の近くにお集まりください。私がお席にご案内いたします。この動物園には珍しい動物がたくさんいますので、ぜひ⑤ご覧くださいませ。はい、今、到着いたしました。出発時刻は2時半です。10分前までに、必ず⑥バスにお戻りください。

解析

（略）

練習問題

問題一、絵を見て、正しい答えをA、B、Cの中から一つ選んでください。 MP3 14-3-01

1.

（　　）

2.

（　　）

問題二、絵を見て、正しい答えをA、B、C、Dの中から一つ選んでください。 MP3 14-3-02

1.

A

B

C

D

（　　）

2.

A

B

C

D

( )

問題三、録音を聞いて、正しい答えをA、B、C、Dの中から一つ選んでください。 MP3 14-3-03

1. ( )
   A テルテルサービスの人_{ひと}
   C 鈴木_{すずき}さん
   B 山田_{やまだ}さん
   D 鈴木_{すずき}さんの子_こども

2. ( )
   A 現代_{げんだい}の学校教育_{がっこうきょういく}
   C 父親_{ちちおや}と母親_{ははおや}の在_あり方_{かた}
   B 現代_{げんだい}の家族問題_{かぞくもんだい}
   D 世界各国_{せかいかっこく}の家族_{かぞく}

問題四、次の問題には絵はありません。会話を聞いて、正しい答えを一つ選んでください。

MP3 14-3-04

1. ( )   2. ( )   3. ( )   4. ( )

問題五、録音を聞いて、次の文を完成してください。録音は3回繰り返します。 MP3 14-3-05

無事_{ぶじ}ご帰国_{きこく}のこと、何_{なに}よりと存_{ぞん}じます。

さて、おみやげに①＿＿＿＿＿＿＿絵葉書_{えはがき}、どうもありがとうございました。早速_{さっそく}②＿＿＿＿

＿＿＿＿＿。とても素晴_{すば}らしい景色_{けしき}で、感動_{かんどう}しました。次回_{じかい}あちらに③＿＿＿＿＿＿＿時_{とき}は、ぜひ、

私_{わたし}も④＿＿＿＿＿＿＿＿＿。今度_{こんど}、また私_{わたし}の家_{いえ}にもゆっくり遊_{あそ}びにいらっしゃってください。楽_{たの}し

みに⑤＿＿＿＿＿＿＿。

これからますます寒_{さむ}くなりそう⑥＿＿＿＿＿＿＿。どうぞお体_{からだ}を大切_{たいせつ}になさってください。

スクリプトと解答

問題一、絵を見て、正しい答えをA、B、Cの中から一つ選んでください。 MP3 14-3-01

🎧 听力原文

1. お年寄りが大きな荷物を持って階段を上っています。荷物を持ってあげたいです。何と言いますか。

 A　重そうですね。お持ちしましょうか。

 B　重いでしょう。持ってもらいましょうか。

 C　重いですから、私が持ちましょう。

2. 先生に勉強の相談をします。最初に何と言えばいいですか。

 A　先生、ご相談なさってくださいませんか。

 B　先生、相談していただけないでしょうか。

 C　先生、ご相談したいことがあるんですが…。

✍ 答案

1. A　2. C

問題二、絵を見て、正しい答えをA、B、C、Dの中から一つ選んでください。 MP3 14-3-02

🎧 听力原文

1. 店員は何を初めに持ってくるように言われましたか。

 女：お客様、ご注文は？

 男：ええと、サンドイッチとコーヒー、それからサラダか何かある？

 女：はい、ございます。

 男：じゃ、それ。それからアイスクリームもね、それは食事の後でいいよ。

 女：コーヒーはいつお持ちしましょうか。

 男：食事と一緒でいいよ。

 女：はい、かしこまりました。アイスクリームは食後、コーヒーはお食事とご一緒ですね。

 男：ああ、やっぱりコーヒーは食事の前がいいなあ、アイスクリームはそのままでいいから。

 女：はい、承知いたしました。

2. 男の人と女の人はどこで話していますか。

 女：皆様、当機はまもなく千歳空港に向けて出発いたします。お座席のベルトはしっかりとお締めください。

 男：すみません、これは何ですか。

女：そちらはイヤホーンでございます。音楽がお聞きいただけます。また、あちらのス
　　クリーンで映画もご覧いただけます。

男：へえ、映画が見られるんですか。ちょっと映画を見てみようかなあ。

女：はい。音が小さい場合は、こちらのつまみを右に回していただきますと大きくなり
　　ます。どうぞごゆっくりお楽しみくださいませ。

男：あ、ありがとうございました。

🖊 **答案**

1．D　2．B

問題三、録音を聞いて、正しい答えをA、B、C、Dの中から一つ選んでください。 MP3 14-3-03

🎧 **听力原文**

1．男の人と女の人が話しています。これから電話をする人は誰ですか。

男：テルテルサービスでございます。

女：山田さん、お願いしたいのですが…。

男：山田はただいま出張中ですが、代わりのものでもよろしいでしょうか。

女：いえ、山田さんに子どもの世話をお願いしたものですが…。

男：あ、少々お待ちください。鈴木様でいらっしゃいますね。

女：はい、そうです。山田さんに子どもを遊園地に連れて行ってもらったのですが、ま
　　だ帰らないので心配になって。

男：それでは、山田に連絡を取って、再度こちらから鈴木様にお電話いたします。

女：いえ、山田さんの携帯番号を教えてください。私から掛けます。

　　これから電話をする人は誰ですか。

2．ラジオのお知らせを聞いてください。講演のテーマは何ですか。

女：えー、では、次にお知らせです。来月1月20日、東京都主催の特別講演会が開かれ
　　ます。講師は評論家の吉田久美子さんで、現代の学校教育というテーマで話してい
　　ただきます。吉田さんはご存じのとおり、家族問題の専門家として現代の家族の在
　　り方、変わり行く父親母親像などについて活発に発言なさっています。最近では国
　　内だけでなく、各国の親子関係にも関心を広げられていますが、今回の講演ではそ
　　ういった家族問題を踏まえて、現代の学校教育についてお話いただきます。

　　講演のテーマは何ですか。

🖊 **答案**

1．C　2．A

問題四、次の問題には絵はありません。会話を聞いて、正しい答えを一つ選んでください。

MP3 14-3-04

🎧 **听力原文**

1. 男の人はこれからどうしますか。

   女：はい、高橋でございます。どちら様でしょうか。

   男：あ、張です。お久しぶりです。お変わりありませんか。

   女：ええ、おかげさまで。ご無沙汰しております。

   男：こちらこそ。あの、ご主人は…。

   女：あ、主人、今留守なんですよ。東京で研修会がありまして、土曜には帰ってきますけど。確か夕方7時頃には戻ると言っておりました。

   男：そうですか。では、土曜の夜にまたお電話いたします。

   女：すみません、そうしていただけますか。

   男：ええ、では失礼いたします。

   女：はい、失礼いたします。

   男の人はこれからどうしますか。

   A　土曜日の夜、高橋さんからの電話を待ちます。

   B　土曜日の夜、高橋さんの家に電話をします。

   C　今日の夜、高橋さんからの電話を待ちます。

   D　今日の夜、高橋さんの家に電話をします。

2. 男の人はこれからどうしますか。

   男　：もしもし、加藤商事の田中でございます。企画課の鈴木さんをお願いします。

   女1：少々お待ちください。お待たせいたしました。あいにく鈴木はただいま外出しておりまして…。

   男　：そうですか。それでは、斉藤さんは…。

   女1：はい、少々お待ちください。

   女2：はい、お電話変わりました。斉藤です。

   男　：加藤商事の田中です。お久しぶりです。最近あまりお目にかかりませんが、いかがお過ごしですか。

   女2：ええ、部署がちょっと変わりまして。でも、元気にやっております。今日はどういったご用件でしょうか。

   男　：実は先日いただいたオファーについてなんですが、値段をもう一度ご検討いただけませんか。

   女2：あ、分かりました。課長が帰り次第、さっそく検討させていただいてから、折り返しお電話をいたします。

   男　：あ、すみません。では、よろしくお願いします。

   男の人はこれからどうしますか。

A もう一回斉藤さんに電話をします。　　B 斉藤さんからの電話を待ちます。

C 斉藤さんの課長に電話をします。　　D もう一回鈴木さんに電話をします。

3. 田中課長と本村部長はいつ会いますか。

女：はい、B社でございます。

男：あ、もしもし、A社の山田でございますが…。

女：あ、山田様ですか。いつもお世話になっております。田中です。

男：こちらこそ。田中課長、部長の本村が来週にでもお目にかかりたいと申しておりましたが、ご都合はいかがでしょうか。

女：えっと、何曜日がよろしいでしょうか。

男：木曜以外でしたらいつでも結構でございます。

田中課長と本村部長はいつ会いますか。

A 今週の木曜日　　　　　　　　　　　B 来週の木曜日

C 今週の金曜日　　　　　　　　　　　D 来週の金曜日

4. 本は誰のものですか。

女：あの、本村さん。この間お貸しした本、もうご覧になりましたか。

男：すみません、まだなんです。

女：あのう、実は私の友達が読みたがっているので返していただきたいんですが…。

男：ごめんなさい。本当は私、友達に貸してしまったんです。

女：えっ！

本は誰のものですか。

A 男の人　　B 男の人の友達　　C 女の人　　D 女の人の友達

📝 答案

1. B　2. B　3. D　4. C

問題五、録音を聞いて、次の文を完成してください。録音は3回繰り返します。 🎧 MP3 14-3-05

🎧📝 听力原文及答案

無事ご帰国のこと、何よりと存じます。

さて、おみやげに①お送りくださった絵葉書、どうもありがとうございました。早速②拝見しました。とても素晴らしい景色で、感動しました。次回あちらに③いらっしゃる時は、ぜひ、私も④お誘いください。今度、また私の家にもゆっくり遊びにいらっしゃってください。楽しみに⑤しております。

これからますます寒くなりそう⑥でございます。どうぞお体を大切になさってください。

アナウンス・メディア放送

15-1 ご来店のお客様にご案内申し上げます

聞く前に

まず自分で確認しましょう。録音を聞いて質問に答えてみてください。 MP3 15-1-00

答案范例

1. 今度の1番線の列車は、9時30分発、普通平塚行きです。
   9番乗り場に電車がまいります。ご注意ください。
2. 皆様にイベントのお知らせがございます。本日16時より6階にてバラの展覧会が行われます。お誘い合わせの上、ぜひお越しくださいませ。
   ただいま試食会をご用意しております。どうぞこの機会にお立ち寄りくださいませ。
3. まもなく大きな地震がきます。落ち着いて身の安全を確保してください。
   ただいま、店内で火災が発生しました。お客様は、従業員の指示に従って、落ち着いて行動されますよう、ご協力をお願いします。

一、録音を聞いて、その内容と合っている絵の下にA〜Fの番号を書いてください。 MP3 15-1-01

🎧 听力原文

A まもなく、3番線に電車がまいります。危ないですから、黄色い線の内側までお下がりください。

B 次に10番線から発車する列車は、16時23分発、特急こうのとり16号新大阪行きです。

C 献血バスが、あなたの町へお伺いします。皆様のご協力をお待ちしています。

D 本日、横浜市立図書館をご利用いただき、ありがとうございます。まことに勝手ながら、年末年始の営業時間について、お知らせいたします。

E 本日CA航空をご利用くださいまして、まことにありがとうございます。この便はCA航空123便大連行きでございます。

F ただいま、隣の桜ビルにて、火災が発生いたしました。危険はございませんが、安全のため、一時会場の外へ避難してください。

📝 **答案**

1. C 2. B 3. F 4. E 5. D 6. A

💡 **解析**

　　选择与录音内容一致的图片。本题为公共场合的广播通知。在听的同时要注意一些常用敬语的用法。

- 录音A是电车进站前的广播。「～番線」意为"……号站台"，也可说成「～番ホーム」。另外，这里有个特殊的用法，「電車がまいります」（电车进站）的「まいる」既是「謙譲語」（自谦语）又是「丁寧語」（礼貌语），车站的工作人员用这种说法来表达对乘客的敬意。

- 录音B中提到「特急こうのとり」是指"特快新干线鹳号"。日本新干线车辆的命名可谓五花八门，有鸟类、地名类、山水类、动植物类、天体星座类、气象类等。如新干线「のぞみ号」（希望号）、「ひかり号」（光号）等。

- 录音C中提到的「献血バス」是日本各地红十字会为当地义务献血者准备的"献血车"。各地献血车的行程一般会公布在网上供人们参考。「献血ルーム」（献血室）也是提供献血服务的地方。

- 录音D中提到了「年末年始の営業時間」（新年前后的营业时间）。日本的新年前后，商店或公司的营业时间会根据各自情况有所变动，一般会在官网上或者店门前公布，以通知顾客。

二、アナウンスを聞いて、その内容と合っている絵を選んでください。 🎧 MP3 15-1-02

🎧 **听力原文**

1. 女：上にまいります。ドアが閉まります…。8階でございます。

2. 男：本日も当店をご利用いただき、まことにありがとうございます。4階の紳士服売り場では、スーツが1万円均一と、大変お買い得になっております。どうぞご利用くださいませ。

3. 女：ご来店中のお客様に迷子のご案内を申し上げます。白い服を着た3歳くらいの女の子が、1階のサービスセンターでお連れ様をお待ちです。

4. 男：お客様にお車のご移動をお願い申し上げます。横浜Cむの12の34でお越しのお客様、会場周辺は、駐車禁止となっております。至急、お車のご移動をお願いいたします。

5. 女：いらっしゃいませ。本日も当店をご利用いただき、まことにありがとうございます。生活コーナーでは、大根が99円と、大変お買い得になっております。どうぞご利用くださいませ。

📝 **答案**

1. A 2. B 3. A 4. B 5. B

💡 **解析**

　　根据录音内容选择相应的图片。解题方法是先判断A与B的区别，然后听录音进行辨别。解题时注意常用敬语的用法。

- 第1题中，A是「エレベーター」，B是「エスカレーター」，这两个词都是"电梯"，但前者是"升降梯"，后者是"扶梯"。录音中说「ドアが閉まります」（即将关门），故答案为A。
- 第2题中，A是「婦人服」（女装），B是「紳士服」（男装）。录音中说的是「紳士服売り場」（男装卖场），故答案为B。
- 第3题是广播找人。一般广播找人时，播音员会提供走失孩子的外貌特征以及会合地点等信息。如图所示，A是穿白衣服的女孩，B是穿红衣服的女孩，根据录音可知走丢的是穿白衣服的女孩，故答案为A。
- 第4题是要区别车牌号。通过本题，我们可了解日本车牌的样式。

三、録音を聞いて、その内容と合っているものを選んでください。 MP3 15-1-03

🎧 听力原文

1. 女：まもなく東京駅です。お忘れ物のないようご注意ください。本日も車内マナーやゆとりあるご乗車にご協力、ありがとうございました。この先もどうぞお気をつけてお帰りください。東京メトロをご利用いただきまして、まことにありがとうございました。

2. 男：まもなく午前10時、山田屋開店のお時間です。おはようございます。いらっしゃいませ！本日もご来店くださいまして、まことにありがとうございます。ただいま開店です。どうぞ、ごゆっくりお買い物をお楽しみくださいませ。

3. 女：あと、5分ほどで、皆様の左手の下のほうに富士山の姿が見えてまいります。どうぞ空から富士山の素晴らしい景色をお楽しみくださいませ。

✍ 答案

1. B　2. A　3. B

💡 解析

判断录音信息与文字信息是否对应。本题对公共广播中涉及的诸多信息进行了汇总和归类，注意判断广播类型。

- 第1题中，A是"车站失物招领广播"，B是"到站广播"。录音中说的「お忘れ物のないよう」只是提醒乘客下车时"不要遗忘自己的物品"，是一个干扰信息。
- 第2题中，A是"百货公司开门时的广播"，B是"百货公司的导购广播"。录音中先后两次提及「開店」（开店）一词，故答案为A。
- 第3题中，解题关键词是「左手の下のほう」（左下方）。录音中说"能从左下方看到富士山"，故答案为"机内广播"。另外，也可以通过另一个关键词「空から」（从天上看）推测出是正在飞机上。

四、次はデパートやお店などの店内放送です。録音を聞いて、例のように書いてください。

MP3 15-1-04

🎧 听力原文

例 男：いらっしゃいませ。本日も当店をご利用いただき、まことにありがとうございま

す。当店の野菜コーナーでは、リンゴが1個、98円と、大変お安くなっております。どうぞ、皆様、ご利用くださいませ。

1. 女：皆様、本日も当店にお越しいただき、まことにありがとうございます。3階婦人服売り場では、女性用ハンドバッグが9800円と、特別ご奉仕価格となっております。どうぞ、皆様、ご利用くださいませ。

2. 男：本日は高山デパートにお越しいただき、ありがとうございます。本日のイベントをお知らせします。15時から8階イベント会場にて、鈴木マリのバイオリンコンサートを行います。100名様までとさせていただきますので、お早めにどうぞ。皆様のおいでをお待ちしております。

答案

1. 3階婦人服　　女性用ハンドバッグ
2. イベント会場　バイオリンコンサート

解析

　　本題録音是商場的店内广播。首先阅读题干信息，在听录音前尽量预测空白处可能出现的内容。听录音时要注意在公共场合使用的敬语用法。

- 第1题要求听在什么卖场促销什么商品。根据录音中的「3階婦人服売り場」（3楼女装卖场）、「女性用ハンドバッグ」（女士手提包）这两条信息即可完成听力任务。

- 第2题根据题干信息，可预测出从15点开始在8楼的某处举办某种活动。注意听8楼后面的地点是「イベント会場」（特设会场），举办的活动是「バイオリンコンサート」（小提琴音乐会）。日本的一些百货商场，除了会在特设会场搞促销活动以外，还经常搞一些音乐会及艺术品展，以吸引更多的顾客。

五、アナウンスです。録音を聞いて、例のように書いてください。 MP3 15-1-05

听力原文

例 女：つばき銀行では、ただいま冬のボーナスキャンペーンを実施中！お客様先着300名様を対象に今年のカレンダーをプレゼント！詳しくはつばき銀行まで！

1. 男：FANグループでは、さまざまな割引運賃をご用意しております。お客様のご旅行のスケジュールやご利用目的に合わせ、便利でお得な割引運賃をぜひご利用くださいませ。

2. 女：ご来店の皆様、当店ではお客様への日頃の感謝の気持ちを込めまして、ソフトクリーム通常300円のところを、本日は200円で販売いたしております。お得なこの機会をぜひご利用ください。

答案

1. 割引運賃　2. ソフトクリーム

解析

　　听录音，填写关键信息。本题是有关促销的内容。解题前先阅读题干信息，对录音内容进行预判。听录

音时，集中注意力听取需要填空的内容即可。

- 第1题的题干信息是「FANグループ」（FAN集团公司）的促销活动。根据录音内容，空白处应填写「割引運賃」（打折车票）。录音中为了突出正在促销的产品，还对「割引運賃」一词进行了复述。

- 第2题的题干信息是"商店的特卖品"。根据录音内容，我们可知正在促销的商品是冰激凌，即平时卖300日元的冰激凌现在降价到200日元。「ソフトクリーム」和「アイスクリーム」都表示"冰激凌"，但是前者是蛋卷冰激凌。

六、録音を聞いて、絵の内容を完成してください。 MP3 15-1-06

听力原文

クールビズ実施のご案内です。当社は、クールビズを実施し、省エネに取り組んでおります。ご理解をお願いいたします。つきましては、6月1日から9月30日まで、服装の軽装化、つまり、ノーネクタイ、ノー上着での勤務を実施いたします。また、名札に「クールビズ」表示をして、意識向上を図ります。さらに、うちわの積極的な活用をお勧めします。室温につきましては、事務所のエアコンを28度に設定するようお願い申し上げます。

答案

1．6月1日から9月30日まで　2．ノーネクタイ・ノー上着　3．28度

解析

听录音，完成填空题。「クールビズ」（夏季工装便装化）指的是"为了节省能源，公司职员在夏天上班时可以免去西服、领带"。本题就是介绍「クールビズ」的具体内容。第1题要求填写实施"夏季工装便装化"的时间。图上提到了"便装化"的4个要求：①「軽装化」（便装化）的具体内容；②在工号牌上标注「クールビズ」，强化意识管理；③提倡使用扇子；④设定办公室的空调温度。如果能把题干的内容分解成已知信息和未知信息，那么听录音时，参照已知信息，即可填写出未知信息。

七、録音を聞いて、＿＿＿＿に適当な言葉を書き入れてください。録音は3回繰り返します。

MP3 15-1-07

听力原文及答案

本日は大和デパートへ①ご来店くださいまして、まことにありがとうございます。ただいま、②5階紳士服売り場にて、紳士服冬物③バーゲンを開催しております。冬物のコート、スーツ、④ワイシャツ、ネクタイなどを⑤2割引から7割引でご奉仕させていただいております。皆様のお越しをお待ちしております。

解析

（略）

15-2 明日晴れ時々曇りとなるでしょう

聞く前に

まず自分で確認しましょう。録音を聞いて質問に答えてみてください。 MP3 15-2-00

答案范例

1. 神奈川県は、広い範囲で雪が降るでしょう。
   神奈川県の海上は台風の影響で、今夜は多少波があるでしょう。
2. 3月下旬はスギ花粉とヒノキ花粉のどちらにも注意が必要です。
   台風の進路によっては、暴風雨や大雨に対する警戒が必要です。
3. 今日の夕方、名古屋市中区のマンションで男の子が7階から転落する事故がありました。
   広島市の中心部にある交差点付近で軽トラックと自転車が衝突する事故がありました。

一、録音を聞いて、その内容と合っているものに○を、違うものに×をつけてください。

MP3 15-2-01

听力原文

1. 男：札幌は、晴れ時々曇りの見込みです。
2. 女：大阪は、明日曇りで昼過ぎから晴れる見込みです。
3. 男：九州南部は、午前中は曇り、午後から雨、夕方から次第に晴れるでしょう。
4. 女：東京は5日の最高気温が5度となるでしょう。
5. 男：名古屋は、明日、晴れのち曇り。降水確率は20％となる見込みです。
6. 女：中国地方、広島の7日の気温は0度から9度となるでしょう。

答案

1. × 2. ○ 3. ○ 4. × 5. × 6. ○

解析

　　判断录音内容与图片所示内容是否一致。本题主要练习听天气预报中的信息，如天气、气温、降水等。解题时要注意听天气预报中的特殊用语。

- 第1题图片所示内容是天气情况的简单标识。录音中说札幌的天气是「晴れ時々曇り」（晴有时阴），这与图中的标识"阴有时有雨"不一致。

- 第4题的录音中说"东京5日的最高气温为5度"，但是图片显示的最高气温为13度，而5度是最低气温，故图片与录音内容不一致。天气预报中提到气温时一般会说「最高気温」（最高气温）和「最低気温」（最低气温）。

- 第5题要求听表示降水情况的「降水確率」（降水概率）。"降水概率"不代表降雨量的多少，而是代表

降水的概率。比如"降水概率"为80%，就说明有80%的可能性要下雨，但跟降雨量无关。

- 第6题提到的「中国地方ちゅうごくちほう」是日本的地域划分之一，位于本州西部，由「鳥取とっとり」「島根しまね」「岡山おかやま」「広島ひろしま」「山口やまぐち」这五个县构成。其中广岛县的广岛市是该地区最大的城市。

二、録音を聞いて、その内容と合っている絵を選んでください。 MP3 15-2-02

🎧 **听力原文**

1. 男：明日、月曜日の天気ですが、福岡は明日晴れ時々曇りとなるでしょう。あさっては曇りで降水確率は40％になる見込みです。

2. 女：今年の春の花粉前線の予測では、例年並みか遅いとなるでしょう。2月上旬に九州や東海地方から花粉シーズンが始まる見込みです。

3. 男：台風15号が21日夕方、関東地方に近づき、上陸する恐れも出てきました。21日から22日にかけて、関東地方は、大雨となるでしょう。

4. 女：緊急地震速報です。次の地域は強い揺れに警戒してください。神奈川県、東京、千葉県。地震の詳しい情報は入り次第お伝えします。

📝 **答案**

1．B 2．A 3．A 4．B

💡 **解析**

　　根据录音内容选择相应的图片。解题方法是先判断A与B的区别，然后听录音进行辨别。注意听天气预报、花粉预报、台风警报、地震警报中的主要信息和常用敬语的用法。

- 第1题中的两幅图是天气预报示意图。听录音时掌握所有信息有一定难度，但只要抓住录音中说的「降水確率は40％こうすいかくりつ」（降水概率40%）这个关键信息，就可以选出正确答案B。

- 第2题是花粉预报。花粉主要是指杉树、扁柏等植物的花粉，这种花粉容易使人呼吸不畅或者患上过敏性鼻炎等。录音中说「2月上旬に九州や東海地方からがつじょうじゅん　きゅうしゅう　とうかいちほう」（2月上旬从九州、东海地区），故答案为A。

- 第3题是台风警报。A是15号台风，将在21日登陆并北上；B是18号台风，将在16日登陆并北上。第一句开头就提到了15号台风，如果忽略了这条重要信息，可以从后文"21日到22日"确定答案。

三、録音を聞いて、その内容と合っているものを選んでください。 MP3 15-2-03

🎧 **听力原文**

1. 男：日本全国の桜開花情報をお届けします。3月上旬から中旬にかけて、全国的に気温が平年よりかなり高くなる予想のため、桜の開花は平年より早いところが多いでしょう。3月14日に福岡と高知から開花が始まるでしょう。

2. 女：現在、関東地方では、激しい雨と風の影響が出ております。高速道路では、東京と横浜の間で、通行止めとなっています。また一般道路では、通行止めとなっている地域がありますので、今後、詳しい情報にお気をつけください。

3. 男：10日の東京外国為替市場の円相場は、午後5時現在、1ドル135円94銭から95銭で取引されています。昨日と比べて、10銭の円安・ドル高となりました。

答案

1．A　2．B　3．B

解析

　　判断录音信息与文字信息是否对应。

- 第1题中，A是「桜前線」（櫻花前线，即日本各地櫻花开花时期的动态预测线），B是「花粉前線」（花粉前线，即日本各地杉树及扁柏花粉飞散的动态预测线）。录音内容中几次出现了「桜開花」「開花」等词，只要通过「桜」（櫻花）就可以判断出答案为A。
- 第2题中，A是「天気予報」（天气预报），B是「交通情報」（交通信息）。根据录音中对「高速道路」（高速公路）和「一般道路」（一般行车道路）的描述，可以判断出答案为B。
- 第3题中，A是「株価の値動き」（股价波动），B是「円相場情報」（日元行情）。一般日本新闻节目的最后会有个固定板块来介绍当天的股价和外汇行情。由于本题涉及金融方面的词汇，内容会显得比较难懂。在此我们只要求对这方面的词汇有所了解即可，之后随着学习的深入再去了解其具体内容。录音第一句就提到了与题干信息一致的词语「円相場」（日元汇率），由此可以判断出答案为B。

四、録音を聞いて、例のように書いてください。 MP3 15-2-04

听力原文

例 テレビの健康番組で医者が話しています。

　　男：眠れないと言って、病院に来る方が増えているのですが、普段の生活の中でちょっと気をつけるだけで、ずいぶん改善される場合があります。まず、大切なのは、規則正しい生活をすることです。眠れないからと言って、夜遅くまで起きたり、朝いつも布団の中でごろごろしたりするのはよくありません。

1. ラジオの相談番組で女の人が話しています。

　　女：高校生の息子さんがアルバイトをしたいということですね。学校でアルバイトを禁止していないのでしたら、許可してもいいんじゃないかと思います。まあ、確かに学校の勉強は大切ですが、アルバイトは、社会勉強になります。やらせてみてもいいのではないでしょうか。ただ、アルバイトだけにならないよう、学校の勉強もしっかりやるように約束することも必要だと思います。

2. ラジオでアナウンサーが話しています。

　　女：11月22日は、「いい夫婦の日」です。普段お互いに伝えられない思いを伝えて、その気持ちを形にして贈る機会としてください。そのために、「いい夫婦の日をすすめる会」では、「二人の時間」をつくるという特別企画を今年もご用意しております。全国で行われる夫婦カラオケ大会など、たくさんのイベントにあなたも参加してみませんか。そして、11月22日が、ご夫婦にとって、素敵な一日になるよう、願っています。

答案

1．社会勉強になる　2．「二人の時間」をつくる

解析

　　本题内容是电台或电视上的一段访谈节目，信息量比较大，较难理解。解题前先阅读题干信息，理解本题的听力任务。

- 第1题要求听取女子同意孩子打工的理由。一般孩子去打工的理由有「お小遣い稼ぎ」（赚零花钱）、「社会勉強」（体验社会）等。录音中反复强调了"体验社会"，所以第1题可以轻松解题。在日本，初中生通常不允许打工，高中生经父母、学校允许后方可去打工。留学生想打工的话，需要到入国管理局申请，拿到「資格外活動許可」（在留资格以外活动许可证明）后方可打工。

- 第2题提到11月22日是日本的"好夫妻纪念日"。日语中的"1"和"2"的发音可以说成「い（ち）」和「ふ（たつ）」，那么"11月22日"的发音可以诙谐地说成「い・い・ふ・ふ」，与「いい夫婦」（好夫妻）谐音。

五、録音を聞いて、例のように書いてください。 MP3 15-2-05

听力原文

例 女：今年3月に卒業した大学生の就職率は4月1日現在で去年より1.5ポイント上昇し、97.3%でした。過去最高だった2018年に近い水準だという調査結果が発表されました。厚生労働省は「観光や航空など一部の業界をのぞき、企業の採用が2018年に近い水準に戻っている」と分析しています。

1．男：成人年齢の18歳に引き下げに伴い、伊賀市で4日、初めての「18歳の成人式」が開催されました。今まで20歳が成人となっていましたが、今年から18歳に引き下げになりました。これにより、今年の新成人は18歳、19歳、20歳を含めて、過去最多の341万人となりました。

2．女：インフルエンザが全国的な流行期に入り、各地で患者が増えています。北海道では、今後、インフルエンザが大流行するおそれがあります。国立感染症研究所は、マスクの着用や手洗いなどを徹底するよう呼びかけています。

答案

1．18歳　18歳の成人式　2．大流行する　マスクの着用　手洗い

解析

　　听录音，填写关键信息。听录音前先阅读题干，按照题干信息听取相应的关键信息。听新闻的时候要注意"5W1H"这6大要素。

- 第1题介绍了日本的成人节。日本以前规定20岁为成人，各地政府也为20岁的青年举行成人礼。但是2022年日本把成人年龄由20岁降为18岁，所以从2023年开始，成人礼的对象为已满18岁的青年。

- 第2题介绍了有关流感的预测信息。根据题干，要求听与北海道有关的信息，同时注意为应对流感而采取

的预防措施是「マスクの着用（ちゃくよう）」（佩戴口罩）和「手洗い（てあら）」（洗手）。另外，「国立感染症研究所（こくりつかんせんしょうけんきゅうじょ）」是日本研究传染病的权威机构。

六、録音を聞いて、次の文を完成してください。 MP3 15-2-06

听力原文

　　新潟県内は、9月1日も最高気温は39度くらいまで上がる所もある予想です。気象庁では熱中症への注意を呼び掛けています。室内にいる時は、エアコンや扇風機を利用しましょう。喉の渇きを感じる前に、水をたくさん飲みましょう。スポーツドリンクや麦茶などがいいでしょう。外に出かける時は服装を工夫しましょう。涼しい服装で帽子や日傘を使いましょう。

答案

1．エアコンや扇風機を利用する　2．水をたくさん飲む　3．服装を工夫する

解析

　　听录音，完成填空题。本题的信息量很大，既要观察图片的内容，又要顾及题干文字提示的内容。通过图片文字，可以知道本题介绍了预防中暑的几个要点。首先要明确题干内容，即三种情况下如何应对。听录音就可以知道"开空调或风扇""喝水""注意着装"的日语说法。

七、録音を聞いて、＿＿＿＿に適当な言葉を書き入れてください。録音は3回繰り返します。

MP3 15-2-07

听力原文及答案

　　テレビの番組で解説者が話しています。

　　「えー、①交通事故を起こした人は、頭がカーッとなってしまって、正しい判断もつかなくなり、猛スピードで逃げたり、相手と口論したりしがちなんですが、これでは②自分を不利にするだけで、何の助けにもなりません。ですから、これを避けるために、事故の時の③車のスピード、車の止まった位置や、④信号の色、周囲の交通状態などをできるだけ正確に把握して、⑤警察官に報告しなければなりません。」

解析

　　（略）

練習問題

問題一、絵を見て、正しい答えをA、B、Cの中から一つ選んでください。 MP3 15-3-01

1.

（　　）

2.

（　　）

問題二、絵を見て、正しい答えをA、B、C、Dの中から一つ選んでください。 MP3 15-3-02

1.

A

B

C

D

（　　）

2.

A

B

C

D

（　　）

問題三、録音を聞いて、正しい答えをA、B、C、Dの中から一つ選んでください。 MP3 15-3-03

1.（　　）
A　家族で楽しめるレストラン　　　　　B　自分の新しい家
C　自分の住んでいる町　　　　　　　　D　旅館やホテル

2.（　　）
A　雨が降る　　　　　　　　　　　　　B　いい天気になる
C　気温が下がる　　　　　　　　　　　D　雪が降る

問題四、次の問題には絵はありません。録音を聞いて、正しい答えを一つ選んでください。

MP3 15-3-04

1.（　　）　　　　　2.（　　）　　　　　3.（　　）　　　　　4.（　　）

問題五、録音を聞いて、次の文を完成してください。録音は3回繰り返します。 MP3 15-3-05

皆様、今日もJL560便、上海行きを①＿＿＿＿＿＿ありがとうございます。この便の機長は山田、私は客室を②＿＿＿＿＿鈴木でございます。まもなく出発いたします。③＿＿＿＿＿を腰の低い位置でしっかりとお締めください。上海浦東空港までの④＿＿＿＿＿は2時間20分を予定しております。それでは⑤＿＿＿＿＿をお楽しみください。

271

スクリプトと解答

問題一、絵を見て、正しい答えをA、B、Cの中から一つ選んでください。 (MP3) 15-3-01

🎧 **听力原文**

1. 機内で流れているアナウンスはどれでしょう。
   A　はじめまして、主婦バスガイドの山田さくらと申します。現在、バスで行ける範囲でしたら案内できないところはありません！
   B　どなた様もごゆっくりと空の旅をお楽しみください。
   C　山田町へは、三丁目でお降りいただくと便利です。お降りの方は、降車ボタンでお知らせください。

2. この絵と最も合っているアナウンスはどれでしょう。
   A　ただいま、地震が発生しております。窓ガラスの近くや倒れやすいものの近くにいらっしゃる方はご注意ください。
   B　ただいま、火災が発生いたしました。慌てずに避難してください。
   C　もうすぐ津波が来ます。至急ビルの中に避難してください。

📝 **答案**

1．B　2．C

問題二、絵を見て、正しい答えをA、B、C、Dの中から一つ選んでください。 (MP3) 15-3-02

🎧 **听力原文**

1. 旅行中の天気はどうでしたか。
   男：ご結婚、おめでとうございます。
   女：ありがとうございます。
   男：新婚旅行はハワイでしたっけ。いかがでしたか。
   女：おかげさまで、とてもよかったですよ。
   男：ちょうど台風の季節だから、ハワイも雨が多くて、風も強かったんじゃありませんか。
   女：いいえ、晴れた日はありませんでしたが、雨は降りませんでしたよ。それに風もなくて、良かったです。

2. テレビで新商品の説明をしています。今説明している商品は何ですか。
   女：「荷物が多くて持ち運びが大変！」「通勤、通学いくつものかばんを持っていかなくちゃいけない」、そんな皆様の声にお応えして、「通勤、通学に便利、しかもこのA4サイズのパソコンも楽々入る」リュックをぜひお勧めします。

📝 **答案**

1. D 2. D

問題三、録音を聞いて、正しい答えをA、B、C、Dの中から一つ選んでください。 MP3 15-3-03

🎧 **听力原文**

1. テレビで男の人が話しています。男の人は何について紹介していますか。

男：ご家族でゆっくりと泊まっていただける広いお部屋をご用意いたしました。寒い季節にぴったりの温かくおいしいお食事もそれぞれのお部屋にお持ちします。皆様、ご家族でどうぞ。

男の人は何について紹介していますか。

2. 明日の天気はどうなりますか。

女：昨日の夜から降り続いている雨は今晩には止み、明日はいい天気になるでしょう。しかし、この天気も長くは続かず、明後日の午後からはまた雨になるでしょう。週末は気温が下がると予想されていますので、雪になるかもしれません。

明日の天気はどうなりますか。

📝 **答案**

1. D 2. B

問題四、次の問題には絵はありません。録音を聞いて、正しい答えを一つ選んでください。
MP3 15-3-04

🎧 **听力原文**

1. これは何のお知らせですか。

女：市民文化センターでは、ただいま、節電を実施しております。室内温度につきましても、28度の温度設定となっております。皆様にはご不便をおかけいたしますが、ご理解とご協力をお願い申し上げます。

これは何のお知らせですか。

A 防災のお知らせです。　　　　　　B 節電のお知らせです。

C 交通安全のお知らせです。　　　　D イベントのお知らせです。

2. これはどこで流れてきた音声ガイダンスですか。

男：いらっしゃいませ。カードを入れてください。ご希望のお取引を押してください。暗証番号を入力してください。金額を入力してください。お手続きをしております。しばらくお待ちください。お取り忘れにご注意ください。ありがとうございました。

これはどこで流れてきた音声ガイダンスですか。

A　銀行ATMです。　　　　　　　　　B　留守番電話です。

C　コンビニの自動販売機です。　　　　D　駅の自動販売機です。

3. 店内放送です。今日のソフトクリームは通常よりどれぐらい安くなりますか。

　　女：ご来店の皆様、当店ではお客様への日頃の感謝の気持ちを込めて、ソフトクリーム通常300円のところを、本日200円で販売いたしております。お得なこの機会をぜひご利用ください。

　　今日のソフトクリームは通常よりどのぐらい安くなりますか。

A　300円安いです。　　　　　　　　B　200円安いです。

C　100円安いです。　　　　　　　　D　500円安いです。

4. 今年の就職率はどうなっていよすか。

　　男：今年3月に卒業した大学生の就職率は4月1日現在で去年より1.5ポイント上昇し、97.3%でした。過去最高だった2018年に近い水準だという調査結果が発表されました。

　　今年の就職率はどうなっていますか。

A　今年の就職率は15%でした。　　　B　今年の就職率は97.3%でした。

C　今年の就職率は過去最高でした。　　D　今年の就職率は2018年より高い。

答案

1. B　2. A　3. C　4. B

問題五、録音を聞いて、次の文を完成してください。録音は3回繰り返します。MP3 15-3-05

听力原文及答案

　　皆様、今日もJL560便、上海行きを①ご利用くださいましてありがとうございます。この便の機長は山田、私は客室を②担当いたします鈴木でございます。まもなく出発いたします。③シートベルトを腰の低い位置でしっかりとお締めください。上海浦東空港までの④飛行時間は2時間20分を予定しております。それでは⑤快適な空の旅をお楽しみください。

第16課

総合練習

問題1 録音を聞いて、次の文の_____に適当な平仮名を書き入れてください。2回読みますから、よく聞いてください。（1×10）

🎧🖊 **听力原文及答案**

1. 先週、新商品の<u>てんじかい</u>で初めて藤田さんと会ったんですよ。
2. もし<u>しゅうでん</u>に乗れなかったら、タクシーで帰りましょう。
3. それは、世界で一番最初に作られた電気<u>すいはんき</u>ですよ。
4. <u>ひとりぐらし</u>なので、小さめで食べ物がたくさん入るような冷蔵庫を買いたいです。
5. うちの子は、そんな<u>さいのう</u>はないでしょう。
6. 札幌は、雪、時々曇りの<u>みこみ</u>です。
7. 今の子どもは大変ですね。勉強のほかにみんな<u>がっき</u>なども習っていますから。
8. これ以外にも、食べ物の<u>せかいいち</u>はいろいろあります。
9. 日本ではお見舞いには<u>ちうえ</u>の花をあげてはいけないことになっているんです。
10. 誕生日用の<u>ほうそうし</u>でお包みしてリボンをおかけしましょうか。

問題2 録音を聞いて、次の文の_____に適当な漢字を書き入れてください。2回読みますから、よく聞いてください。（1×10）

🎧🖊 **听力原文及答案**

1. これを押すと、<u>電源</u>が入ります。
2. 歯は3分間しっかりと磨かないと<u>虫歯</u>になるよ。
3. 私は一度、朝の満員<u>電車</u>で、ドアにかばんを挟まれたこともあります。
4. この映画館では毎週の火曜日は<u>半額</u>で映画を見ることができます。
5. 「切れる」は「別れる」を<u>連想</u>させるからです。
6. 先日ご<u>依頼</u>のあった書類、お送りしました。
7. 通常は、10日前後で<u>症状</u>が落ち着き、治ります。
8. 李さんに聞きましたが、水曜日の会話の授業って<u>休講</u>なんですか。
9. 4階の紳士服売り場では、スーツが<u>一万円均一</u>と、大変お買い得になっております。
10. まことに勝手ながら、<u>年末年始</u>の営業時間についてお知らせいたします。

問題3 録音を聞いて、次の文の_____に適当な片仮名を書き入れてください。2回読みますから、よく聞いてください。（1×10）

🎧📝 听力原文及答案

1. チェックインが済んだら、空港の人は手荷物の検査をします。
2. 日本人の結婚観について、アンケート調査をしました。
3. 「チキンラーメン」は世界最初のインスタントラーメンだそうです。
4. コーヒーカップとかワイングラスとか何かきれいで実用的なものがいいです。
5. レストラン「オレンジ」が2月14日、銀座にオープンいたします。
6. 私は飲食店のホールでアルバイトをしています。
7. ギネスブックにはやればできそうなこともけっこう載っています。
8. 車を運転する時は、必ずシートベルトを締めておきなさいよ。
9. 私たちみんなでもう一度、交通ルールとマナーを確認しましょう。
10. 当社は、クールビズを実施し、省エネに取り組んでおります。

問題4 まず、絵を見ながら質問を聞いてください。それから録音を聞いて、A、B、C、Dの中から、最もよいものを一つ選んでください。1回だけ読みますから、よく聞いてください。（2×10）

🎧 听力原文

1. 女の人は今、どんなポーズをしていますか。
　　男：はい、最後のポーズですが、胸ぐらいの高さまで、持ち上げて、そのまま、5秒間維持してください。それから、10秒間をかけて、ゆっくり下ろすんですよ。手は椅子につけたままで、背筋を伸ばして下ろしてくださいね。はい、できましたか。お腹回りの脂肪が気になる方、これを2週間続けてやれば、簡単に落とせますよ。
　　女：先生、これでいいですか。
　　男：ええ、両足をそろえて持ち上げてくださいね。
2. 男の人は健康診断のために、まず何をしなければなりませんか。
　　女：ねえ、あなた、この頃、元気ないように見えますけど、一度、健康診断を受けたらどう？
　　男：そうだね。でも、なかなか面倒だし。
　　女：そんなことはないわよ。直接保健所に行けばいいだけよ。朝、何も食べずに行って、まず、血液検査があるから、採血するの。後は、血圧とか、心電図とか、全部で1時間か2時間ぐらいかかるかな。一週間したら、検査結果が出るわ。
　　男：ああ、面倒だなあ。うーん。じゃあ、来週火曜日に、行ってみようかな。
　　女：あ、そうだ。前もって、保健所に電話予約を入れないとだめよ。

男：予約か。分かった。

3. メロンをおいしく食べるための最後のステップは何ですか。

男：このメロンおいしそう、このまま食べてもいい？

女：いいですけど、もっとおいしく食べる方法がありますよ。

男：塩をかけるとか？

女：違う。違う。まずこうやって、メロンを二つに切って、それからスプーンでわたと種を取ってね。それから、全体を覆うようにラップをかけて冷蔵庫でよく冷やすの。30分ぐらいすると、果肉だけでなく、みずみずしい果汁もしっかりと味わうことができるようになるのよ。

男：30分か…。待っていられないよ。

4. 二人はどのおもちゃを買うことにしましたか。

男：子どもが喜びそうなのは、どれかなあ。この熊のはどうかな？

女：うーん。男の子だから、こっちの車のほうがいいんじゃない？

男：そうだねえ。あ、これはどう？動物みたいで、かわいいよ。

女：確かにいいね。でも、この丸いのも白くてかわいくない？性能も悪くなさそう。

男：うん、そうだね。これにしよう。

5. 男の人は何をなくしましたか。

女：あっ、雨！どうしよう、傘がないわ。

男：大丈夫ですよ。僕、車の中に入れてありますから、お貸しします。あれっ？鍵がない！

女：えっ？車の鍵ですか。

男：はい、いつもかばんの中に入れてあるんだけど。

6. 女の人は予約の時間を何時に変更しましたか。

男：はい、伊藤病院でございます。

女：明日、予約している石田と申しますが、あの、時間を、1時間遅らせていただけないでしょうか。

男：ご予約の時間は？

女：午前9時です。

男：ええと、変更は可能なんですが、そのお時間になりますと、少しお待たせするかもしれませんが…。

女：それでも、かまいません。

男：ひょっとすると、20分ぐらいずれることもあるかと思いますが、よろしいですか。

女：はい、大丈夫です。申し訳ございませんが、よろしくお願いいたします。

7. 男の人と女の人が話しています。男の人にとって理想の休みとは、どんな休みですか。

女：三連休、何していた？

男：うちでずっとテレビ。

女：つまらない休みね。

男：そうかな。僕には理想的だったんだけど。連休なんて、どこへ行っても人でいっぱいで、疲れるだけじゃない？

女：でも、うちにいても、本を読むとか、物作りとか、何かすることがありそうなものだけどねえ。

男：そういうのも嫌いじゃないよ。

女：へえ…。でも、旅行したり、スポーツしたりってしないの？

男：時々ね。大学時代はよく旅行したし、今だってテニスクラブに入っているよ。

女：あ、私テニス大好き。テニスコートで一日中テニスするのが私の理想の休日なんだ。

8. 男の人がお医者さんと話しています。今日、男の人がしてはいけないことは何ですか。

女：はい、終わりです。今日は激しい運動はしないでくださいね。

男：分かりました。お風呂は入ってもいいですか。

女：ええ、大丈夫です。

男：お酒は？

女：うーん、そうねえ、ビール一杯ぐらいなら、まあね。

男：そうですか。あ、そうだ。運動っていうと、プールで、あの、泳ぐのではなくてですね、水の中をゆっくり歩いたりする運動とかは大丈夫ですよね。

女：ああ、あれねえ、あれはゆっくりだけど、案外、体を使うんですよ。どうしても運動するなら、散歩ぐらいにしておいてください。

9. 女の人の子どもはどうしたのですか。

男：田中さん、どうかしたんですか。元気がなさそうですね。

女：ええ、昨日、あまりよく眠れなかったんですよ。夜遅くまで起きていて。

男：ああ、お子さんの勉強に付き合ってあげたんですね。

女：いいえ、あの子の看病なんですよ。自転車にはねられて、足に怪我をしたのですよ。

10. デパートのアナウンスです。今、5階でどんな特売をやっていますか。

男：本日はご来店くださいまして、まことにありがとうございます。ご来店の皆様方に、ご案内を申し上げます。ただいまより、5階の催しもの売り場で先着100名様に1500円均一のシャツを、特別ご奉仕させていただきます。なお、1月1日には、10時から、1階のフロアで、初売りの福袋や新春バーゲンなど、お得な企画を数多くご用意しております。どうぞ、皆様、ご利用くださいませ。

📝 **答案**

1. B　2. B　3. B　4. D　5. B

6. C　7. B　8. C　9. A　10. C

問題5 この問題には絵はありません。録音を聞いて、最もよいものを一つ選んでください。1回だけ読みますから、よく聞いてください。（2×10）

🎧 **听力原文**

1. 男の人と女の人が話しています。明後日、誰が劉さんを送っていきますか。

   男：あっ、石岡さん。

   女：何？

   男：先生がね。

   女：うん。

   男：明後日、劉さんが帰国することになったから、成田空港まで送っていってくれないかって。

   女：劉さんなら本村さんに送ってもらうことになってるよ。

   男：あ、それならよかった。先生にも言っとくよ。

   明後日、誰が劉さんを送っていきますか。

   A　先生が劉さんを送っていきます。

   B　本村さんが劉さんを送っていきます。

   C　石岡さんが劉さんを送っていきます。

   D　ほかの友達が劉さんを送っていきます。

2. 留守番電話のメッセージを聞いてください。このメッセージを聞いた人はどうすればいいですか。

   女：もしもし、春正書店でございます。先日高橋様にご注文いただきました『利休に尋ねる』が本日届きました。お値段は3200円でございます。ご都合のいい時にご来店ください。営業は月曜から木曜の10時から19時までです。ご来店は本日から1か月以内にお願いいたします。では、失礼致します。

   このメッセージを聞いた人はどうすればいいですか。

   A　お店に行って本を注文します。　　B　お店に行って本を探します。

   C　お店に行って本を受け取ります。　D　お店に行って本を返します。

3. 男の人と女の人が話しています。男の人はどうして大変だと言っていますか。

   女：大変そうですね。

   男：ええ、最近忙しくなったんですよ。

   女：お仕事、増えたんですか。

   男：いやいや、そうじゃないんですよ。アルバイトさんがね…。

   女：え？アルバイトさん、とても仕事ができると言っていましたよね。

   男：実は、実家のことで彼が辞めちゃったんですよ。それで…。

   女：ああ、それは大変ですね。じゃあ、新しい方を募集しているんですね。

   男：そうなんです。それまでは、ねえ。

   男の人はどうして大変だと言っていますか。

A　仕事が少ないから　　　　　　　　B　アルバイトさんに能力がないから
C　アルバイトさんが病気になったから　D　アルバイトさんが辞めてしまったから

4. 食品会社の男の人が女の人の家に、商品を間違えて配達したことのお詫びに来ました。
　　男の人が女の人の家に置いていくものは、何ですか。
　　男：このたびは大変ご迷惑をおかけして、まことに申し訳ございません。こちらが、お
　　　　客様がご注文なさった醤油ラーメンでございます。
　　女：わざわざありがとうございます。こちら、間違って送られてきた味噌ラーメンで
　　　　す。
　　男：いえ、それはお客様がお召し上がりください。私どものミスですので。
　　女：いいんですか。
　　男：お詫びのしるしです。
　　女：じゃあ、お言葉に甘えて。実はこれもおいしそうだなと思ってたんです。
　　男：あ、そのメーカーの味噌ラーメンはおいしいんですよ。今度、新しく焼きそばも売
　　　　り出しますし。
　　女：それもよさそうね。じゃあ、次の配達で、1袋、お願いできますか。
　　男：はい。毎度ありがとうございます。
　　男の人が女の人の家に置いていくものは、何ですか。
　　A　醤油ラーメンと味噌ラーメン
　　B　醤油ラーメン
　　C　醤油ラーメンと味噌ラーメンと焼きそば
　　D　醤油ラーメンと焼きそば

5. 男の人は昨日、どうして会社を休みましたか。
　　女：おはよう。昨日はどうして会社に来なかったの？
　　男：実は、昨日、子どもが熱を出して、病院へ連れて行ったんだ。
　　女：まあ、それは大変ね。もうお子さん、大丈夫なの？
　　男：おかげさまで、病院でもらった薬を飲んだら、すぐ治っちゃったよ。
　　男の人は昨日、どうして会社を休みましたか。
　　A　熱を出して、病院へ行ったからです。
　　B　熱を出して寝ていたからです。
　　C　子どもを病院に連れて行ったからです。
　　D　子どもに会いに病院へ行ったからです。

6. 男の人は、どうして先生に叱られましたか。
　　女：小野さん、何かあったんですか。さっきからため息ばかりをついていて。
　　男：うん。今朝起きたら、9時10分前だったんで、急いで、学校に来て、なんとか講義
　　　　には間に合ったんだけど…。
　　女：よかったじゃない？間に合ったんでしょう。

男：うん、でも、準備した発表の資料をうちに忘れてきちゃって、先生に叱られたんだよ。

男の人は、どうして先生に叱られましたか。

A　発表を忘れたからです。　　　　　　　B　資料を忘れたからです。

C　講義に遅れたからです。　　　　　　　D　起きるのが遅かったからです。

7. 女の人は今日どうしてコンタクトレンズをしていますか。

男：幸子、今日、コンタクトレンズだよね。やっぱり、雰囲気違うね。

女：そう？私、コンタクトって、なかなか慣れないのよ。でも、先週、夏祭りで眼鏡を壊されちゃって…。

男：えっ、どうして？

女：うん、それがね、人がいっぱいでね。太鼓大会をちょっと覗いてたら、後ろの人に押されて、転んじゃって。それで、眼鏡を落としちゃったの。

男：ああ、それで割れちゃったんだ。

女：ううん。その眼鏡を拾おうとして、自分で踏んじゃったの。

女の人は今日どうしてコンタクトレンズをしていますか。

A　太鼓大会に出たからです

B　転んでしまったからです。

C　眼鏡を落としてしまったからです。

D　自分が眼鏡を踏んでしまって使えなくなったからです。

8. 男の人は、コンサートのチケットをどうしますか。

男：コンサートのチケットあるんだけど、どう？友達が急に行けなくなっちゃって。

女：どんなコンサート？

男：ほら、来月、10年ぶりに来日する、あの…。

女：えっ、あのコンサートなら、私、2倍出してもほしかったのよ。

男：そう、それはよかった。はい、これ！

女：お金払うわよ。

男：いいよ、いいよ。

女：それじゃ、悪いわよ。じゃ、少しだけ出させて！

男：ほんとにいいから、気にしないで。

男の人は、コンサートのチケットをどうしますか。

A　買った値段で売ります。　　　　　　　B　買った値段より2倍高く売ります。

C　買った値段の半分で売ります。　　　　D　ただであげます。

9. 看護師が患者に次の診察について話しています。患者は次の診察の時、どうしますか。

女：はい、これは次回の診察の予約券です。今日は、会計を先に済ませてお待ちくださいね。薬を出しますので、少し時間がかかりますから。

男：あの、次回は、今日と同じように、まず一階の受付に行けばいいんですよね。

4.「6・3・1の法則」の「3」は、「話す声の調子」を指しています。

5.「6・3・1の法則」の「1」は、「話の内容」を指しています。

📝 **答案**

1. ○　2. ×　3. ×　4. ○　5. ○